5516.
2.   Réserve

Y.3376.
13.

Yf 3440

LES
OEVVRES DE
M.
MOLIERE
TOME II.

F.C.   fc.

LES
OEUVRES
DE MONSIEUR
MOLIERE.
TOME SECOND.

A PARIS,
Chez CLAUDE BARBIN, au Palais, sur le
second Perron de la Sainte Chapelle.

M. DC. LXXIII.
Avec Privilege du Roy.

PIECES CONTENUES
EN CE SECOND VOLUME.

LES FASCHEVX.
L'ESCOLE DES MARIS.
L'ESCOLE DES FEMMES.
LA CRITIQVE.
LA PRINCESSE D'ELIDE.

LES
FASCHEUX,
COMEDIE.

AU ROY.

IRE,

J'adjouste une Scene à la Comedie, & c'est une espece de Fascheux assez insuportable, qu'un homme qui dédie un Livre : VOSTRE MAIESTE' en sçait des nouvelles plus que personne de son Royaume, & ce n'est pas d'aujourd'huy qu'elle se voit en Bute à la furie des Epistres dédicatoires. Mais bien que je suive l'exemple des autres, & me mette moy mesme au rang de ceux que j'ay joüez; j'ose dire toutesfois à VOSTRE MAIESTE', que ce que j'en ay fait, n'est pas tant pour luy presenter un Livre, que pour avoir lieu de lu rendrey gra-

A iiij

EPISTRE.

ces du succés de cette Comedie. Ie le dois, SIRE, ce succez qui a passé mon attente, non seulement à cette glorieuse approbation, dont VOSTRE MAIESTE' honora d'abord la Piece, & qui a entraisné si hautement celle de tout le monde: mais encore à l'ordre qu'elle me donna d'y adjoûter un caractere de Fascheux, dont elle eut la bonté de m'ouvrir les idées elle-mesme, & qui a été trouvé par tout le plus beau morceau de l'Ouvrage. Il faut avoüer, SIRE, que je n'ay jamais rien fait avec tant de facilité, ny si promptement, que cét endroit, où VOSTRE MAIESRE' me commanda de travailler. J'avois une joye à luy obeyr, qui me valoit bien mieux qu'Apollon, & toutes les Muses; Et je conçois par là ce que je serois capable d'executer pour une Comedie entiere, si j'estois inspiré par de pareils commandemens. Ceux qui sont nez en un rang élevé, peuvent se proposer l'honneur de servir VOSTRE MAIESTE' dans les

EPISTRE.

grands emplois: mais pour moy, toute la gloire où je puis aspirer, c'est de la réjoüir. Ie borne là l'ambition de mes souhaits; & je croy qu'en quelque façon ce n'est pas estre inutile à la France, que de contribuer quelque chose au divertissement de son Roy. Quand je n'y réüssiray pas, ce ne sera jamais par un defaut de zele, ny d'estude; mais seulement par un mauvais destin, qui suit assez souvent les meilleures intentions, & qui sans doute affligeroit sensiblement,

SIRE,

De Vostre Majesté,

Le tres-humble, tres-obeïssant, & tres-fidelle serviteur & sujet,
MOLIERE.

JAMAIS entreprise au Theatre ne fut si précipitée que celle-cy; & c'est une chose, je croy, toute nouvelle, qu'une Comedie ait esté conceuë, faite, apprise, & representée en quinze jours. Je ne dis pas cela pour me piquer de *l'Impromptu*, & en pretendre de la gloire : mais seulement pour prévenir certaines gens, qui pourroient trouver à redire, que je n'aye pas mis ici toutes les especes de Fascheux, qui se trouvent. Je sçay que le nombre en est grand, & à la Cour, & dans la Ville, & que sans Episodes, j'eusse bien pû en composer une Comedie de cinq Actes bien fournis, & avoir encore de la matiere de reste. Mais dans le peu de temps qui me fut donné, il m'estoit impoſſible de faire un grand deſſein, & de reſver beaucoup ſur le choix de mes Perſonnages, & ſur la diſpoſition de mon ſujet. Je me reduiſis donc à ne toucher qu'un petit nombre d'Importuns; & je pris ceux qui s'offrirent d'abord à mon eſprit, & que je crus les plus propres à réjoüir les Auguſtes perſonnes devant qui j'avois à paroître; & pour lier promptement toutes ces choſes enſemble, je me ſervis du premier nœud que je pûs trouver. Ce n'eſt pas mon deſſein d'examiner maintenant ſi tout cela pouvoit eſtre mieux, & ſi tous ceux qui s'y ſont divertis ont ry ſelon les regles : Le temps viendra de faire imprimer mes remarques ſur les Pieces que j'auray faites; & je ne deſeſpere pas de faire voir un jour, en grand Autheur, que je puis citer Ariſtote, & Horace. En attendant cét examen, qui peut-eſtre ne viendra point, je m'en remets assez aux decisions de la multitude; & je tiens aussi difficile de combattre un Ouvrage que le public approuve, que d'en deffendre un qu'il condamne.

Il n'y a personne qui ne sçache pour quelle réjoüissance la Piece fut composée; & cette feste a fait un tel éclat, qu'il n'est pas necessaire d'en parler: mais il ne sera pas hors de propos de dire deux paroles des ornemens qu'on a meslez avec la Comedie.

Le dessein estoit de donner un Ballet aussi; & comme il n'y avoit qu'un petit nombre choisi de Danceurs excellens, on fut contraint de separer les Entrées de ce Ballet, & l'avis fut de les jetter dans les Entr'Actes de la Comedie, afin que ces intervalles donnassent temps aux mesmes Baladins, de revenir sous d'autres habits. De sorte que pour ne point rompre aussi le fil de la Piece, par ces manieres d'intermedes, on s'avisa de les coudre au sujet du mieux que l'on pût, & de ne faire qu'une seule chose du Ballet, & de la Comedie: mais comme le temps estoit fort précipité, & que tout cela ne fut pas reglé entiérement par une mesme teste; on trouvera peut-estre quelques endroits du Ballet, qui n'entrent pas dans la Comedie aussi naturellement que d'autres. Quoy qu'il en soit, c'est un mélange qui est nouveau pour nos Theatres, & dont on pourroit chercher quelques aurhoritez dans l'Antiquité; & comme tout le Monde l'a trouvé agréable, il peut servir d'idée à d'autres choses, qui pourroient estre meditées avec plus de loisir.

D'abord que la toile fut levée, un des Acteurs, comme vous pourriez dire moy, parut sur le Theatre en habit de Ville, & s'adreſſant au Roy avec le viſage d'un homme ſurpris, fit des excuſes en deſordre ſur ce qu'il ſe trouvoit là ſeul, & manquoit de temps & d'Acteurs, pour donner à ſa Majeſté le divertiſſement qu'Elle ſembloit attendre. En meſme temps, au milieu de vingt jets d'eau naturels, s'ouvrit cette coquille, que tout le monde a veuë; & l'agreable Nayade qui parut dedans s'avança au bord du Theatre, & d'un air heroïque, prononça les Vers que Monſieur Peliſſon avoit faits, & qui ſervent de Prologue.

PROLOGUE.

Pour voir en ces beaux lieux le plus grand Roy du Monde,
Mortels je viẽs à vous de ma grote profonde.
Faut-il en sa faveur, que la Terre ou que l'Eau
Produisent à vos yeux un spectacle nouveau?
Qu'il parle, ou qu'il souhaitte: Il n'est rien d'impossible:
Luy-mesme n'est-il pas un miracle visible?
Son regne si fertile en miracles divers,
N'en demande t'il pas à tout cét Univers?
Ieune, Victorieux, Sage, Vaillant, Auguste,
Aussi doux que severe, aussi puissant que juste,
Reigler, & ses Estats, & ses propres desirs,
Ioindre aux nobles travaux les plus nobles plaisirs,
En ses justes projets jamais ne se méprendre,
Agir incessamment, tout voir, & tout en-
tendre;
Qui peut cela, peut tout; il n'a qu'à tout oser;
Et le Ciel à ses vœux ne peut rien refuser.

Ces Termes marcheront, & si Louïs l'ordōne,
Ces Arbres parleront mieux que ceux de
 Dodone.
Hostesses de leurs troncs, moindres Divinitez;
C'est Louys qui le veut, sortez Nymphes,
 sortez,
Ie vous monstre l'exemple, il s'agit de luy
 plaire,
Quittez pour quelque temps vôstre forme
 ordinaire,
Et paroissons ensemble aux yeux des specta-
 teurs,
Pour ce nouveau Theatre, autant de vrais
 Acteurs.

Plusieurs Driades accompagnées de Faunes & de
Satyres sortent des Arbres & des Termes.

Vous, Soin de ses sujets, sa plus charmante
 étude,
Heroïque soucy, Royale inquiétude,
Laissez-le respirer, & souffrez qu'un moment
Son grand cœur s'abandonne au divertisse-
 ment :
Vous le verrez demain d'une force nouvelle
Sous le fardeau penible où vôtre voix l'apele,
Faire obeyr les Loix, partager les bien-faits,
Par ses propres cōseils prévenir nos souhaits.

Maintenir l'Vnivers dans une paix profon-
  de,
Et s'oster le repos pour le donner au monde.
Qu'aujourd'huy tout luy plaise, & semble
  consentir
A l'unique dessein de le bien divertir.
Fascheux, retirez-vous; ou s'il faut qu'il
vous voye,
Que ce soit seulement pour exciter sa joye.

La Nayade emmeine avec elle, pour la Comedie une partie des gens qu'elle a fait paroistre, pendant que le reste se met à danser au son des Haut-bois qui se joignent aux Violons.

LES PERSONNAGES.

ERASTE.
LA MONTAGNE.
ALCIDOR.
ORPHISE.
LYSANDRE.
ALCANDRE.
ALCIPE.
ORANTE.
CLYMENE.
DORANTE.
CARITIDES.
ORMIN.
FILINTE.
DAMIS.
L'ESPINE.
LA RIVIERE, & deux Camarades.

LES FASCHEUX,
COMEDIE.

ACTE PREMIER.

SCENE PREMIERE.

ERASTE, LA MONTAGNE.

ERASTE.

ovs quel astre, bon Dieu, faut-il que je sois né,
Pour estre de Fascheux toûjours assassiné ?
Il semble que par tout le sort me les adresse,
Et j'en vois, chaque jour, quelque nouvelle espece?

Mais il n'est rien d'égal au Fâcheux d'aujourd'huy;
J'ay crû n'estre jamais débarrassé de luy;
Et cent fois, j'ay maudit cette innocente envie
Qui m'a pris à disné, de voir la Comedie,
Où, pensant m'égayer, j'ay miserablement,
Trouvé de mes pechez le rude chastiment ;
Il faut que je te fasse un recit de l'affaire ;
Car je m'en sens encor tout émeu de colere.
J'estois sur le Theatre en humeur d'écouter
La piece, qu'à plusieurs j'avois ouy vanter ;
Les Acteurs commençoient, chacun prestoit silence,
Lors que d'un air bruyant, & plein d'extravagance,
Un homme à grands canons est entré brusquement,
En criant, hola-ho, un siege promptement ;
Et de son grand fracas surprenant l'assemblée,
Dans le plus bel endroit a la piece troublée.
Hé mon Dieu ! nos François si souvent redressez,
Ne prendront-ils jamais un air de gens sensez ?
Ay-je dit, & faut-il, sur nos defauts extrêmes,
Qu'en theatre public nous nous joüions nous mes-
Et confirmions ainsi par des éclats de foux (mes,
Ce que chez nos voisins on dit par tout de nous ?
Tandis que là-dessus je haussois les épaules,
Les Acteurs ont voulu continüer leurs roles :
Mais l'homme pour s'asseoir, a fait nouveaux fracas,
Et traversant encor le Theatre à grands pas,
Bien que dans les costez il pust estre à son aise,
Au milieu du devant il a planté sa chaise,
Et de son large dos morguant les spectateurs,
Aux trois quarts du parterre a caché les Acteurs.
Un bruit s'est élevé, dont un autre eust eu honte,
Mais luy, ferme & constant, n'en a fait aucun conte,
Et se seroit tenu oomme il s'estoit posé,
Si, pour mon infortune, il ne m'eust avisé.

COMEDIE. 21

Ha Marquis, m'a-t'il dit, prenant prés de moy place,
Comment te portes-tu ? Souffre que je t'embrasse.
Au visage, sur l'heure, un rouge m'est monté,
Que l'on me vist connu d'un pareil éventé.
Je l'estois peu pourtant, mais on en voit paroistre,
De ces gens qui de rien veulent fort vous conoistre,
Dont il faut au salut les baisers essuyer,
Et qui sont familiers jusques à vous tutoyer.
Il m'a fait, à l'abord cent questions frivoles,
Plus haut que les Acteurs élevant ses paroles.
Chacun le maudissoit, & moy pour l'arrester,
Je serois, ay-je dit, bien-aise d'écouter.
Tu n'as point veu cecy, Marquis, ah ! Dieu me dâne
Je le trouve assez drole, & je n'y suis pas asne ;
Je sçay par quelles loix un ouvrage est parfait,
Et Corneille me vient lire tout ce qu'il fait.
Là-dessus de la piece il m'a fait un sommaire,
Scene à Scene, averty de ce qu'il falloit faire,
Et jusques à des vers qu'il en sçavoit par cœur,
Il me les recitoit tout haut avant l'Acteur.
J'avois beau m'en deffendre, il a poussé sa chance,
Et s'est, devers la fin, levé long-temps d'avance ;
Car les gens du bel air pour agir galamment
Se gardent bien, sur tout, d'ouyr le dénouëment.
Je rendois grace au Ciel, & croyois de justice,
Qu'avec la Comedie eust finy mon supplice :
Mais, comme si ç'en eust esté trop bon marché,
Sur nouveaux frais mô homme à moy s'est attaché,
M'a conté ses exploits, ses vertus non communes,
Parlé de ses chevaux, de ses bonnes fortunes,
Et de qu'à la Cour, il avoit de faveur,
Disant, qu'à m'y servir il s'offroit de grand cœur.
Je le remerciois doucement de la teste,
Minutant à tous coups quelque retraitte honneste

Mais luy, pour le quitter, me voyant ébranlé,
Sortons, ce m'a-t'il dit, le monde est écoulé:
Et sortis de ce lieu, me la donnant plus seche,
Marquis, allons au Cours faire voir ma galeche,
Elle est bien entenduë, & plus d'un Duc & Pair,
En fait, à mon faiseur, faire une du mesme air.
Moy de luy rendre grace, & pour mieux m'en deffendre,
De dire que j'avois certain repas à rendre.
Ah parbleu j'en veux estre, estant de tes amis,
Et manque au Mareschal à qui j'avois promis.
De la chere, ay-je fait, la doze est trop peu forte,
Pour oser y prier des gens de vostre sorte.
Non, m'a-t'il répondu, je suis sans compliment,
Et j'y vais pour causer avec toy seulement;
Je suis des grands repas fatigué, je te jure:
Mais si l'on vous attend, ay-je dit, c'est injure.
Tu te mocques, Marquis, nous nous connoissons tous;
Et je trouve avec toy des passe-temps plus doux.
Je pestois contre moy, l'ame triste & confuse
Du funeste succez qu'avoit eu mon excuse,
Et ne sçavois à quoy je devois recourir,
Pour sortir d'une peine à me faire mourir;
Lors qu'un carrosse fait de superbe maniere,
Et comblé de Laquais, & devant, & derriere,
S'est avec un grand bruit devant nous aresté,
D'où sautant un jeune homme amplement ajusté,
Mon importun & luy courant à l'embrassade
Ont surpris les passans de leur brusque incartade;
Et tandis que tous deux estoient précipitez
Dans les convulsions de leurs civilitez,
Je me suis doucement esquivé sans rien dire;
Non sans avoir long-temps gemi d'un tel martyre,

COMEDIE.

Et maudit le Fâcheux dont le zele obstiné
M'ostoit au rendez-vous qui m'est icy donné.
LA MONTAGNE.
Ce sont chagrins meslez aux plaisirs de la vie,
Tout ne va pas, Monsieur, au gré de nostre envie,
Le Ciel veut qu'icy bas chacun ait ses Fascheux,
Et les hommes seroient, sans cela, trop heureux.
ERASTE.
Mais de tous mes Fascheux, le plus fascheux encore
Est Lysandre, tuteur de celle que j'adore ;
Qui rompt ce qu'à mes vœux elle donne d'espoir,
Et fait qu'en sa presence elle n'ose me voir.
Je crains d'avoir déja passé l'heure promise,
Et c'est dans cette allée, où devoit estre Orphise.
LA MONTAGNE.
L'heure d'un rendez-vous d'ordinaire s'étend,
Et n'est pas resserrée aux bornes d'un instant.
ERASTE.
Il est vray ; mais je tremble, & mon amour extrême
D'un rien se fait un crime envers celle que j'aime.
LA MONTAGNE.
Si ce parfait amour, que vous prouvez si bien,
Se fait vers vostre objet un grand crime de rien,
Ce que son cœur, pour vous, sent des feux legitimes,
En revanche luy fait un rien de tous vos crimes.
ERASTE.
Mais, tout de bon, crois-tu que je sois d'elle aimé ?
LA MONTAGNE.
Quoy ? vous doutez encor d'un amour confirmé ?
ERASTE.
Ah ! c'est mal-aisément qu'en pareille matiere,
Un cœur bien enflammé prend asseurance entiere.
Il craint de se flatter, & dans ses divers soins,
Ce que plus il souhaitte, est ce qu'il croit le moins.

Mais songeons à trouver une beauté si rare.
LA MONTAGNE.
Monsieur, vostre rabat par devant se separe.
ERASTE.
N'importe.
LA MONTAGNE.
Laissez-moy l'ajuster, s'il vous plaist.
ERASTE.
Ouf, tu m'étrangles, fat, laisse-le, comme il est.
LA MONTAGNE.
Souffrez qu'on peigne un peu...
ERASTE.
Sottise sans pareille ?
Tu m'as, d'un coup de dent, presque emporté
l'oreille.
LA MONTAGNE.
Vos canons....
ERASTE.
Laisse-les, tu prend trop de soucy.
LA MONTAGNE.
Ils sont tous chifonnez.
ERASTE.
Je veux qu'ils soient ainsi.
LA MONTAGNE.
Accordez-moy du moins, pour grace singuliere,
De frotter ce chapeau, qu'on voit plein de poussiere.
ERASTE.
Frotte donc, puis qu'il faut que j'en passe par là.
LA MONTAGNE.
Le voulez-vous porter fait comme le voila ?
ERASTE.
Mon Dieu dépesche-toy.
LA MONTAGNE.
Ce seroit conscience.
ERASTE

COMEDIE.

ERASTE *apres avoir attendu.*

C'est assez.

LA MONTAGNE.
Donnez-vous un peu de patience.

ERASTE.
Il me tuë.

LA MONTAGNE.
En quel lieu vous estes-vous fourré?

ERASTE.
T'es-tu de ce chapeau pour toûjours emparé?

LA MONTAGNE.
C'est fait.

ERASTE.
Donne-moy donc.

LA MONTAGNE *laissant tomber le chapeau.*
Hay!

ERASTE.
Le voila par terre!
Je suis fort avancé: que la fiévre te serre.

LA MONTAGNE.
Permettez qu'en deux coups j'oste....

ERASTE.
Il ne me plaist pas.
Au diantre tout valet qui vous est sur les bras,
Qui fatigue son Maistre, & ne fait que déplaire
A force de vouloir trancher du necessaire.

SCENE II.

ORPHISE, ALCIDOR, ERASTE, LA MONTAGNE.

ERASTE.

MAis voy-je pas Orphise ? ouy, c'est elle qui vient,
Où va t'elle si viste, & quel homme la tient ?
Il la saluë comme elle passe, & elle en passant détourne la teste.
Quoy me voir en ces lieux devant elle paroistre,
Et passer en feignant de ne me pas connistre !
Que croire ? qu'en dis-tu ? parle donc, si tu veux.

LA MONTAGNE.
Monsieur, je ne dis rien de peur d'estre fâcheux.

ERASTE.
Et c'est l'estre en effet que de ne me rien dire ;
Dans les extremitez d'un si cruel martyre,
Fais donc quelque réponce à mon cœur abbatu ;
Que dois-je presumer ? parle, qu'en penses-tu ?
Dy-moy ton sentiment.

LA MONTAGNE.
Monsieur, je veux me taire,
Et ne desire point trancher du necessaire.

ERASTE.
Peste l'impertinent ! va-t'en suivre leurs pas ;
Voy ce qu'ils deviendront, & ne les quitte pas.

COMEDIE.

LA GRANGE *revenant.*
Il faut suivre de loin?
ERASTE.
Ouy.
LA MONTAGNE *revenant.*
Sans que l'on me voye,
Ou faire aucun semblant qu'apres eux on m'envoye?
ERASTE.
Non, tu feras bien mieux de leur donner avis,
Que par mon ordre exprés ils sont de toy suivis.
LA MONTAGNE *revenant.*
Vous trouveray-je icy?
ERASTE.
Que le Ciel te confonde,
Home, à mon sentiment, le plus fascheux du monde.
La Montagne s'en va.
Ah! que je sens de trouble, & qu'il m'eust esté doux,
Qu'on me l'eust fait manquer, ce fatal rendez-vous.
Je pensois y trouver toutes choses propices,
Et mes yeux par mon cœur y trouvent des suplices.

B ij

SCENE III.

LYSANDRE, ERASTE.

LYSANDRE.

SOus ces arbres, de loin, mes yeux t'ont reconnu,
Cher Marquis, & d'abord je suis à toy venu.
Comme à de mes amis il faut que je te chante
Certain air, que j'ay fait de petite courante,
Qui de toute la Cour contente les experts,
Et sur qui plus de vingt ont desja fait des vers.
J'ay le bien, la naissance, & quelque employ passable,
Et fais figure en France assez considerable ;
Mais je ne voudrois pas, pour tout ce que je suis,
N'avoir point fait cét air, qu'icy je te produis.
La, la, hem, hem : écoute avec soin, je te prie.
Il chante sa courante.
N'est-elle pas belle ?

REASTE.
Ah ?

LYSANDRE.
Cette fin est jolie.
Il rechante la fin quatre ou cinq fois de suite.
Comment la trouves-tu ?

ERASTE.
Fort belle asseurément.

LYSANDRE.
Les pas que j'en ay faits n'ont pas moins d'agrément ?

COMEDIE.

Et sur tout la figure a merveilleuse grace.
Il chante, parle & danse tout ensemble, & fait
faire à Eraste les figures de la femme.
Tien, l'homme passe ainsi : puis la femme repasse:
Ensemble : puis on quitte, & la femme vient là,
Vois-tu ce petit trait de feinte que voila ?
Ce fleuret ? ces coupez courant apres la belle ?
Dos à dos : face à face, en se pressant sur elle ?
                    Apres avoir achevé.
Que t'en semble Marquis ?

ERASTE
Tous ces pas là sont fins.

LYSANDRE
Je me mocque, pour moy, des maistres Baladins.

ERASTE
On le voit.

LYSANDRE
Les pas donc ?

ERASTE
N'ont rien qui ne surprenne.

LYSANDRE
Veux-tu par amitié, que je te les apprenne ?

ERASTE
Ma foy, pour le present, j'ay certain embarras...

LYSANDRE
Et bien donc, ce sera, lors que tu le voudras,
Si j'avois dessus moy ces parolles nouvelles,
Nous les lirions ensemble, & verriõs les plus belles,

ERASTE
Une autre fois.

LYSANDRE
Adieu, Baptiste le tres-cher
N'a point veu ma courante, & je le vais chercher.

B iij

Nous avions, pour les airs, de grandes simpathies,
Et je veux le prier d'y faire des parties.
Il s'en va chantant toûjours.
ERASTE.
Ciel ! faut-il que le rang, dont on veut tout couvrir,
De cent sots, tous les jours nous oblige à souffrir ?
Et nous fasse abaisser jusques aux complaisances,
D'applaudir bien souvent à leurs impertinences ?

SCENE IV.
LA MONTAGNE, ERASTE.

LA MONTAGNE.
Monsieur, Orphise est seule, & vient de ce costé.
ERASTE.
Ah ! d'un trouble bien grand je me sens agité :
J'ay de l'amour encore pour la belle inhumaine,
Et ma raison voudroit, que j'eusse de la haine !
LA MONTAGNE.
Monsieur, vostre raison ne sçait ce qu'elle veut :
Ny ce que sur son cœur une Maistresse peut.
Bien que de s'emporter on ait de justes causes;
Une belle d'un mot rajuste bien des choses.
ERASTE
Helas ! je te l'avouë, & desia ce respect,
A toute ma colere imprime le respect,

COMEDIE.

SCENE V.

ORPHISE, ERASTE, LA MONTAGNE.

ORPHISE.

Vostre front à mes yeux môtre peu d'allegresse,
Seroit-ce ma presence, Eraste, qui vous blesse?
Qu'est-ce donc? qu'avez-vous? & sur quels dé-
  plaisirs,
Lors que vous me voyez poussez-vous des soûpirss?

ERASTE.

Helas, pouvez-vous bien me demander, cruelle,
Ce qui fait de mon cœur la tristesse mortelle?
Et d'un esprit méchant n'est-ce pas un effet,
Que feindre d'ignorer ce que vous m'avez fait?
Celuy dont l'entretien vous a fait, à ma veuë,
Passer....

ORPHISE *riant*.

C'est de cela, que vostre ame est emeuë?

ERASTE.

Insultez, inhumaine, encore à mon mal-heur.
Allez, il vous sied mal de railler ma douleur,
Et d'abuser, ingrate, à mal-traiter ma flâme,
Du foible, que pour vous, vous sçavez qu'à mon ame.

ORPHISE.

Certes il en faut rire, & confesser icy,
Que vous estes bien fou, de vous troubler ainsi.

L'homme dont vous parlez, loin qu'il puisse me
 plaire,
Est un homme Fascheux dont j'ay sçeu me défaire;
Un de ces importuns, & sots officieux,
Qui ne sçauroient souffrir qu'on soit seule en des
 lieux;
Et viennent aussi tost, avec un doux langage,
Vous donner une main, contre qui l'on enrage.
J'ay feint de m'en aller, pour cacher mon dessein;
Et, jusqu'à mon carrosse il m'a presté la main.
Je m'en suis promptement défaite de la sorte,
Et j'ay pour vous trouver, rentré par l'autre porte.

ERASTE.
A vos discours, Orphise, adjoûteray-je foy?
Et vostre cœur est-il tout sincere pour moy?

ORPHISE.
Je vous trouve fort bon, de tenir ces paroles;
Quand je me justifie à vos plaintes frivoles.
Je suis bien simple encor, & ma sotte bonté....

ERASTE.
Ah! ne vous faschez pas, trop severe beauté.
Je veux croire en aveugle, estant sous vostre empire,
Tout ce que vous aurez la bonté de me dire.
Trompez, si vous voulez, un malheureux Amant;
J'auray pour vous respect, jusques au monument.
Mal-traitez mon amour, refusez-moy le vostre,
Exposez à mes yeux le triomphe d'un autre,
Ouy; je souffriray tout de vos divins appas,
J'en mourray, mais enfin je ne m'en plaindray pas.

ORPHISE.
Quand de tels sentimens regneront dans vôtre ame,
Je sçauray de ma part....

SCENE VI.

ALCANDRE, ORPHISE,
ERASTE, LA MONTAGNE.

ALCANDRE.

Marquis un mot. Madame,
De grace pardonnez, si je suis indiscret,
En osant, devant vous luy parler en secret.
Avec peine, Marquis, je te fais la priere;
Mais un homme vient-là, de me rompre en visiere,
Et je souhaite fort, pour ne rien reculer,
Qu'à l'heure de ma part tu l'ailles appeller.
Tu sçais qu'en pareil cas ce seroit avec joye,
Que je te le rendrois en la mesme monnoye.

ERASTE *Apres avoir un peu de-*
meuré sans parler.

Je ne veux point icy faire le Capitan;
Mais on m'a veu soldat, avant que Courtisan;
J'ai servi quatorze ans, & je crois estre en passe,
De pouvoir d'un tel pas me tirer avec grace,
Et de ne craindre point, qu'à quelque lascheté
Le refus de mon bras me puisse estre imputé.
Un duel met les gens en mauvaise posture,
Et nostre Roi n'est pas un Monarque en peinture;

LES FASCHEUX,

Il sçait faire obeïr les plus grands de l'Estat,
Et je trouve qu'il fait en digne Potentat.
Quand il faut le servir, j'ay du cœur pour le faire ;
Mais je ne m'en sens point, quand il faut luy déplaire.
Je me fais de son ordre une suprême Loy,
Pour luy desobeïr, cherche un autre que moy.
Je te parle, Vicomte, avec franchise entiere,
Et suis ton serviteur en toute autre matiere.
Adieu, Cinquante fois au Diable les Fascheux,
Où donc s'est retiré cét objet de mes vœux ?

LA MONTAGNE.

Je ne sçay.

ERASTE.

Pour sçavoir où la belle est allée,
Va-t'en chercher par tout, j'attens dans cette allée.

Fin du premier Acte.

COMEDIE.

BALLET DV premier Acte.

PREMIERE ENTRE'E.

DEs Ioüeurs de Mail, en criant, gare, l'obligent à se retirer, & comme il veut revenir lors qu'ils ont fait;

SECONDE ENTRE'E.

Des curieux viennent qui tournent autour de luy pour le connoistre, & font qu'il se retire encore pour un moment.

ACTE II.

SCENE PREMIERE.

ERASTE.

MEs Fascheux à la fin se sont-ils écartez?
Je pense qu'il en pleut icy de tous costez.
Je les fuis, & les trouve, & pour second martyre,
Je ne sçaurois trouver celle que je desire.
Le tonnerre, & la pluye ont promptement passé,
Et n'ont point de ces lieux le beau monde chassé.
Plût au Ciel, dans les dons que ses soins y pro-
  diguent,
Qu'ils en eussent chassé tous les gens qui fatiguent!
Le Soleil baisse fort, & je suis étonné,
Que mon Valet encore ne soit point retourné.

COMEDIE

SCENE II.

ALCIPE, ERASTE.

ALCIPE.
Bon jour.

ERASTE.
Et quoy toûjours ma flâme divertie!

ALCIPE.
Console-moy, Marquis, d'une étrange partie,
Qu'au piquet je perdis, hier, contre un S. Bouvain,
A qui je donnerois quinze points, & la main:
C'est un coup enragé, qui depuis hier m'accable,
Et qui feroit donner tous les Joüeurs au Diable,
Un coup asseurément à se pendre en public.
Il ne m'en faut que deux; l'autre a besoin d'un pic.
Je donne, il en prend six, & demande à refaire;
Moy, me voyant de tout, je n'en voulus rien faire:
Je porte l'as de trefle, admire mon mal-heur,
Las, le Roy, le valet, le huict, & dix de cœur;
Et quitte, comme au point alloit la politique,
Dame, & Roy de carreau; dix, & Dame de pique.
Sur mes cinq cœurs portez la dame arrive encor,
Qui me fait justement une quinte major:
Mais mon homme avec l'as, non sans surprise extréme,
Des bas carreaux, sur table, étale une sixiéme,

J'en avois écarté la Dame, avec le Roy,
Mais luy faillant un pic, je fortis hors d'effroy,
Et croyois biē du moins faire deux points uniques.
Avec les sept carreaux, il avoit quatre piques ;
Et, jettant le dernier, m'a mis dans l'embarras,
De ne sçavoir lequel garder de mes deux as.
J'ay jetté l'as de cœur, avec raison me semble;
Mais il avoit quitté quatre trefles ensemble.
Et par un six de cœur je me suis veu capot,
Sans pouvoir, de dépit, proferer un seul mot.
Morbleu, fais-moy raison de ce coup effroyable,
A moins que l'avoir veu, peut-il estre croyable ?

ERASTE.
C'est dans le jeu, qu'on voit les plus grands coups du fort.

ALCIPE.
Parbleu tu jugeras, toy-mesme, si j'ay tort,
Et si c'est sans raison, que ce coup me transporte;
Car voicy nos deux jeux, qu'exprés sur moy je porte.
Tien ; c'est icy mon port, comme je te l'ay dit;
Et voicy....

ERASTE.
J'ay compris le tout, par ton recit,
Et voy de la justice au transport qui t'agite,
Mais, pour certaine affaire, il faut que je te quitte;
Adieu, console-toy, pourtant de ton mal-heur.

ALCIPE.
Qui moy ? j'auray toûjours ce coup-là sur le cœur,
Et c'est, pour ma raison, pis qu'un coup de tonnerre,
Je le veux faire, moy, voir à toute la terre, *
* *Il s'en va & prest à rentrer, il dit par reflexion.*
Un six de cœur ! deux points !

COMEDIE.

ERASTE.
En quel lieu sommes-nous?
De quelque part qu'on tourne, on ne voit que
  des foux.
Ah! que tu fais languir ma juste impatience.

SCENE III.

LA MONTAGNE, ERASTE.

LA MONTAGNE.
Monsieur, je n'ay pû faire une autre diligence.
ERASTE.
Mais me raportes-tu quelque nouvelle, enfin?
LA MONTAGNE
Sans doute; & de l'objet qui fait vostre destin,
J'ay par un ordre expres quelque chose à vous dire.
ERASTE.
Et quoy? desia mon cœur apres ce mot soupire.
Parle.
LA MONTAGNE.
Souhaittez-vous de sçavoir ce que c'est?
ERASTE.
Ouy, dis viste.
LA MONTAGNE.
Monsieur, attendez, s'il vous plaist.
Je me suis, à courir, presque mis hors d'haleine.

LES FASCHEUX,

ERASTE.
Prens-tu quelque plaisir à me tenir en peine?
LA MONTAGNE.
Puis que vous defirez de sçavoir promptement
L'ordre que j'ay reçeu de cét objet charmant,
Je vous diray...Ma foy, fans vous vanter mon zele,
J'ay bien fait du chemin, pour trouver cette belle,
Et fi...
ERASTE.
Pefte foit fait de tes difgreffions.
LA MONTAGNE.
Ah ! il faut moderer un peu fes paffions,
Et Seneque...
ERASTE.
Seneque eft un fot dans ta bouche,
Puis qu'il ne me dit rien de tout ce qui me touche,
Dy-moy ton ordre, toft.
LA MONTAGNE.
Pour contenter vos vœux,
Voftre Orphife...Une befte eft là dans vos cheveux.
ERASTE.
Laiffe.
LA MONTAGNE.
Cette beauté de fa part vous fait dire.
ERASTE.
Quoy ?
LA MONTAGNE.
Devinez.
ERASTE.
Sçais-tu que je ne veux pas rire ?
LA MONTAGNE.
Son ordre eft qu'en ce lieu vous devez vous tenir,
Affeuré que dans peu vous l'y verrez venir,

COMEDIE.

Lors qu'elle aura quité quelques Provinciales,
Aux personnes de Cour fascheuses animales.
ERASTE.
Tenons-nous donc au lieu qu'elle a voulu choisir,
Mais puisque l'ordre icy m'offre quelque loisir,
Laisse moy mediter, j'ay dessein de luy faire
Quelques vers, sur un air où je la voy se plaire.
Il se promene en resvant.

SCENE IV.

ORANTE, CLIMENE, ERASTE.

ORANTE.
Tout le monde sera de mon opinion.
CLIMENE.
Croyez-vous l'emporter par obstination ?
ORANTE.
Je pense mes raisons meilleures que les vostres.
CLIMENE.
Je voudrois qu'on ouïst les unes & les autres.
ORANTE.
J'avise un homme icy qui n'est pas ignorant,
Il pourra nous juger sur nostre different.
Marquis, de grace, un mot : Souffrez qu'on vous appelle,
Pour estre, entre nous deux, juge d'une querelle,

LES FASCHEUX,

D'un debat, qu'on t'émeu nos divers sentimens,
Sur ce qui peut marquer les plus parfaits Amans.

ERASTE.
C'est une question à vuider difficile,
Et vous devez chercher un Juge plus habile.

ORANTE.
Non, vous nous dites-là d'inutiles chansons ;
Vostre esprit fait du bruit, & nous vous cónoissons ;
Nous sçavons que chacun vous donne à juste titre.

ERASTE.
Hé de grace...

ORANTE.
En un mot vous serez nostre arbitre,
Et ce sont deux momens qu'il vous faut nous dôner.

CLIMENE.
Vous retenez icy qui vous doit condamner :
Car enfin, s'il est vray, ce que j'en ose croire,
Monsieur, à mes raisons, donnera la victoire.

ERASTE.
Que ne puis-je à mon traistre inspirer le soucy,
D'inventer quelque chose à me tirer d'icy !

ORANTE.
Pour moy de mon esprit j'ay trop bon témoignage,
Pour craindre qu'il prononce à mon desavantage.
Enfin ce grand debat qui s'allume entre nous,
Et de sçavoir s'il faut qu'un Amant soit jaloux.

CLIMENE.
Ou, pour mieux expliquer ma pensée & la vostre,
Lequel doit plaire plus d'un jaloux ou d'un autre.

ORANTE.
Pour moy, sans contredit, je suis pour le dernier.

CLIMENE.
Et dans mon sentiment je tiens pour le premier.

COMEDIE. 43
ORANTE.
Je croy que nostre cœur doit donner son suffrage,
A qui fait éclater du respect davantage.
CLIMENE.
Et moy, que si nos vœux doivent paroistre au jour,
C'est pour celuy qui fait éclater plus d'amour.
ORANTE.
Ouy, mais on voit l'ardeur dont une ame est saisie,
Bien mieux dans les respects, que dans la jalousie.
CLIMENE.
Et c'est mon sentiment, que qui s'attache à nous,
Nous aime d'autant plus, qu'il se montre jaloux.
ORANTE.
Ay, ne me parlez point, pour estre Amans, Climene,
De ces gens dont l'amour est fait comme la haine,
Et, qui pour tous respects, & tout offre de vœux,
Ne s'appliquent jamais, qu'à se rendre Fascheux,
Ont l'ame, que sans cesse un noir transport anime,
Des moindres actiós cherche à nous faire un crime,
Et soûmet l'innocence à son aveuglement,
Et veut, sur un coup d'œil, un éclaircissement :
Qui de quelque chagrin nous voyant l'apparence,
Se plaignent aussi-tost, qu'il naist de leur presence ;
Et lors que dans nos yeux brille un peu d'enjoûmēt,
Veulent que leurs Rivaux en soient le fondement :
Enfin, qui prenant droit des fureurs de leur zele,
Ne vous parlent jamais, que pour faire querelle ;
Osent deffendre à tous l'approche de nos cœurs,
Et se font les tyrans de leurs propres vainqueurs.
Moy je veux des Amans que le respect inspire,
Et leur soumission marque mieux nostre empire.
CLIMENE.
Ay, ne me parlez point, pour estre vrais Amans,
De ces gens, qui pour nous n'ont nuls emportemēs,

De ces tiedes Galans, de qui les cœurs paifibles,
Tiennent defia pour eux les chofes infaillibles,
N'ont point peur de nous perdre, & laiffent cha-
    que jour,
Sur trop de confiance endormir leur amour;
Sont avec leurs Rivaux en bonne intelligence,
Et laiffent un champ libre à leur perfeverance.
Un amour fi tranquile excite mon courroux,
C'eft aimer froidement que n'eftre point jaloux,
Et je veux,qu'un Amant pour me prouver fa flâme,
Sur d'éternels foupçons laiffe flotter mon ame,
Et par de promps tranfports, donne un figne
    éclatant
De l'eftime qu'il fait de celle qu'il pretend.
On s'aplaudit alors de fon inquiétude,
Et s'il nous fait par fois un traitement trop rude,
Le plaifir de le voir foumis à nos genoux,
S'excufe de l'éclat qu'il a fait contre nous,
Ses pleurs, fon defefpoir d'avoir pû nous déplaire,
Eft un chrame à calmer toute noftre colere.

ORANTE.
Si pour vous plaire il faut beaucoup d'emportemẽt,
Je fçay qui vous pourroit donner contentement;
Et je connois des gens dans Paris plus de quatre,
Qui,comme ils le fõt voir, aiment jufques à battre.

CLIMENE.
Si pour vous plaire il faut n'eftre jamais jaloux,
Je fçais certaines gens fort commodes pour vous;
Des hommes en amour d'une humeur fi fouffrante,
Qu'ils vous verroient fans peine entre les bras de
    trente.

ORANTE.
Enfin, par voftre arreft vous devez declarer,
Celuy de qui l'amour vous femble à préferer.

COMEDIE.

ERASTE.
is qu'à moins d'un arreſt je ne m'en puis deffaire,
outes deux à la fois je vous veux ſatisfaire,
t pour ne point blaſmer ce qui plaiſt à vos yeux,
e jaloux aime plus, & l'autre aime bien mieux.

CLIMENE.
'arreſt eſt plein d'eſprit ; mais...

ERASTE.
Suffit, j'en ſuis quitte,
pres ce que j'ay dit, ſouffrez que je vous quitte.

SCENE V.

ORPHISE, ERASTE.

ERASTE.
Que vous tardez, Madame, & que j'é=
prouve bien...

ORPHISE.
Non, non, ne quittez pas un ſi doux entretien,
A tort vous m'accuſez d'eſtre trop tard venuë,
Et vous avez dequoy vous paſſer de ma veuë.

ERASTE.
Sans ſujet contre moy voulez-vous vous aigrir,
Et me reprochez-vous ce qu'on me fait ſouffrir ?
Ha ! de grace attendez....

ORPHISE.

Laissez-moy, je vous prie,
Et courez vous rejoindre à vostre compagnie.
Elle sort.

ERASTE.

Ciel, faut-il qu'aujourd'huy Fascheuses, & Fascheux
Conspirent à troubler les plus chers de mes veux !
Mais allons sur ces pas malgré sa resistance,
Et faisons à ses yeux briller nostre innocence.

SCENE VI.

DORANTE, ERASTE.

DORANTE.

HA ! Marquis, que l'on voit de Fascheux tous les jours,
Venir de nos plaisirs interrompre le cours !
Tu me vois enragé d'une assez belle chasse,
Qu'un fat... C'est un recit qu'il faut que je te fasse.

ERASTE.

Je cherche icy quelqu'un, & ne puis m'arrester.

DORANTE *le retenant.*

Parbleu, chemin faisant je te le veux conter,
Nous estions une troupe assez bien assortie,
Qui pour courir un Cerf avions hier fait partie,
Et nous fumes coucher sur le païs exprés,
C'est à dire, mon cher, en fin fonds de forets.
Comme cét exercice est mon plaisir suprême,
Je voulus, pour bien faire, aller au bois moy-mesme,

t nous conclûmes tous d'attacher nos efforts,
ur un Cerf, qu'un chacun nous disoit Cerf-
 dix-corps ;
Mais moy, mon jugement, sans qu'aux mar-
 ques j'arreste,
Fut qu'il n'estoit que Cerf à sa seconde teste.
Nous avions, comme il faut, separé nos relais,
Et déjeûnions en haste, avec quelques œufs frais,
Lors qu'un franc Campagnard, avec longue rapiere,
Montant superbement sa Jument pouliniere,
Qu'il honoroit du nom de sa bonne Jument,
S'en est venu nous faire un mauvais compliment,
Nous presentant aussi, pour surcroist de colere,
Un grand benest de fils, aussi sot que son pere.
Il s'est dit grand Chasseur, & nous a priés tous,
Qu'il pust avoir le bien de courir avec nous.
Dieu preserve, en chassant, toute sage personne,
D'un porteur de huchet, qui mal à propos sonne ;
De ces gens, qui suivis de dix Hourets galeux
Disent ma meute, & font les chasseurs merveilleux.
Sa demande receuë, & ses vertus prisées,
Nous avons esté tous frapper à nos brisées.
A trois longueurs de trait, tayaut, voilà d'abord
Le Cerf donné aux chiens. J'appuye, & sonne fort.
Mon Cerf débuche, & passe une assez longue
 plaine,
Et mes chiens aprés luy ; mais si bien en haleine,
Qu'on les auroit couverts tous d'un seul juste-
 au-corps.
Il vient à la Forest. Nous luy donnons alors
La vieille meute ; & moy, je prens en diligence
Mon Cheval Allezan. Tu l'as veu ?
 ERASTE.
  Non je pense.

DORANTE.

Comment? c'est un Cheval aussi bon qu'il est beau,
Et que ces jours passez, j'achetay de Gaveau.*

 *Marchand de Chevaux celebre à la Cour.

Je te laisse à penser, si, sur cette matiere,
Il voudroit me tromper, luy qui me considere;
Aussi je m'en contente; & jamais, en effet,
Il n'a vendu Cheval, ny meilleur, ny mieux fait.
Une teste de Barbe, avec l'Estoille nette;
L'encolure d'un cigne, effilée, & bien droite;
Point d'épaules no plus qu'un Liévre, court-jointé,
Et qui fait dans son port voir sa vivacité.
Des pieds, morbleu, des pieds ! le rein double : à vray dire,
J'ay trouvé le moyen, moy seul, de le reduire,
Et sur luy, quoy qu'aux yeux il montrast beau semblant,
Petit Jean de Gaveau ne montoit qu'en tremblant.
Une coupe, en largeur, à nulle autre pareille,
Et des gigots, Dieu sçait ! bref, c'est une merveille,
Et j'en ay refusé cent pistoles, croy moy,
Au retour d'un cheval amené pour le Roy.
Je monte donc dessus, & ma joye estoit pleine,
De voir filer de loin les coupeurs dans la pleine;
Je pousse, & je me trouve en un fort à l'escart,
A la queuë de nos chiens moy seul avec Drecar.*

 *Piqueur renommé.

Une heure là-dedans nostre Cerf se fait battre,
J'appuye alors mes chiens, & fais le diable à quatre:
Enfin jamais chasseur ne se vit plus joyeux;
Je le relance seul, & tout alloit des mieux;
Lors que d'un jeune Cerf s'accompagne le nostre,
Une part de mes chiens se separe de l'autre,
Et je le voy, Marquis, comme tu peux penser,
       Chasser

COMEDIE.

Chasser tous avec crainte, & finaut balancer;
Il se rabat soudain, dont j'eus l'ame ravie;
Il empaume la voye, & moy je sonne & crie,
A finaut à finaut, j'en revois à plaisir,
Sur une taupiniere, & resonne à loisir.
Quelques chiens revenoient à moy, quand pour disgrace,
Le jeune Cerf, Marquis, à mon Campagnard passe,
Mon étourdy se met à sonner comme il faut,
Et crie à pleine voix, tayaut, tayaut, tayaut.
Mes chiens me quittent tous, & vont à ma pecore,
J'y pousse & j'en revois dans le chemin encore;
Mais à terre, mon cher, je n'eus pas jetté l'œil,
Que je connus le change, & sentis un grand dueil.
J'ay beau luy faire voir toutes les differences,
Des pinces de mon Cerf, & de ses connoissances;
Il me soûtient toûjours, en Chasseur ignorant,
Que c'est le Cerf de meute, & par ce different
Il donne temps aux chiens d'aller loin : j'en enrage,
Et pestant de bon cœur contre le personnage,
Je pousse mon cheval, & par haut, & par bas,
Qui plioit des gaulis aussi gros que les bras :
Il ramene les chiens à ma premiere voye,
Qui vont, en me donnant une excessive joye,
Requerir nostre Cerf, comme s'ils l'eussent veu :
Ils le relancent : mais, ce coup est-il préveu ?
A te dire le vray, cher Marquis, il m'assomme.
Nostre Cerf relancé va passer à nostre homme,
Qui croyant faire un trait de chasseur fort vanté,
D'un pistolet d'arçon qu'il avoit apporté,
Luy donne justement au milieu de la teste,
Et de fort loin me crie, ah! j'ay mis bas la beste.
A t'on jamais parlé de pistolets, bon Dieu !
Pour courre un Cerf ? pour moy venant dessus le lieu,

Tome II.   C

J'ay trouvé l'action tellement hors d'usage,
Que j'ay donné des deux à mon chéval, de rage,
Et m'en suis revenu chez moy toûjours courant,
Sans vouloir dire un mot à ce sot ignorant.

ERASTE.
Tu ne pouvois mieux faire, & ta prudence est rare:
C'est ainsi, des Fascheux, qu'il faut qu'on se separe,
Adieu.

DORANTE.
Quand tu voudras, nous irons quelque part,
Où nous ne craindrons point de chasseur Campagnard.

ERASTE.
Fort bien. Je croy qu'enfin je perdray patience,
Cherchons à m'excuser avecque diligence.

Fin du deuxiéme Acte.

COMEDIE.

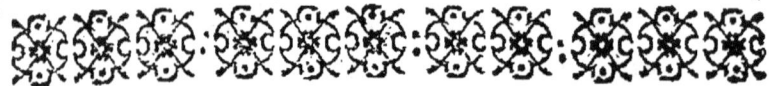

BALET
du second Acte.

PREMIERE ENTRE'E.

DEs Ioüeurs de Boule l'arrestent pour mesurer un coup, dont ils sont en dispute. Il se défait d'eux avec peine, & leur laisse dancer un pas, composé de toutes les postures qui sont ordinaires à ce Ieu.

DEUXIEME ENTRE'E.

De petits Frondeurs les viennent interrompre, qui sont chassez ensuite.

TROISIEME ENTRE'E

Par des Savetiers, & des Savetieres, leurs peres, & autres qui sont aussi chassez à leur tour.

QUATRIESME ENTRE'E.

Par un Jardinier qui dance seul, & se retire pour faire place au troisiéme Acte.

C ij

ACTE III.

SCENE PREMIERE.

ERASTE, LA MONTAGNE.

ERASTE.

IL est vray, d'un costé mes soins ont reüssi:
Cét adorable objet, enfin s'est adouci:
Mais d'un autre on m'accable, & les Astres seve-
    res
Ont, contre mon amour, redoublé leurs coleres.
Ouy, Damis son tuteur, mon plus rude Fascheux,
Tout de nouveau s'oppose aux plus doux de mes
    vœux,
A son aimable Niéce a deffendu ma veuë,
Et veut d'un autre Epoux la voir demain pourveuë.
Orphise toutesfois, malgré son desaveu,
Daigne accorder ce soir, une grace à mon feu;
Et j'ay fait consentir l'esprit de cette belle,
A souffrir qu'en secret je la visse chez elle.
L'amour aime sur tout les secrettes faveurs,
Dans l'obstacle, qu'on force, il trouve des douceurs.

COMEDIE.

Et le moindre entretien de la beauté qu'on aime,
Lors qu'il est deffendu, devient grace suprême.
Je vais au rendez-vous: c'en est l'heure, à peu pres:
Puis je veux m'y trouver plûtost avant qu'apres.
LA MONTAGNE.
Suivray-je vos pas?
ERASTE.
Non, je craindrois que peut-estre
A quelques yeux suspects, tu me fisses connoistre.
LA MONTAGNE.
Mais....
ERASTE.
Je ne le veux pas.
LA MONTAGNE.
Je dois suivre vos loix:
Mais au moins si de loin....
ERASTE.
Te tairas-tu, vingt-fois?
Et ne veux-tu jamais quiter cette methode,
De te rendre, à toute heure, un valet incommode?

SCENE II.

CARITIDES, ERASTE.

CARITIDES.

Monsieur, le temps repugne à l'honneur de vous voir,
Le matin est plus propre à rendre un tel devoir :
Mais de vous rencontrer il n'est pas bien facile ;
Car vous dormez toûjours, ou vous estes en ville:
Au moins, Messieurs vos gens me l'asseurent ainsi,
Et j'ay, pour vous trouver, pris l'heure que voicy.
Encor est-ce un grand heur, dont le destin m'honore ;
Car deux momens plus tard, je vous manquois encore.

ERASTE.
Monsieur, souhaitez-vous quelque chose de moy?

CARITIDES.
Je m'acquite, Monsieur, de ce que je vous doy;
Et vous viens.... Excusez l'audace, qui m'inspire,
Si....

ERASTE.
Sans tant de façons, qu'avez-vous à me dire?

CARITIDES.
Comme le rang, l'esprit, la generosité,
Que chacun vante en vous....

COMEDIE.

ERASTE.

Oüy, je suis fort vanté,
Passons, Monsieur.

CARITIDES.

Monsieur, c'est une peine extrême,
Lors qu'il faut à quelqu'un se produire soy-mesme,
Et toûjours, pres des Grans, on doit estre introduit
Par des gens qui de nous fassent un peu de bruit,
Dont la bouche écoutée, avecque poids debite
Ce qui peut faire voir nostre petit merite :
Enfin, j'aurois voulu que des gens bien instruits,
Vous eussent pû, Monsieur, dire ce que je suis.

ERASTE.

Je vois assez, Monsieur, ce que vous pouvez estre,
Et vostre seul abord le peut faire connoistre.

CARITIDES.

Ouy, je suis un sçavant charmé de vos vertus,
Non pas de ces sçavans dont le nom n'est qu'en us:
Il n'est rien si commun, qu'un nom à la Latine.
Ceux qu'on habille en Grec ont bien meilleure mine ;
Et pour en avoir un qui se termine en es,
Je me fais appeller Monsieur Caritides.

ERASTE.

Monsieur Caritides soit, qu'avez-vous à dire?

CARITIDES.

C'est un placet, Monsieur, que je voudrois vous lire,
Et que dans la posture, où vous met vostre employ,
J'ose vous conjurer de presenter au Roy.

ERASTE.

Hé! Monsieur, vous pouvez le presenter vous-mesme.

CARITIDES.

Il est vray que le Roy fait cette grace extrême,

C iiij

LES FASCHEUX,

Mais par ce mesme excez de ses rares bontez,
Tant de méchans placets, Monsieur, sont presentez,
Qu'ils étouffent les bons, & l'espoir où je fonde,
Est qu'on donne le mien, quand le Prince est
    sans monde.

ERASTE.
Et bien vous le pouvez, & prendre vostre temps.

CARITIDES.
Ah ! Monsieur ! les Huissiers sont de terribles gens,
Ils traitent les Sçavans de faquins à nasardes ;
Et je n'en puis venir qu'à la salle des Gardes.
Les mauvais traitemens qu'il me faut endurer,
Pour jamais de la Cour me feroient retirer,
Si je n'avois conçeu l'esperance certaine,
Qu'aupres de nostre Roy vous serez mon Mecene.
Ouy, vostre credit m'est un moyen asseuré....

ERASTE.
Et bien donnez-moy donc, je le presenteray.

CARITIDES.
Le voicy, mais au moins oyez-en la lecture.

ERASTE.
Non....

CARITIDES.
C'est pour estre instruit, Monsieur, je vous conjure.

AU ROY.

SIRE,
    Vôtre tres-humble, tres-obeïssant, tres-

COMEDIE.

fidelle, & tres-sçavant sujet & serviteur, Caritides, François de nation, Grec de profession, ayant consideré les grands & notables abus, qui se commettent aux inscriptions des Enseignes des Maisons, Boutiques, Cabarets, Ieux de Boule, & autres lieux de vostre bonne Ville de Paris ; en ce que certains ignorans compositeurs desdites inscriptions, renversent par une barbare, pernicieuse & detestable ortographe, toute sorte de sens & raison, sans aucun égard d'Etimologie, Analogie, Energie, ny Allegorie quelconque ; au grand scandale de la Republique des Lettres, & de la nation Françoise, qui se décrie & deshonnore par lesdits abus, & fautes grossieres, envers les Estrangers, & notamment envers les Allemans, curieux lecteurs, & inspectateurs desdites inscriptions.

ERASTE.
Ce Placet est fort long, & pourroit bien fâcher.
CARITIDES.
Ah ! Monsieur, pas un mot ne s'en peut retrancher.
ERASTE.
Achevez promptement.
CARITIDES continuë.

Suplie humblement Vostre Majesté, de créer, pour le bien de son Estat, & la gloire de son Empire, une Charge de Controlleur, Intendant, Correcteur, Reviseur, & Restaurateur general desdites inscriptions ; & d'icelle honorer le suppliant, tant en consideration de son rare & éminent sçavoir, que des grands & signalez services qu'il a rendus à l'Estat, & à Vostre Majesté, en faisant l'Anagramme de Vostre-dite Majesté en François, Latin, Grec, Hebreu, Siriaque, Caldéen, Arabe....

ERASTE *l'interrompant.*
Fort bien : donnez-le viste, & faite la retraite :
Il sera veu du Roy ; c'est une affaire faite.
CARITIDES.
Helas ! Monsieur, c'est tout que monstrer mon placet,
Si le Roy le peut voir, je suis seur de mon fait :
Car comme sa justice en toute chose est grande,
Il ne pourra jamais refuser ma demande.
Au reste, pour porter au Ciel vostre renom,
Donnez-moy par écrit vostre nom, & surnom ;
Je veux faire un poëme, en forme d'acrostiche,
Dans les deux bouts du Vers, & dans chaque hemistiche.
ERASTE.
Ouy, vous l'aurez demain, Monsieur Caritides,
Ma foy de tels sçavans sont des asnes bien-faits.
J'aurois dans d'autres temps bien ry de sa sottise....

COMEDIE.

SCENE III.
ORMIN, ERASTE.

ORMIN.
Bien qu'une grande affaire en ce lieu me côduise,
J'ay voulu qu'il sortist, avant que vous parler.
ERASTE.
Fort bien, mais dépeschons ; car je veux m'en aller.
ORMIN.
Je me doute à peu pres que l'homme qui vous quitte
Vous a fort ennuyé, Monsieur, par sa visite.
C'est un vieux importun, qui n'a pas l'esprit sain,
Et pour qui j'ay toûjours quelque défaite en main.
Au Mail, à Luxembourg, & dans les Thuilleries,
Il fatigue le monde, avec ses réveries :
Et des gens comme vous, doivent fuir l'entretien
De tous ces sçavans là, qui ne sont bons à rien.
Pour moy je ne crains pas, que je vous importune,
Puis que je viens, Monsieur, faire vostre fortune.
ERASTE.
Voicy quelque soufleur, de ces gens qui n'ont rien,
Et vous viennent toujoûrs promettre tant de bien.
Vous avez fait, Monsieur, cette benite pierre,
Qui peut, seule, enrichir tous les Rois de la terre.
ORMIN.
La plaisante pensée, helas, où vous voilà !
Dieu me garde, Monsieur, d'estre de ces foux-là.

Je ne me repais point de visions frivoles,
Et je vous porte icy les solides parolles
D'un avis, que pour vous je veux donner au Roy;
Et que tout cacheté je conserve sur moy.
Non de ces sots projets, de ces chimeres vaines,
Dont les Sur-intendans ont les oreilles pleines :
Non de ces gueux d'avis, dont les pretentions
Ne parlent que de vingt ou de trente millions;
Mais un, qui tous les ans à si peu qu'on le monte,
En peut donner au Roy quatre cent, de bon conte:
Avec facilité, sans risque, ny soupçon,
Et sans fouler le peuple en aucune façon.
Enfin, c'est un avis d'un gain inconcevable,
Et que du premier mot on trouvera faisable.
Ouy, pourveu que par vous je puisse estre poussé...

ERASTE.

Soit, nous en parlerons, je suis un peu pressé.

ORMIN.

Si vous me promettiez de garder le silence,
Je vous découvrirois cét avis d'importance.

ERASTE.

Non, non, je ne veux point sçavoir vostre secret.

ORMIN.

Monsieur, pour le trahir, je vous croy trop discret,
Et veux, avec franchise, en deux mots vous
    l'apprendre.
Il faut voir si quelqu'un ne peut point nous entédre.
Cét avis merveilleux, dont je suis l'inventeur,
Est que....

ERASTE.

D'un peu plus loin, & pour cause, Monsieur.

ORMIN.

Vous voyez le grand gain, sans qu'il faille le dire,
Que de ces ports de mer le Roy tous les ans tire.

COMEDIE.

Or l'avis dont encor nul ne s'est avisé,
Est qu'il faut de la France, & c'est un coup aisé,
En fameux ports de mer, mettre toutes les costes.
Ce seroit pour monter à de sommes tres-hautes,
Et si....

ERASTE.
L'avis est bon, & plaira fort au Roy.
Adieu, nous nous verrons.

ORMIN.
Au moins appuyez-moy,
Pour en avoir ouvert les premieres paroles.

ERASTE.
Ouy, ouy.

ORMIN.
Si vous vouliez me prester deux pistoles,
Que vous reprendriez sur le droit de l'avis,
Monsieur....

ERASTE.
Ouy volontiers. Pleust à Dieu qu'à ce prix,
De tous les Importuns je puisse me voir quitte !
Voyez quel contre-temps prend icy leur visite !
Je pense qu'à la fin je pourray bien sortir,
Viendra-t'il point quelqu'un encor me divertir?

SCENE IV.

FILINTE, ERASTE.

FILINTE.

Marquis, je viens d'apprendre une étrange nouvelle.
ERASTE.
Quoy ?
FILINTE.
Qu'un homme, tantost, t'a fait une querelle.
ERASTE.
A moy ?
FILINTE.
Que te fert-il de le diffimuler ?
Je fçay de bonne part, qu'on t'a fait appeller;
Et comme ton amy, quoy qu'il en réüffiffe,
Je te viens, contre tous, faire offre de fervice.
ERASTE.
Je te fuis obligé ; mais croy que tu me fais....
FILINTE.
Tu ne l'avoüeras pas, mais tu fors fans valets:
Demeure dans la ville, ou gagne la campagne,
Tu n'iras nulle part que je ne t'accompagne.
ERASTE.
Ah j'enrage !

COMEDIE.

FILINTE.
A quoy bon de te cacher de moy ?
ERASTE.
Je te jure, Marquis, qu'on s'est mocqué de toy.
FILINTE.
En vain tu t'en deffends.
ERASTE.
Que le Ciel me foudroye,
Si d'aucun démeslé...
FILINTE.
Tu penses qu'on te croye ?
ERASTE.
Eh mon Dieu ! je te dis, & ne déguise point,
Que....
FILINTE.

Ne me crois pas dupe, & credule à ce point.
ERASTE.
Veux-tu m'obliger ?
FILINTE.
Non.
ERASTE.
Laisse-moy, je te prie.
FILINTE.
Point d'affaire, Marquis.
ERASTE.
Une galanterie,
En certain lieu, ce soir...
FILINTE.
Je ne te quitte pas :
En quel lieu que ce soit, je veux suivre tes pas.
ERASTE.
Parbleu, puis que tu veux que j'aye une querelle,
Je consens à l'avoir pour contenter ton zele ;

Ce sera contre-toy qui me fais enrager,
Et dont je ne me puis par douceur dégager.
FILINTE.
C'est fort mal d'un amy recevoir le service:
Mais puis que je vous rends un si mauvais office,
Adieu, vuidez sans moy tout ce que vous aurez.
ERASTE.
Vous serez mon amy quand vous me quitterez.
Mais voyez quels malheurs suivent ma destinée!
Ils m'auront fait passer l'heure qu'on m'a donnée,

COMEDIE. 65

SCENE V.

DAMIS, L'ESPINE, ERASTE, LA RIVIERE.

DAMIS.

QUoy malgré moy, le traistre espere l'obtenir !
Ah ! mon juste courroux le sçaura prévenir.
ERASTE.
J'entrevoy-là quelqu'un sur la porte d'Orphise.
Quoy, tousiours quelque obstacle aux feux qu'el-
　le authorise ?
DAMIS.
Ouy, j'ay sçeu que ma Niece, en dépit de mes soins,
Doit voir ce soir chez elle Eraste sans témoins.
LA RIVIERE.
Qu'entens-je à ces gens-là dire de nostre Maistre !
Approchons doucement, sans nous faire con-
　noistre.
DAMIS.
Mais avant qu'il ait lieu d'achever son dessein,
Il faut de mille coups percer son traistre sein.

Va-t'en faire venir ceux que je viens de dire,
Pour les mettre en embûche aux lieux que je de-
 sire ;
Afin qu'au nom d'Eraste, on soit prest à venger
Mon honneur, que ses feux ont l'orgueil d'ou-
 trager ;
A rompre un rendez-vous, qui dans ce lieu l'ap-
 pelle,
Et noyer dans son sang sa flâme criminelle.
   LA RIVIERE *l'attaquant avec ses*
          compagnons.
Avant qu'à tes fureurs on puisse l'immoler,
Traistre tu trouveras en nous à qui parler.
   ERASTE *mettant l'épée à la*
        main.
Bien qu'il m'ait voulu perdre, un point d'honneur
 me presse,
De secourir icy l'oncle de ma Maistresse.
Je suis à vous, Monsieur.
   DAMIS *apres leur fuite.*
     O Ciel ! par quel secours,
D'un trepas asseuré, vois-je sauver mes jours ?
A qui suis-je obligé d'un si rare service ?
   ERASTE.
Je n'ay fait, vous servant, qu'un acte de justice.
   DAMIS.
Ciel ! puis-je à mon oreille adjoûter quelque foy ?
Est-ce la main d'Eraste....
   ERASTE.
    Ouy, ouy, Monsieur, c'est moy.
Trop heureux, que ma main vous ait tiré de
 peine,
Trop malheureux d'avoir merité vostre haine.

COMEDIE.

DAMIS.

Quoy, celuy dont j'avois résolu le trépas,
Est celuy, qui pour moy, vient d'employer son bras?
Ah! c'en est trop, mon cœur est contraint de se
 rendre;
Et quoy que vostre amour, ce soir, ait pu pretendre,
Ce trait si prévenant de generosité,
Doit étouffer en moy toute animosité.
Je rougis de ma faute, & blâme mon caprice.
Ma haine, trop long-temps, vous a fait injustice;
Et pour la condamner par un éclat fameux,
Je vous joins, dés ce soir, à l'objet de vos veux.

LES FASCHEUX,

SCENE VI.

ORPHISE, DAMIS, ERASTE, *suite.*

ORPHISE *venant avec un flambeau d'argent à la main.*

MOnsieur quelle avanture a d'un ton effroyable....
DAMIS.
Ma Niece, elle n'a rien que de tres-agréable,
Puis qu'apres tant de vœux que j'ay blâmez en vous,
C'est elle qui vous donne Eraste pour Epoux.
Son bras a repoussé le trépas que j'évite ;
Et je veux, envers luy, que vostre main m'acquitte.
ORPHISE.
Si c'est pour luy payer ce que vous luy devez,
J'y consens, devant tout, aux jours qu'il a sauvez.
ERASTE.
Mon cœur est si surpris d'une telle merveille,
Qu'en ce ravissement, je doute, si je veille.
DAMIS.
Celebrons l'heureux sort, dont vous allez joüir ;
Et que nos violons viennent nous réjoüir.

Comme les Violons veulent joüer, on frappe à la porte.

COMEDIE.
ERASTE.
ui frappe là si fort?
L'ESPINE.
Monsieur, ce sont des Masques,
ui portent des crin-crins, & des tambours de
Basques.
Les Masques entrent qui occupent toute la place.
ERASTE.
Quoy, toûjours des Fascheux? hola, Suisse icy,
Qu'on me fasse sortir ces gredins que voicy.

LES FASCHEUX,

BALET du troisiême acte.

PREMIERE ENTRE'E.

Es Suisses avec des halebardes chassent tous les Masques Fascheux, & se retirent ensuite pour laisser danser à leur aise.

DERNIERE ENTRE'E.

Quatre Bergers, & une Bergere, qui au sentiment de tous ceux qui l'ont veuë, ferment le divertissement d'assez bonne grace.

L'ESCOLE
DES
MARIS.
COMEDIE.

A MONSEIGNEUR LE DUC D'ORLEANS, FRERE UNIQUE DU ROY.

ONSEIGNEVR,

Ie fais voir icy à la France des cho‑
ses bien peu proportionnées. Il n'est rien
de si grand, & de si superbe, que le
nom que je mets à la teste de ce Livre,
& rien de plus bas que ce qu'il contient.
Tout le monde trouvera cét assamblage

Tome II.　　　　　　　　D

étrange ; & quelques-uns pourront bien dire, pour en exprimer l'inégalité, que c'est poser une couronne de perles & de diamans, sur une statuë de terre, & faire entrer par des Portiques magnifiques, des Arcs triomphaux superbes dans une méchante Cabane. Mais, MONSEIGNEUR, ce qui doit me servir d'excuse, c'est qu'en cette avanture je n'ay eu aucun choix à faire, & que l'honneur que j'ay d'estre à VOSTRE ALTESSE ROYALLE, m'a imposé une necessité absoluë, de luy dédier le premier Ouvrage que je mets de moy-mesme au jour. Ce n'est pas un present que je luy fais, c'est un devoir dont je m'acquitte ; & les hommages ne sont jamais regardez par les choses qu'ils portent. J'ay donc osé, MONSEIGNEUR, dédier une bagatelle à VOSTRE ALTESSE ROYALLE, parce que je n'ay pû m'en dispenser ; & si je me dispense icy de m'étendre sur les belles & glorieuses veritez qu'on pourroit dire

EPISTRE.

d'Elle, c'est par la juste apprehension que ces grandes idées ne fissent èclater encor davantage la bassesse de mon offrande. Ie me suis imposé silence, pour trouver un endroit plus propre à placer de si belles choses; & tout ce que j'ay pretendu dans cette Epistre, c'est de justifier mon action à toute la France, & d'avoir cette gloire de vous dire à vous-mesme, MONSEIGNEVR, avec toute la soumission possible, que je suis,

DE VOSTRE ALTESSE ROYALE,

Le tres-humble, tres-obeïssant
& tres-fidelle serviteur
MOLIERE.

LES PERSONNAGES.

SGANARELLE, } Freres.
ARISTE,

ISABELLE, } Sœurs.
LEONOR,

LISETTE, suivante de Leonor.
VALERE, Amant d'Isabelle.
ERGASTE, Valet de Valere.
LE COMMISSAIRE.
LE NOTAIRE.

La Scene est à Paris.

L'ESCOLE DES MARIS,

COMEDIE.

ACTE PREMIER.

SCENE PREMIERE.

SGANARELLE, ARISTE.

SGANARELLE.

Mon frere, s'il vous plaist, ne discourons point tant,
Et que chacun de nous vive comme il l'entend ;
Bien que sur moi des ans vous aïez l'advantage,

Et soyez assez vieux pour devoir estre sage;
Je vous diray pourtant que mes intentions,
Sont de ne prendre point de vos corrections :
Que j'ay pour tout conseil ma fantaisie à suivre,
Et me trouve fort bien de ma façon de vivre.
ARISTE.
Mais chacun la condamne.
SGANARELLE.
              Oüy, des foux comme vous,
Mon frere.
ARISTE.
    Grand mercy, le compliment est doux.
SGANARELLE.
Je voudrois bien sçavoir, puis qu'il faut tout entendre ;
Ce que ces beaux censeurs en moy peuvent reprendre ?
ARISTE.
Cette farouche humeur, dont la severité
Fuit toutes les douceurs de la societé,
A tous vos procedez inspire un air bizarre,
Et jusques à l'habit, vous rend chez vous barbare.
SGANARELLE.
Il est vray qu'à la mode il faut m'assujettir,
Et ce n'est pas pour moy que je me dois vestir?
Ne voudriez-vous point, par vos belles sornettes,
Monsieur mõ frere aisné, car Dieu mercy vous l'estes
D'une vingtaine d'ans, à ne vous rien celer,
Et cela ne vaut pas la peine d'en parler :
Ne voudriez-vous point, dis-je, sur ces matieres,
De vos jeunes muguets m'inspirer les manieres,
M'obliger à porter de ces petits chapeaux,
Qui laissent éventer leurs debiles cerveaux,

COMEDIE.

Et de ces blonds cheveux de qui la vaste enfleure
Des visages humains offusque la figure?
De ces petits pourpoints sous les bras se perdans,
Et de ces grans colets jusqu'au nombril pendans?
De ces manches qu'à table on voit taster les sausses,
Et de ces cottillons appellez haut-de-chausses?
De ces souliers mignons de rubans revestus,
Qui vous font ressembler à des pigeons patus?
Et de ces grans canons, où comme des entraves,
On met tous les matins ses deux jambes esclaves,
Et par qui nous voyons ces Messieurs les galans,
Marcher écarquillez ainsi que des volans?
Je vous plairois sans doute équipé de la sorte,
Et je vous vois porter les sottises qu'on porte.

ARISTE.

Tousiours au plus grand nombre on doit s'ac-
  commoder,
Et jamais il ne faut se faire regarder.
L'un & l'autre excés choque, & tout hôme bien sage
Doit faire des habits, ainsi que du langage,
N'y rien trop affecter, & sans empressement,
Suivre ce que l'usage y fait de changement.
Mon sentiment n'est pas qu'on prenne la methode
De ceux qu'on voit toûjours r'encherir sur la mode,
Et qui dans ces excez, dont ils sont amoureux,
Seroient faschez qu'un autre eût esté plus loin
  qu'eux;
Mais je tiens qu'il est mal, sur quoy que l'on se fôde,
De fuir obstinément ce que suit tout le monde,
Et qu'il faut mieux souffrir d'étre au nôbre des fous,
Que du sage party se voir seul contre tous.

SGANARELLE.

Cela sent son vieillard, qui pour en faire accroire,
Cache ses cheveux blancs d'une perruque noire.

D v

ARISTE.

C'est un étrange fait du soin que vous prenez,
A me venir toûjours jetter mon âge au nez;
Et qu'il faille qu'en moy sans cesse je vous voye
Blasmer l'ajustement aussi bien que la joye:
Comme si condamnée à ne plus rien cherir,
La vieillesse devoit ne songer qu'à mourir,
Et d'assez de laideur n'est pas accompagnée,
Sans se tenir encor mal-propre & rechignée.

SGANARELLE.

Quoy qu'il en soit, je suis attaché fortement,
A ne demordre point de mon habillement:
Je veux une coëffure en dépit de la mode,
Sous qui toute ma teste ait un abry commode:
Un bon pourpoint bien lõg, & fermé comme il faut,
Qui pour bien digerer tienne l'estomach chaud;
Un haut-de-chausses fait justement pour ma cuisse,
Des souliers où mes pieds ne soient point au suplice,
Ainsi qu'en ont usé sagement nos ayeux,
Et qui me trouve mal n'a qu'à fermer les yeux.

COMÉDIE.

SCENE II.

LEONOR, ISABELLE, LISETTE,
ARISTE, SGANARELLE.

LEONOR à Isabelle.
Je me charge de tout, en cas que l'on vous gronde.
LISETTE à Isabelle.
Toûjours dans une châbre à ne point voir le môde?
ISABELLE.
Il est ainsi basty.
LEONOR.
Je vous en plains ma sœur.
LISETTE
Bien vous prend que son frere ait toute une autre humeur,
Madame, & le destin vous fut bien favorable,
En vous faisant tomber aux mains du raisonnable
ISABELLE.
C'est un miracle encor, qu'il ne m'ait aujourd'huy
Enfermée à la clef, ou menée avec luy.
LISETTE.
Ma foy je l'envoyerois au diable avec sa fraize,
Et...
SGANARELLE.
Où donc allez-vous, qu'il ne vous en déplaise?

L'ESCOLE DES MARIS,

LEONOR.

Nous ne sçavons encor, & je pressois ma sœur
De venir du beau temps respirer la douceur:
Mais....

SGANARELLE.

Pour vous, vous pouvez aller où bon vous semble,
Vous n'avez qu'à courir, vous voila deux ensemble:
Mais vous, je vous deffens, s'il vous plaist, de sortir.

ARISTE.

Ah! laissez-les, mon frere, aller se divertir.

SGANARELLE.

Je suis vostre valet, mon frere.

ARISTE.

      La jeunesse
Veut....

SGANARELLE.

La jeunesse est sotte, & par fois la vieillesse.

ARISTE.

Croyez vous qu'elle est mal d'estre avec Leonor?

SGANARELLE.

Non pas, mais avec moy, je la crois mieux encor.

ARISTE.

Mais....

SGANARELLE.

Mais ses actions de moy doivent dépendre,
Et je sçay l'interest enfin que j'y dois prendre.

ARISTE.

A celles de sa sœur, ay-je un moindre interest?

SGANARELLE.

Mon Dieu, chacun raisonne, & fait côme il luy plaist.
Elles sont sans parens, & nostre amy leur pere,
Nous commit leur conduite à son heure derniere;
Et nous chargeant tous deux, ou de les épouser,
Ou sur nostre refus un jour d'en disposer,

COMEDIE. 85

Sur elles par contract, nous sceut dés leur enfance,
Et de pere, & d'époux donner pleine puissance,
D'élever celle-là, vous pristes le soucy,
Et moy je me chargeay du soin de celle-cy;
Selon vos volontez vous gouvernez la vostre,
Laissez-moy, je vous prie, a mon gré regir l'autre.
ARISTE.
Il me semble....
SGANARELLE.
Il me semble, & je le dis tout haut,
Que sur un tel sujet c'est parler comme il faut.
Vous souffrez que la vostre aille leste & pimpante,
Je le veux bien: qu'elle ait, & laquais, & suivante,
J'y consens : qu'elle courre, aime l'oisiveté,
Et soit des damoizeaux fleurée en liberté;
J'en suis fort satisfait : mais j'entens que la mienne
Vive à ma fantaisie, & non pas à la sienne;
Que d'une serge honneste, elle ait son vestement,
Et ne porte le noir, qu'aux bons jours seulement.
Qu'enfermée au logis en personne bien sage,
Elle s'applique toute aux choses du mesnage;
A recoudre mon linge aux heures de loisir,
Ou bien à tricoter quelques bas par plaisir;
Qu'aux discours des muguets elle ferme l'oreille,
Et ne sorte jamais sans avoir qui la veille.
Enfin la chair est foible, & j'entends tous les bruits,
Je ne veux point porter des cornes, si je puis ;
Et comme à m'épouser sa fortune l'appelle,
Je pretens corps pour corps, pouvoir répondre d'elle.
ISABELLE.
Vous n'avez pas sujet, que je croy....
SGANARELLE.
Taisez-vous,
Je vous apprendray bien, s'il faut sortir sans nous.

L'ESCOLE DES MARIS,

LEONOR.

Quoy donc, Monsieur...

SGANARELLE.

Mon Dieu, Madame, sans langage,
Je ne vous parle pas, car vous estes trop sage.

LEONOR.

Voyez-vous Isabelle avec nous à regret?

SGANARELLE.

Ouy, vous me la gastez, puis qu'il faut parler net,
Vos visites icy, ne font que me déplaire,
Et vous m'obligerez de ne nous en plus faire.

LEONOR.

Voulez-vous que mon cœur vous parle net aussi?
J'ignore de quel œil elle voit tout cecy,
Mais je sçay ce qu'en moy feroit la deffiance;
Et quoy qu'un mesme sang nous ait doné naissance,
Nous sômes biẽ peu sœurs, s'il faut que chaque jour
Vos manieres d'agir luy donnent de l'amour.

LISETTE.

En effet tous ces soins sont des choses infames,
Sommes-nous chez les Turcs pour renfermer les femmes?
Car on dit qu'on les tient esclaves en ce lieu,
Et que c'est pour cela qu'ils sont maudits de Dieu.
Nostre honneur est, Monsieur, bien sujet à foiblesse,
S'il faut qu'il ait besoin qu'on le garde sans cesse:
Pensez-vous apres tout, que ces précautions
Servent de quelque obstacle à nos intentions?
Et quãd nous nous mettons quelque chose à la teste,
Que l'homme le plus fin ne soit pas une beste?
Toutes ces gardes-là sont visions de foux,
Le plus seur est ma foy de se fier en nous;
Qui nous gesne se met en un peril extrême,
Et tousiours nôtre hõneur veut se garder luy-même.

COMEDIE. 87

C'est nous inspirer presque un desir de pecher,
Que monstrer tant de soins de nous en empescher;
Et si par un mary je me voyois contrainte,
J'aurois fort grande pente à confirmer sa crainte.
SGANARELLE.
Voila, beau Precepteur, vostre éducation,
Et vous souffrez cela sans nulle émotion.
ARISTE.
Mon frere, son discours ne doit que faire rire,
Elle a quelque raison en ce qu'elle veut dire.
Leur sexe aime à joüir d'un peu de liberté,
On le retient fort mal par tant d'austerité;
Et les soins deffians, les verroux & les grilles,
Ne font pas la vertu des femmes, ny des filles,
C'est l'honneur qui les doit tenir dans le devoir,
Non la severité que nous leur faisons voir.
C'est une étrange chose, à vous parler sans feinte,
Qu'une femme qui n'est sage que par contrainte.
En vain sur tous ses pas nous pretendons regner,
Je trouve que le cœur est ce qu'il faut gagner;
Et je ne tiendrois moy, quelque soin qu'on se
  donne,
Mon honneur guere seur aux mains d'une personne,
A qui, dans les desirs qui pourroient l'assaillir,
Il ne manqueroit rien qu'un moyen de faillir.
SGANARELLE.
Chansons que tout cela.
ARISTE.
Soit, mais je tiens sans cesse,
Qu'il nous faut en riant instruire la jeunesse,
Reprendre ses deffauts avec grande douceur,
Et du nom de vertu ne lui point faire peur;
Mes soins pour Leonor ont suivi ces maximes,
Des moindres libertez je n'ay point fait des crimes,

A ses jeunes desirs j'ay toûjours consenty,
Et je ne m'en suis point, grace au Ciel, repenty;
J'ay souffert qu'elle ait veu les belles compagnies,
Les divertissemens, les Bals, les Comedies;
Ce sont choses, pour moy, que je tiens de tout
    temps,
Fort propres à former l'esprit des jeunes gens;
Et l'Escole du monde en l'air dont il faut vivre,
Instruit mieux à mon gré que ne fait aucun livre:
Elle aime à dépenser en habits, linge, & nœuds;
Que voulez-vous ? je tâche à contenter ses vœux,
Et ce sont des plaisirs qu'on peut dans nos familles,
Lors que l'on a du bien permettre aux jeunes filles.
Un ordre paternel l'oblige à m'épouser;
Mais mon dessein n'est pas de la tyranniser.
Je sçay bien que nos ans ne se raportent guere,
Et je laisse à son choix liberté toute entiere :
Si quatre mille escus de rente bien venans,
Une grande tendresse, & des soins complaisans,
Peuvent à son avis, pour un tel mariage,
Reparer entre nous l'inégalité d'âge,
Elle peut m'épouser, sinon choisir ailleurs ;
Je consens que sans moy ses destins soient meilleurs;
Et j'aime mieux la voir sous une autre hymenée,
Que si contre son gré sa main m'estoit donnée.
        SGANARELLE.
Hé qu'il est doucereux! c'est tout sucre, & tout miel.
        ARISTE.
Enfin, c'est mon humeur, & j'en rends grace au Ciel,
Je ne suivrois jamais ces maximes severes,
Qui font que les enfans content les jours des peres.
        SGANARELLE.
Mais ce qu'en la jeunesse on prend de liberté,
Ne se retranche pas avec facilité,

COMEDIE.

Et tout ses sentimens suivront mal vostre envie,
Quand il faudra changer sa maniere de vie.
ARISTE.
Et pourquoy la changer ?
SCANARELLE.
Pourquoy ?
ARISTE.
Oüy ?
SGANARELLE.
Je ne sçay:
ARISTE.
Y voit-on quelque chose où l'honneur soit blessé?
SGANARELLE.
Quoy ? si vous l'épousez, elle pourra pretendre
Les mesmes libertez que fille on luy voit prendre ?
ARISTE.
Pourquoy non ?
SGARANELLE.
Vos desirs luy seront complaisans,
Jusques à luy laisser, & mouches, & rubans ?

ARISTE.
Sans doute.
SGANARELLE.
A luy souffrir en cervelle troublée,
De courir tous les Bals, & les lieux d'assamblée ?
ARISTE.
Oüy vrayment.
SGANARELLE.
Et chez vous iront les damoizeaux ?
ARISTE.
Et quoy donc ?
SGANARELLE.
Qui joüeront, donneront cadeaux ?

L'ESCOLE DES MARIS,

ARISTE.

D'accord ;

SGANARELLE.

Et voſtre femme entendra les fleurettes?

ARISTE.

Fort bien.

SGANARELLE.

Et vous verrez ces viſites muguettes,
D'un œil à témoigner de n'en eſtre point ſoû.

ARISTE.

Cela s'entend :

SGANARELLE.

Allez, vous eſtes un vieux foû,
à Iſabelle.

Rentrez, pour n'oüir point cette pratique infame.

ARISTE.

Je veux m'abandonner à la foy de ma femme,
Et pretens touſiours vivre ainſi que j'ay veſcu.

SGANARELLE.

Que j'auray de plaiſir ſi on le fait cocu!

ARISTE.

J'ignore pour quel ſort mon aſtre m'a fait naiſtre,
Mais je ſçay que pour vous, ſi vous manquez de
   l'eſtre,
On ne vous en doit point imputer le defaut,
Car vos ſoins pour cela font bien tout ce qu'il faut.

SGANARELLE.

Bien donc, beau rieur, ô que cela doit plaire,
De voir un goguenard preſque ſexagenaire.

LEONOR.

Du ſort dont vous parlez je le garantis moy,
S'il faut que par l'hymen il reçoive ma foy,
Il s'y peut aſſeurer ; mais ſçachez que mon ame,
Ne répondroit de rien, ſi j'eſtois voſtre femme.

COMEDIE. 91
LISETTE.
C'est conscience à ceux qui s'asseurent en nous;
Mais c'est pain beny, certe, à des gens comme vous.
SGANARELLE.
Allez langue maudite, & des plus mal-aprises.
ARISTE.
Vous vous estes, mon frere, attiré ces sottises;
Adieu, changez d'humeur, & soyez averty,
Que renfermer sa femme est le mauvais party,
Je suis vostre valet.
SGANARELLE.
     Je ne suis pas le vostre,
O que les voila bien tous formez l'un pour l'autre!
Quelle belle famille! un vieillard insensé,
Qui fait le dameret dans un cors tout cassé,
Une fille Maistresse, & Coquette suprême,
Des valets impudens; non, la sagesse mesme
N'en viendroit pas à bout, perdroit sens & raison,
A vouloir corriger une telle maison.
Isabelle pourroit perdre dans ces hantises,
Les semences d'honneur qu'avec nous elle a prises;
Et pour l'en empescher, dans peu nous pretendons,
Luy faire aller revoir nos choux & nos dindons.

… L'ESCOLE DES MARIS,

SCENE III.

VALERE, ERGASTE, SGANARELLE.

VALERE.

ERgaste, le voila, cét argus que j'abhorre,
Le severe Tuteur de celle que j'adore.
SGANARELLE.
N'est-ce pas quelque chose enfin de surprenant
Que la corruption des mœurs de maintenant?
VALERE.
Je voudrois l'accoster, s'il est en ma puissance,
Et tascher de lier avec luy connoissance.
SGANARELLE.
Au lieu de voir regner cette severité,
Qui composoit si bien l'ancienne honnesteté;
La jeunesse en ces lieux, libertine, absoluë,
Ne prend....
VALERE.
Il ne voit pas que c'est luy qu'on saluë.
ERGASTE.
Son mauvais œil peut-estre est de ce costé-cy:
Passons du costé droit.

COMEDIE. 93

SGANARELLE.
Il faut sortir d'icy.
Le sejour de la ville en moy ne peut produire
Que des....

VALERE.
Il faut chez luy tascher de m'introduire.

SGANARELLE.
Heu ? j'ay creu qu'on parloit. Aux champs, gra-
ces aux cieux,
Les sottises du temps ne blessent point mes yeux.

ERGASTE.
Abordez-le ?

SGANARELLE.
Plaist-il ? les oreilles me cornent.
Là, tous les passe-temps de nos filles se bornent....
Est-ce à nous ?

ERGASTE.
Approchez.

SGANARELLE.
Là nul godelureau
Ne vient....que diable....encor ? que de coups de
chapeau.

VALERE.
Monsieur, un tel abord vous interrompt peut-estre.

SGANARELLE.
Cela se peut.

VALERE.
Mais quoy ! l'honneur de vous connoistre
Est un si grand bon-heur, est un si doux plaisir,
Que de vous saluër, j'avois un grand desir.

SGANARELLE.
Soit.

VALERE.
Et de vous venir, mais sans nul artifice,
Asseurer que je suis tout à vostre service.
SGANARELLE.
Je le croy.
VALERE.
J'ay le bien d'estre de vos voisins,
Et j'en dois rendre grace à mes heureux destins.
SGANARELLE.
C'est bien fait.
VALERE
Mais Monsieur sçavez-vous les nouvelles,
Que l'on dit à la Cour, & qu'on tient pour fidelles?
SGANARELLE.
Que m'importe?
VALERE.
Il est vray, mais pour les nouveautez,
On peut avoir par fois des curiositez :
Vous irez voir, Monsieur, cette magnificence,
Que de nostre Dauphin prepare la naissance?
SGANARELLE.
Si je veux.
VALERE.
Avoüons que Paris nous fait part
De cent plaisirs charmās qu'on n'a point autre part,
Les Provinces auprés sont des lieux solitaires.
A quoy donc passez-vous le temps?
SGANARELLE.
A mes affaires.
VALERE.
L'esprit veut du relâche, & succombe par fois,
Par trop d'attachement aux serieux emplois.
Que faites-vous les soirs avant qu'on se retire?

COMEDIE.

SGANARELLE.
Ce qui me plaift.

VALERE.
Sans doute on ne peut pas mieux dire:
Cette réponfe eft jufte, & le bon fens paroift,
A ne vouloir jamais faire que ce qui plaift.
Si je ne vous croyois l'ame trop occupée,
J'irois par fois chez vous paffer l'apres-foupée.

SGANALELLE.
Serviteur.

SCENE IV.

VALERE, ERGASTE.

VALERE.
Que dis-tu de ce bizarre fou?

ERGASTE.
Il a le repart brufque, & l'accueil loup-garou.

VALERE.
Ah! j'enrage.

ERGASTE.
Et dequoy?

VALERE.
Dequoy? c'eft que j'enrage,
De voir celle que j'ayme au pouvoir d'un fauvage,
D'un dragon furveillant, dont la feverité
Ne luy laiffe joüir d'aucune liberté.

ERGASTE.

C'est ce qui fait pour vous, & sur ces consequences
Vostre amour doit fonder de grandes esperances,
Apprenez, pour avoir vostre esprit affermy,
Qu'une femme qu'on garde est gaignée à demy,
Et que les noirs chagrins des maris ou des peres,
Ont toûjours du Galand avancé les affaires.
Je coquette fort peu, c'est mon moindre talent,
Et de profession je ne suis point galant :
Mais j'en ay servi vingt de ces chercheurs de proye,
Qui disoient fort souvent, que leur plus grande joye
Estoit de rencontrer de ces maris fascheux,
Qui jamais sans gronder ne reviennent chez eux,
De ces brutaux fieffez, qui sans raison ny suite,
De leurs femmes en tout contrôlent la conduite,
Et du nom de mary fierement se parans,
Leur rompent en visiere aux yeux des soûpirans.
On en sçait, disent-ils, prendre ses avantages,
Et l'aigreur de la Dame à ces sortes d'outrages,
Dont la plaint doucement le complaisant témoin,
Est un champ à pousser les choses assez loin;
En un mot, ce vous est une attente assez belle,
Que la severité du Tuteur d'Isabelle.

VALERE.

Mais depuis quatre mois que je l'aime ardemment,
Je n'ay pour luy parler pû trouver un moment.

ERGASTE.

L'amour rend inventif ; mais vous ne l'estes guere,
Et si j'avois esté....

VALERE.

    Mais qu'aurois-tu pû faire ?
Puisque sans ce brutal on ne la voit jamais,
Et qu'il n'est là dedans servantes ni valets,

Dont

Dont par-l'apas flatteur de quelque recompense,
Je puisse par mes feux ménager l'assistance.
ERGASTE.
Elle ne sçait donc pas encor que vous l'aimez?
VALERE.
C'est un point dont mes vœux ne sont point informez.
Par tout où ce farouche a conduit cette belle,
Elle m'a toûsiours veu comme une ombre apres elle,
Et mes regars aux siens ont tasché chaque jour,
De pouvoir expliquer l'excez de mon amour :
Mes yeux ont fort parlé, mais qui me peut aprendre
Si leur langage enfin a pû se faire entendre?
ERGASTE.
Ce langage, il est vray, peut estre obscur par fois,
S'il n'a pour truchement l'écriture ou la voix.
VALERE.
Que faire pour sortir de cette peine extrême,
Et sçavoir si la belle a connu que je l'aime?
Dis m'en quelque moyen.
ERGASTE.
C'est ce qu'il faut trouver,
Entrons un peu chez vous afin d'y mieux rêver.

Fin du premier Acte.

Tome II.   E

ACTE II.

SCENE PREMIERE.

ISABELLE, SGANARELLE.

SGANARELLE.

VA, je sçay la maison, & connois la personne,
Aux marques seulement que ta bouche me
donne;
ISABELLE à part.
O Ciel, sois-moy propice, & seconde en ce jour,
Le stratagesme adroit d'une innocente amour.
SGANARELLE.
Dis-tu pas qu'on t'a dit, qu'il s'appelle Valere?
ISABELLE.
Ouy;
SGANARELLE.
Va, sois en repos, r'entre, & me laisse faire,
Je vais parler sur l'heure, à ce jeune étourdy.
ISABELLE.
Je fais pour une fille, un projet bien hardy;
Mais l'injuste rigueur, dont envers moy l'on use,
Dans tout esprit bien-fait me servira d'excuse.

COMEDIE.

SCENE II.

SGANARELLE, ERGASTE, VALERE.

SGANARELLE.
Ne perdons point de temps, c'est icy, qui va-là?
Bon, je rêve, hola, dis-je, hola quelqu'un, hola;
Je ne m'estonne pas, apres cette lumiere,
S'il y venoit tantost de si douce maniere;
Mais je veux me haster, & de son fol espoir,
Peste soit du gros bœuf, qui pour me faire choir,
Se vient devant mes pas planter comme une perche.

VALERE.
Monsieur, j'ay du regret....

SGANALELLE.
    Ah! c'est vous que je cherche;

VALERE.
Moy, Monsieur?

SGANARELLE.
Vous, Valere est-il pas vostre nom?

VALERE.
Oüy;

SGANARELLE.
Je viens vous parler, si vous le trouvez bon,

VALERE.
Puis-je estre assez heureux, pour vous rendre service?

E ij

L'ESCOLE DES MARIS.
SGANARELLE.
Non, mais je pretens-moy, vous rendre un bō office;
Et c'est ce qui chez vous, prend droit de m'amener.
VALERE.
Chez moy, Monsieur?
SGANARELLE.
   Chez vous, faut-il tant s'étonner!
VALERE.
J'en ay bien du sujet, & mon ame ravie
De l'honneur....
SGANARELLE.
  Laissons-là cét honneur, je vous prie.
VALERE.
Voulez-vous pas entrer?
SGANARELLE.
    Il n'en est pas besoin.
VALERE.
Monsieur, de grace.
SGANARELLE.
   Non, je n'iray pas plus loin.
VALERE.
Tant que vous serez-là, je ne puis vous entendre.
SGANARELLE.
Moy je n'en veux bouger.
VALERE.
    Eh bien, il faut se rendre,
Viste, puisque Monsieur, à cela se resout;
Donnez un siege icy.
SGANARELLE.
    Je veux parler debout.
VALERE.
Vous souffrir de la sorte?
SGANARELLE.
    Ah, contrainte effroyable!

COMEDIE.

VALERE.
Cette incivilité seroit trop condemnable.
SGANARELLE.
C'en est une que rien ne sçauroit égaler,
De n'oüir pas les gens qui veulent nous parler.
VALERE.
Je vous obeïs, donc.
SGANARELLE.
    Vous ne sçauriez mieux faire,
Tant de ceremonie est fort peu necessaire :
Voulez-vous m'écouter ?
VALERE.
    Sans doute, & de grand cœur.
SGANARELLE.
Sçavez-vous, dites moy, que je suis le tuteur
D'une fille assez jeune, & passablement belle,
Qui loge en ce quartier, & qu'on nomme Isabelle?
VALERE.
Oüy.
SGANARELLE.
Si vous le sçavez, je ne vous l'apprens pas.
Mais sçavez-vous aussi luy trouvant des appas,
Qu'autrement qu'en tuteur sa personne me touche,
Et qu'elle est destinée à l'honneur de ma couche?
VALERE.
Non.
SGANARELLE.

Je vous l'apprens donc, & qu'il est à propos,
Que vos feux, s'il vous plaist, la laissent en repos.
VALERE.
Qui moy, Monsieur ?
SGANARELLE.
    Oüy vous, mettons bas toute feinte.

E iij

VALERE.

Qui vous a dit, que j'ay pour elle l'ame atteinte?

SGANARELLE.

Des gens à qui l'on peut donner quelque credit.

VALERE.

Mais encor?

SGANARELLE.

Elle-mesme.

VALERE.

Elle?

SGANARELLE.

Elle, est-ce assez dit?
Comme une fille honneste, & qui m'aime d'enfance,
Elle vient de m'en faire entiere confidence;
Et de plus m'a chargé de vous donner avis,
Que depuis que par vous tous ses pas sont suivis,
Son cœur qu'avec excez vostre poursuitte outrage,
N'a que trop de vos yeux entendu le langage;
Que vos secrets desirs luy sont assez connus,
Et que c'est vous donner des soucis superflus;
De vouloir d'avantage expliquer une flâme,
Qui choque l'amitié que me garde son ame.

VALERE.

C'est elle, dites-vous, qui de sa part vous fait....

SGANARELLE.

Ouy, vous venir donner cét avis, franc & net,
Et qu'ayant veu l'ardeur dont vostre ame est blessée,
Elle vous eust plutost fait sçavoir sa pensée,
Si son cœur avoit eu dans son émotion,
A qui pouvoir donner cette commission;
Mais qu'enfin la douleur d'une contrainte extrême,
L'a reduite à vouloir se servir de moy-mesme,
Pour vous rendre averty, comme je vous ay dit,
Qu'à tout autre que moy son cœur est interdit;

COMEDIE.

Que vous avez assez joüé de la prunelle,
Et que si vous avez tant soit peu de cervelle,
Vous prendrez d'autres soins, adieu jusqu'au revoir,
Voilà ce que j'avois à vous faire sçavoir.

VALERE.
Ergaste, que dis-tu d'une telle avanture ?

SGANARELLE.
Le voila bien surpris.

ERGASTE *à part.*
    Selon ma conjecture,
Je tiens qu'elle n'a rien de dèplaisant pour vous,
Qu'un mystere assez fin est caché là dessous,
Et qu'enfin cét avis n'est pas d'une personne,
Qui veüille voir cesser l'amour qu'elle vous donne.

SGANARELLE *à part.*
Il en tient comme il faut.

VALERE.
    Tu crois mysterieux....

ERGASTE.
Ouy....mais il nous observe, ostons-nous de ses
 yeux.

SGANARELLE.
Que sa confusion paroist sur son visage !
Il ne s'attendoit pas, sans doute, à ce message ;
Appellons Isabelle, elle monstre le fruit,
Que l'éducation dans une ame produit.
La vertu fait ses soins, & son cœur s'y consomme,
Jusques à s'offencer des seuls regards d'un homme.

L'ESCOLE DES MARIS,

SCENE III.

ISABELLE, SGANARELLE.

ISABELLE.
J'Ay peur que mon Amant plein de sa passion,
N'ait pas de mon avis compris l'intention ;
Et j'en veux dans les fers, où je suis prisonniere,
Hazarder un qui parle avec plus de lumiere.
SGANARELLE.
Me voila de retour.
ISABELLE.
Hé bien ?
SGANARELLE.
Un plein effet
A suivy tes discours, & ton Homme a son fait.
Il me vouloit nier que son cœur fust malade ;
Mais lors que de ta part j'ay marqué l'ambassade,
Il est resté d'abord, & muet, & confus,
Et je ne pense pas qu'il y revienne plus.
ISABELLE.
Ha ! que me dites-vous? j'ay bien peur du contraire,
Et qu'il ne nous prepare encor plus d'une affaire.
SGANARELLE.
Et surquoy fondes-tu cette peur que tu dis?
ISABELLE.
Vous n'avez pas esté plustost hors du logis,

Qu'ayant, pour prendre l'air, la teste à ma fenestre,
J'ay veu dans ce détour un jeune homme paroistre,
Qui d'abord de la part de cét impertinent
Est venu me donner un bon jour surprenant,
Et m'a droit dans ma chambre une boëte jettée,
Qui renferme une Lettre en poulet cachetée.
J'ay voulu sans tarder luy rejetter le tout;
Mais ses pas de la ruë avoient gagné le bout,
Et je m'en sens le cœur tout gros de fâcherie.
SGANARELLE.
Voyez un peu la ruse, & la friponnerie !
ISABELLE.
Il est de mon devoir de faire promptement
Reporter Boëte & Lettre à ce maudit Amant;
Et j'aurois pour cela besoin d'une personne;
Car d'oser à vous-mesme....
SGANARELLE.
    Au contraire, mignonne,
C'est me faire mieux voir ton amour & ta foy,
Et mon cœur avec joye accepte cét employ;
Tu m'obliges par là plus que je ne puis dire.
ISABELLE.
Tenez donc.
SGANARELLE.
   Bon, voyons ce qu'il a pû t'écrire.
ISABELLE.
Ah! Ciel, gardez-vous bien de l'ouvrir.
SGANARELLE.
      Et pourquoy?
ISABELLE.
Luy voulez-vous donner à croire que c'est moy?
Une Fille d'honneur doit toûjours se deffendre
De lire les Billets qu'un Homme luy fait rendre;

E v

La curiosité qu'on fait lors éclater,
Marque un secret plaisir de s'en oüir conter;
Et je trouve à propos, que toute cachetée,
Cette Lettre luy soit promptement reportée,
Afin que d'autant mieux il connoisse aujourd'huy
Le mépris éclatant que mon cœur fait de luy,
Que ses feux desormais perdent toute esperance,
Et n'entreprennent plus pareille extravagance.
SGANARELLE.
Certes elle a raison, lors qu'elle parle ainsi:
Va, ta vertu me charme, & ta prudence aussi;
Je vois que mes leçons ont germé dans ton ame,
Et tu te montres digne enfin d'estre ma Femme.
ISABELLE.
Je ne veux pas pourtant gesner vostre desir,
La Lettre est dãs vos mains, & vous pouvez l'ouvrir.
SGANARELLE.
Non, je n'ay garde, helas! tes raisons sont trop
  bonnes,
Et je vais m'acquiter du soin que tu me donnes,
A quatre pas de là dire en suite deux mots,
Et revenir icy te remettre en repos.

SCENE IV.

SGANARELLE, ERGASTE.

SGANARELLE.

Dans quel raviſſemét eſt-ce que mó cœur nage,
Lors que je vois en elle une fille ſi ſage ?
C'eſt un treſor d'honneur que j'ay dans ma maiſon.
Prendre un regard d'amour pour une trahiſon,
Recevoir un poulet comme une injure extreſme,
Et le faire au Galand reporter par moy-meſme ;
Je voudrois bien ſçavoir en voyant tout cecy,
Si celle de mon frere en uſeroit ainſi :
Ma foy, les Filles ſont ce que l'on les fait eſtre,
Hola.

ERGASTE.
Qu'eſt-ce ?
SGANARELLE.
Tenez, dites à voſtre Maiſtre,
Qu'il ne s'ingere pas d'oſer écrire encor
Des Lettres qu'il envoye avec des boëtes d'or,
Et qu'Iſabelle en eſt puiſſamment irritée.
Voyez, on ne l'a pas au moins décachetée,
Il connoiſtra l'eſtat que l'on fait de ſes feux,
Et quel heureux ſuccez il doit eſperer d'eux.

E vj

SCENE V.

VALERE, ERGASTE.

VALERE.

QUe vient de te donner cette farouche beste?
ERGASTE.
Cette Lettre, Monsieur, qu'avecque cette boëte,
On prétend qui ait reçeu Isabelle de vous,
Et dont elle est, dit il, en un fort grand courroux,
C'est sans vouloir l'ouvrir qu'elle vous la fait rédre;
Lisez viste, & voyons si je me puis méprendre.

LETTRE.

Cette Lettre vous surprendra, sans doute; & l'on peut trouver bien hardy pour moy, & le dessein de vous l'écrire, & la maniere de vous la faire tenir : Mais je me voy dans un estat à ne plus garder de mesures ; la juste horreur d'un mariage, dont je suis menacée dans six jours, me fait hazarder toutes choses, & dans la resolution de m'en affranchir par quelque voye que ce soit ; j'ay crû que je devois plûtost vous choisir, que le desespoir. Ne croyez pas pourtant que vous soyez rede-

vable de tout à ma mauvaise destinée ; ce n'est pas la contrainte où je me trouve, qui a fait naistre les sentimens que j'ay pour vous : mais c'est elle qui en précipite le témoignage, & qui me fait passer sur des formalités où la bienséance du Sexe oblige. Il ne tiendra qu'à vous que je sois à vous bien-tost, & j'attens seulement que vous m'ayez marqué les intentions de vôtre amour, pour vous faire sçavoir la resolution que j'ay prise : mais sur tout songez que le temps presse, & que deux cœurs qui s'aiment doivent s'entendre à demy mot.

ERGASTE.
Hé bien, Monsieur, le tout est-il d'original ?
Pour une jeune Fille, elle n'en sçait pas mal ;
De ces ruses d'amour, la croiroit-on capable ?
VALERE.
Ah ! je la trouve là tout à fait adorable ;
Ce trait de son esprit, & de son amitié,
Accroist pour elle encor mon amour de moitié ;
Et joint aux sentimens que sa beauté m'inspire.
ERGASTE.
Da dupe vient, songez à ce qu'il vous faut dire.

SCENE VI.

SGANARELLE, VALERE, ERGASTE.

SGANARELLE.

O Trois & quatre fois beny soit cét Edit,
Par qui des vestemens le luxe est interdit !
Les peines des Maris ne seront plus si grandes,
Et les femmes auront un frein à leurs demandes.
O que je sçais au Roy bon gré de ces décris !
Et que pour le repos de ces mesmes Maris,
Je voudrois bien qu'on fit de la Coquetterie,
Comme de la guipure & de la broderie !
J'ay voulu l'acheter l'Edit expressément,
Afin que d'Isabelle il soit leu hautement ;
Et ce sera tantost, n'estant plus occupée,
Le divertissement de nostre apres-soupée.
Envoyrez-vous encor, Monsieur aux blós cheveux,
Avec des Boëtes d'or, des billets amoureux ?
Vous pensiez bien trouver quelque jeune Coquette,
Friande de l'intrigue, & tendre à la fleurette ;
Vous voyez de quel air on reçoit vos joyaux :
Croyez-moy, c'est tirer vostre poudre aux moi-
    neaux ;
Elle est sage, elle m'aime, & vostre amour l'outrage,
Prenez visée ailleurs, & troussez-moy bagage.

COMEDIE.
VALERE.
Oüy, oüy, vostre merite à qui chacun se rend,
Est à mes vœux, Monsieur, un obstacle trop grand,
Et c'est folie à moy, dans mon ardeur fidelle,
De pretendre avec vous à l'amour d'Isabelle.
SGANARELLE.
Il est vray, c'est folie.
VALERE.
Aussi n'aurois-je pas
Abandonné mon cœur à suivre ses appas,
Si j'avois pû sçavoir que ce cœur miserable
Dust touver un Rival comme vous redoutable.
SGANARELLE.
Je le croy.
VALERE.
Je n'ay garde à present d'esperer,
Je vous cede, Monsieur, & c'est sans murmurer.
SGANARELLE.
Vous faites bien.
VALERE.
Le droit de la sorte l'ordonne,
Et de tant de vertus brille vostre personne,
Que j'aurois tort de voir d'un regard de couroux,
Les tendres sentimens qu'Isabelle a pour vous.
SGANARELLE.
Cela s'entend.
VALERE.
Oüy, oüy, je vous quite la place,
Mais je vous prie au moins, & c'est la seule grace,
Monsieur, que vous demande un miserable Amant,
Dont vous seul aujourd'huy causez tout le tourment.
Je vous conjure donc d'asseurer Isabelle,
Que si depuis trois mois mon cœur brûle pour elle,

Cette amour est sans tache, & n'a jamais pensé
A rien dont son honneur ait lieu d'estre offensé.
SGANARELLE.
Ouy.
VALERE.
Que ne dépendant que du choix de mon ame,
Tous mes desseins estoient de l'obtenir pour Fême,
Si les Destins en vous qui captivez son cœur,
N'opposoient un obstacle à cette juste ardeur.
SGANARELLE.
Fort bien.
VALERE.
Que quoy qu'on fasse, il ne luy faut pas croire,
Que jamais ses appas sortent de ma memoire;
Que quelque Arrest des Cieux qu'il me faille subir,
Mon sort est de l'aimer jusqu'au dernier soûpir,
Et que si quelque chose étouffe mes poursuittes,
C'est le juste respect que j'ay pour vos merites.
SGANARELLE.
C'est parler sagement, & je vais de ce pas
Luy faire ce discours, qui ne la choque pas:
Mais si vous me croyez, tâchez de faire en sorte,
Que de vostre cerveau cette passion sorte.
Adieu.
ERGASTE.
La duppe est bonne.
SGANARELLE.
     Il me fait grand pitié,
Ce pauvre malheureux tout remply d'amitié;
Mais c'est un mal pour luy de s'estre mis en teste,
De vouloir prendre un Fort qui se voit ma côqueste.

COMEDIE.

SCENE VII.

GANARELLE, ISABELLE.

SGANARELLE.

JAmais Amant n'a fait tant de trouble éclater
Au poulet envoyé sans le décacheter :
Il perd toute esperance enfin, & se retire ;
Mais il m'a tendrement conjuré de te dire,
Que du moins en t'aimant, il n'a jamais pensé
A rien dont ton honneur ait lieu d'estre offensé,
Et que ne dépendant que du choix de son ame,
Tous ses desirs estoient de t'obtenir pour Femme,
Si les destins en moy qui captivent ton cœur,
N'opposoient un obstacle à cette juste ardeur ;
Que quoy qu'on puisse faire, il ne te faut pas croire
Que jamais tes appas sortent de sa memoire ;
Que quelque Arrest des Cieux qu'il luy faille subir,
Son sort est de t'aimer jusqu'au dernier soûpir ;
Et que si quelque chose étouffe sa poursuite,
C'est le juste respect qu'il a pour mon merite :
Ce sont ses propres mots, & loin de le blâmer,
Je le trouve honeste homme, & le plains de t'aimer.

ISABELLE bas.

Ses feux ne trompent point ma secrette croyance,
Et toûjours ses regards m'en ont dit l'innocence.

SGANARELLE.
Que dis-tu ?

ISABELLE.
Qu'il m'est dur que vous plaigniez si fo[rt]
Un Homme que je hays à l'égal de la mort,
Et que si vous m'aimiez autant que vous le dite[s]
Vous sentiriez l'affront que me font les poursuite[s]

SGANARELLE.
Mais il ne sçavoit pas tes inclinations ;
Et par l'honnesteté de ses intentions,
Son amour ne merite....

ISABELLE.
Est-ce les avoir bonnes,
Dites-moy, de vouloir enlever les personnes ?
Est-ce être Hôme d'hôneur, de former des dessein[s]
Pour m'épouser de force, en m'ostant de vos mains[?]
Comme si j'estois Fille à supporter la vie,
Apres qu'on m'auroit fait une telle infamie ?

SGANARELLE.
Comment ?

ISABELLE.
Ouy, ouy, j'ay sçeu que ce traistre d'Amant
Parle de m'obtenir par un enlevement,
Et j'ignore pour moy les pratiques secrettes
Qui l'ont instruit si tost du dessein que vous faites
De me donner la main dans huict jours au plus tard,
Puisque ce n'est que d'hier que vous m'en fites part ;
Mais il veut prevenir, dit-on, cette journée,
Qui doit à vostre sort unir ma destinée.

SGANARELLE.
Voila qui ne vaut rien.

ISABELLE.
O que, pardonnez-moy ! (moy....
C'est un fort honneste homme, & qui ne sent pour

COMEDIE.
SGANARELLE.
a tort, & cecy passe la raillerie.
ISABELLE.
llez, vostre douceur entretient sa folie:
'il vous eust veu tantost luy parler vertement,
l craindroit vos transports, & mon ressentiment;
ar c'est encor depuis sa Lettre méprisée,
u'il a dit ce dessein qui m'a scandalisée;
t son amour conserve ainsi que je l'ay sçeu,
a croyance qu'il est dans mon cœur bien receu;
ue je fuis vostre hymen, quoy que le monde en croye,
t me verrois tirer de vos mains avec joye.
SGANARELLE.
l est fou.
ISABELLE.
Devant vous il sçait se déguiser,
t son intention est de vous amuser.
royez par ces beaux mots que le traître vous jouë:
e suis bien mal-heureuse, il faut que je l'avoüe,
u'avec tous mes soins, pour vivre dans l'honneur,
Et rebuter les vœux d'un lâche suborneur,
Il faille estre exposée aux fâcheuses surprises,
De voir faire sur moy d'infames entreprises.
SGANARELLE.
Va, ne redoute rien.
ISABELLE.
Pour moy je vous le dy,
Si vous n'éclatez fort contre un trait si hardy,
Et ne trouvez bien-tost moyen de me défaire
Des persecutions d'un pareil témeraire,
J'abandonneray tout, & renonce à l'ennuy
De souffrir les affronts que je reçois de luy.

SGANARELLE.
Ne t'afflige point tant ; va, ma petite Femme,
Je m'en vais le trouver, & luy chanter sa gamm
ISABELLE.
Dites-luy bien au moins, qu'il le nieroit en vain,
Que c'est de bonne part qu'on m'a dit son desse
Et qu'apres cét avis, quoy qu'il puisse entreprend
I'ose le défier de me pouvoir surprendre ;
Enfin que sans plus perdre & soûpirs & momens,
Il doit sçavoir pour vous quels sont mes sentime
Et que si d'un mal-heur il ne veut estre cause,
Il ne se fasse pas deux fois dire une chose.
SGANARELLE.
Ie diray ce qu'il faut.
ISABELLE.
Mais tout cela d'un to
Qui marque que mon cœur luy parle tout de bo
SCANARELLE.
Va, je n'oublieray rien, je t'en donne asseurance.
ISABELLE.
J'attens vostre retour avec impatience,
Hastez-le, s'il vous plaist, de tout vostre pouvoi
Je languis, quand je suis un moment sans vous vo
SGANARELLE.
Va, pouponne, mon cœur, je reviens tout à l'heure
Est-il une personne, & plus sage, & meilleure ?
Ah ! que je suis heureux, & que j'ay de plaisir,
De trouver une Femme au gré de mon desir !
Ouy, voila cóme il faut que les Fémes soient faite
Et non comme j'en sçay, de ces franches Coquettes
Qui s'en laissent conter, & font dans tout Paris
Monstrer au bout du doigt leurs honnestes Mari
Hola, nostre Galant aux belles entreprises ?

COMEDIE.

SCENE VIII.

VALERE, SGANARELLE, ERGASTE.

VALERE.
Onsieur, qui vous rameine en ce lieu ?
SGANARELLE.
                                Vos sottises.
VALERE.
Comment ?
SGANARELLE.
Vous sçavez bien de quoy je veux parler,
Je vous croyois plus sage, à ne vous rien celer,
Vous venez m'amuser de vos belles parolles,
Et conservez sous-main des esperances folles.
Voyez-vous, j'ay voulu doucement vous traitter ;
Mais vous m'obligerez à la fin d'éclater.
N'avez-vous point de honte, estat ce que vous estes,
De faire en vostre esprit les projets que vous faites ?
Et pretendre enlever une fille d'honneur,
Et troubler un hymen qui fait tout son bon-heur ?
VALERE.
Qui vous a dit, Monsieur, cette étrange nouvelle ?
SGANARELLE.
Ne dissimulons point, je la tiens d'Isabelle.

L'ESCOLE DES MARIS,

Qui vous mande par moy, pour la derniere fois,
Qu'elle vous a fait voir assez quel est son choix,
Que son cœur tout à moy d'un tel projet s'offence
Qu'elle mouroit plutost, qu'en souffrir l'insolence
Et que vous causerez de terribles éclats,
Si vous ne mettez fin à tout cét embarras.

VALERE.

S'il est vray qu'elle ait dit ce que je viens d'entédre
J'avoüeray que mes feux n'ont plus rien à pretédre.
Par ces mots assez clairs, je voy tout terminé,
Et je dois reverer l'Arrest qu'elle a donné.

SGANARELLE.

S'il? Vous en doutez donc, & prenez pour des feintes
Tout ce que de sa part je vous ay fait de plaintes?
Voulez-vous qu'elle mesme elle explique son cœur?
J'y consens volontiers, pour vous tirer d'erreur:
Suivez-moy, vous verrez s'il n'est rien que j'avance,
Et si son jeune cœur entre nous deux balance.

COMEDIE.

SCENE IX.

ISABELLE, SGANARELLE, VALERE.

ISABELLE.

Quoy, vous me l'amenez! quel est vostre dessein?
Prenez-vous côtre moy ses interests en main?
voulez-vous, charmé de ses rares merites,
m'obliger à l'aimer, & souffrir ses visites?

SGANARELLE.

Non, mamie, & ton cœur pour cela m'est trop cher;
Mais il prend mes avis pour des contes en l'air,
Croit que c'est moy qui parle, & te fais par adresse
Mine pour luy de haine, & pour moy de tendresse.
Par toy-mesme enfin j'ay voulu, sans retour,
Le tirer d'une erreur qui nourrit son amour.

ISABELLE.

Quoy, mon ame à vos yeux ne se montre pas toute,
Et de mes vœux encor vous pouvez estre en doute?

VALERE.

Ouy, tout ce que Monsieur, de vostre part m'a dit,
Madame, a bien pouvoir de surprendre un esprit,
J'y douté, je l'avouë, & cét Arrest suprême
Qui decide du sort de mon amour extrême,
Doit m'estre assez touchant pour ne pas s'offenser,
Que mon cœur par deux fois le fasse prononcer.

ISABELLE.

Non, non, un tel Arrest ne doit pas vous surpren[dre]
Ce sont mes sentimens qu'il vous a fait enten[dre]
Et je les tiens fondez sur assez d'équité,
Pour en faire éclater toute la verité :
Ouy, je veux bien qu'ô sçache, & j'ē dois estre cr[ûë]
Que le sort offre icy deux objets à ma veuë,
Qui m'inspirant pour eux differents sentimens,
De mon cœur agité font tous les mouvemens ;
L'un par un juste choix où l'honneur m'intere[sse]
A toute mon estime, & toute ma tendresse ;
Et l'autre pour le prix de son affection,
A toute ma colere, & mon aversion :
La presence de l'un m'est agréable & chere,
J'en reçois dans mon ame une allegresse entie[re]
Et l'autre par sa veuë inspire dans mon cœur
De secrets mouvemens & de haine & d'horre[ur]
Me voir Femme de l'un est toute mon envie,
Et plustost qu'estre à l'autre on m'osteroit la vie
Mais c'est assez monstrer mes justes sentimens,
Et trop lōg-téps languir dans ces rudes tourmen[s]
Il faut que ce que j'aime, usant de diligence,
Fasse à tout ce que je hays perdre toute esperanc[e]
Et qu'un heureux hymen affranchisse mon sort,
D'un supplice pour moy plus affreux que la mor[t]

SGANARELLE.

Ouy, mignonne, je songe à remplir ton attent[e]

ISABELLE.

C'est l'unique moyen de me rendre contente.

SGANARELLE.

Tu le sçauras dans peu.

ISABELLE.

Je sçay qu'il est honteu[x]
Aux Filles d'expliquer si librement leurs vœux.

SGAN.

COMEDIE.

SGANARELLE.
Point, point.
ISABELLE.
Mais en l'eſtat où ſont mes deſtinées,
De telles libertez doivent m'eſtre données,
Et je puis ſans rougir faire un aveu ſi doux
A celuy que deſja je regarde en Epoux.
SGANARELLE.
Ouy, ma pauvre fanfan, pouponne de mon ame.
ISABELLE.
Qu'il ſonge donc, de grace, à me prouver ſa flame.
SGANARELLE.
Ouy, tien, baiſe ma main.
ISABELLE.
Que ſans plus de ſoûpirs
Il concluë un hymen qui fait tous mes deſirs,
Et reçoive en ce lieu la foy que je luy donne,
De n'écouter jamais les vœux d'autre perſonne.
SGANARELLE.
Hay, hay, mon petit nez, pauvre petit bouchon,
Tu ne languiras pas long-temps, je t'en répond.
Va, chut. Vous le voyez; je ne luy fais pas dire,
Ce n'eſt qu'apres moy ſeul que ſon ame reſpire.
VALERE.
Hé bien, Madame, hé bien, c'eſt s'expliquer aſſez,
Je voy par ce diſcours dequoy vous me preſſez,
Et je ſçauray dans peu vous oſter la preſence
De celuy qui vous fait ſi grande violence.
ISABELLE.
Vous ne me ſçauriez faire un plus charmant plaiſir;
Car enfin cette veuë eſt faſcheuſe à ſouffrir,
Elle m'eſt odieuſe, & l'horreur eſt ſi forte,…
SGANARELLE.
Eh, eh?

Tome II.   F

L'ESCOLE DES MARIS.
ISABELLE.
Vous offençay-je, en parlant de la forte
Fais-je....
SGANARELLE.
Mon Dieu, nenny, je ne dis pas cela,
Mais je plains sans mentir l'estat où le voila,
Et c'est trop hautement que ta haine se montre.
ISABELLE.
Je n'en puis trop montrer en pareille rencontre.
VALERE.
Oüy, vous serez contente, & dans trois jours vos yeux
Ne verront plus l'objet qui vous est odieux.
ISABELLE.
A la bonne heure ; Adieu.
SGANARELLE.
Je plains vostre infortune.
Mais....
VALERE.
Non, vous n'entédrez de mó cœur plainte aucune,
Madame, asseurément, rend justice à tous deux;
Et je vais travailler à contenter ses vœux ;
Adieu.
SGANARELLE.
Pauvre garçon ! sa douleur est extréme,
Tenez, embrassez-moy, c'est une autre elle-mesme.

COMEDIE.

SCENE X.

ISABELLE, SGANARELLE.

SGANARELLE.
Je le tiens fort à plaindre.
ISABELLE.
Allez, il ne l'est point.
SGANARELLE.
Au reste, ton amour me touche au dernier point,
Mignonnette, & je veux qu'il ait sa recompense;
C'est trop que de huit jours pour ton impatience,
Dés demain je t'épouse, & n'y veux appeller....
ISABELLE.
Dés demain !
SGANARELLE.
Par pudeur tu feins d'y reculer;
Mais je sçay bien la joye où ce discours te jette,
Et tu voudrois desja que la chose fut faite.
ISABELLE.
Mais....
SGANARELLE.
Pour ce mariage allons tout preparer.
ISABELLE.
O Ciel ! inspirez-moy ce qui peut le parer.

Fin du second Acte.

ACTE III.

SCENE PREMIERE.

ISABELLE.

Uy, le trépas cent fois me semble moins à craindre,
Que cét hymen fatal où l'on veut me contraindre,
Et tout ce que je fais pour en fuir les rigueurs,
Doit trouver quelque grace auprés de mes Censeurs.
Le temps presse, il fait nuit, allons sans crainte aucune,
A la foy d'un Amant commettre ma fortune.

COMEDIE.

SCENE II.

SCANARELLE, ISABELLE.

SGANARELLE.

JE reviens, & l'on va pour demain de ma part....
ISABELLE.
O Ciel !
SGANARELLE.
  C'est toy, mignonne, où vas-tu donc si tard?
Tu disois qu'en ta chambre, estant un peu lassée,
Tu t'allois renfermer lors que je t'ay laissée;
Et tu m'avois prié mesme que mon retour
T'y souffrist en repos jusques à demain jour.
ISABELLE.
Il est vray, mais....
SGANARELLE.
  Et quoy ?
ISABELLE.
    Vous me voyez confuse,
Et je ne sçay comment vous en dire l'excuse.
SGANARELLE.
Quoy donc, que pourroit-ce estre ?
ISABELLE.
    Un secret surprenant;
C'est ma sœur qui m'oblige à sortir maintenant;

F iij

Et qui pour un deſſein dont je l'ay fort blâmée,
M'a demandé ma chambre, où je l'ay renfermée.
SGANARELLE.
Comment ?
ISABELLE.
L'euſt-on pû croire ? elle aime cét Amant
Que nous avons banny.
SGANARELLE.
Valere ?
ISABELLE.
Eperdûment;
C'eſt un tranſport ſi grand, qu'il n'en eſt point de meſme,
Et vous pouvez juger de ſa puiſſance extreſme,
Puis que ſeule à cette heure, elle eſt venuë icy
Me découvrir à moy ſon amoureux ſoucy;
Me dire abſolument qu'elle perdra la vie,
Si ſon ame n'obtient l'effet de ſon envie;
Que depuis plus d'un an d'aſſez vives ardeurs
Dans un ſecret cômerce entretenoient leurs cœurs;
Et que meſme ils s'eſtoient, leur flâme eſtant nouvelle,
Donné de s'épouſer une foy mutuelle.
SGANARELLE.
La vilaine !
ISABELLE.
Qu'ayant appris le deſeſpoir
Où j'ay précipité celuy qu'elle aime à voir,
Elle vient me prier de ſouffrir que ſa flâme
Puiſſe rompre un depart qui luy perçeroit l'ame;
Entretenir ce ſoir cét Amant ſous mon nom,
Par ma petite ruë où ma chambre répond;
Luy peindre d'une voix qui contrefait la mienne,
Quelques doux ſentimens dont l'apas le retienne;

COMEDIE.

ménager enfin pour elle adroitement,
e que pour moy l'on sçait qu'il a d'attachement.
SGANARELLE.
Et tu trouves cela....
ISABELLE.
Moy, j'en suis courroucée:
Quoy, ma Sœur, ay-je dit, estes-vous insensée?
Ne rougissez-vous point d'avoir pris tant d'amour
Pour ces sortes de gens qui changent chaque jour?
D'oublier vostre Sexe, & tromper l'esperance
D'un Homme dont le Ciel vous donnoit l'alliance?
SGANARELLE.
Il le merite bien, & j'en suis fort ravy.
ISABELLE.
Enfin de cent raisons mon dépit s'est servy;
Pour luy bien reprocher des bassesses si grandes,
Et pouvoir cette nuit rejetter ses demandes:
Mais elle m'a fait voir de si pressans desirs,
A tant versé de pleurs, tant poussé de soûpirs,
Tant dit qu'au desespoir je porterois son ame,
Si je luy refusois ce qu'exige sa flâme,
Qu'à ceder malgré moy, mon cœur s'est veu reduit;
Et pour justifier cette intrigue de nuit,
Où me faisoit du sang relascher la tendresse,
J'allois faire avec moy venir coucher Lucrece,
Dont vous me vantez tant les vertus chaque jour;
Mais vous m'avez surprise avec ce prompt retour.
SGANARELLE.
Non, non, je ne veux point chez moy tout ce mystere,
J'y pourrois consentir à l'égard de mon frere,
Mais on peut estre veu de quelqu'un de dehors;
Et celle que je dois honorer de mon corps,
Non seulement doit estre, & pudique, & bien née,
Il ne faut pas que mesme elle soit soupçonnée:

Allons chasser l'infame, & de sa passion....
ISABELLE.
Ah, vous luy donneriez trop de confusion,
Et c'est avec raison qu'elle pourroit se plaindre,
Du peu de retenuë, où j'ay sceu me contraindre,
Puisque de son dessein je dois me départir,
Attendez que du moins je la fasse sortir.
SGANARELLE.
Et bien, fais ?
ISABELLE.
Mais sur tout, cachez-vous, je vous prie,
Et sans luy dire rien daignez voir sa sortie.
SGANARELLE.
Ouy, pour l'amour de toy, je retiens mes transports,
Mais dés le mesme instant qu'elle sera dehors,
Je veux sans differer, aller trouver mon frere,
J'auray joye à courir luy dire cette affaire.
ISABELLE.
Je vous conjure donc de ne me point nommer,
Bon soir, car tout d'un temps, je vais me renfermer.
SGANARELLE.
Jusqu'à demain, mamie, en quelle impatience
Suis-je de voir mon frere, & luy conter sa chance,
Il en tient le bon homme, avec tout son Phœbus,
Et je n'en voudrois pas tenir vingt bons escus.
ISABELLE *dans la maison*.
Ouy, de vos déplaisirs l'atteinte m'est sensible,
Mais ce que vous voulez, ma sœur, m'est impossible;
Mon honneur qui m'est cher, y court trop de hazard;
Adieu, retirez-vous avant qu'il soit plus tard.

SGANARELLE.
La voilà qui je croy, peste de belle sorte,
De peur qu'elle revint, fermons à clef la porte.

COMEDIE.

ISABELLE.
O Ciel! dans mes desseins, ne m'abandonnez pas.
SGANARELLE.
Où pourra-t'elle aller? suivons un peu ses pas.
ISABELLE.
Dans mon trouble du moins, la nuit me favorise.
SGANARELLE.
Au logis du galant, quelle est son entreprise?

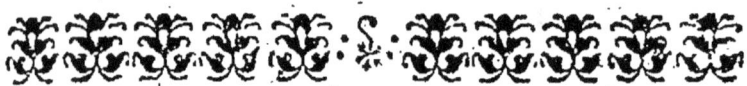

SCENE III.

VALERE, SGANARELLE, ISABELLE.

VALERE.
Oüy, oüy, je veux tenter quelque effort cette nuict,
Pour parler.... qui va-là?
ISABELLE.
Ne faites point de bruit,
Valere, on vous prévient, & je suis Isabelle.
SGANARELLE.
Vous en avez menty, chienne, ce n'est pas elle,
De l'honneur que tu fuis, elle suit trop les loix,
Et tu prens faussement, & son nom, & sa voix.
ISABELLE.
Mais à moins de vous voir par un saint hymenée....
VALERE.
Oüy, c'est l'unique but, où tend ma destinée.

D v

Et je vous donne icy ma foy que dés demain,
Je vais où vous voudrez, recevoir voſtre main.
SGANARELLE.
Pauvre ſot qui s'abuſe !
VALERE.
Entrez en aſſeurance :
De voſtre Argus dupé, je brave la puiſſance,
Et devant qu'il vous pût oſter à mon ardeur,
Mon bras de mille coups luy perçeroit le cœur.
SGANARELLE.
Ah ! je te promets bien, que je n'ay pas envie
De te l'oſter l'infame à ſes feux aſſervie,
Que du don de ta foy je ne ſuis point jaloux,
Et que ſi j'en ſuis crû, tu ſeras ſon eſpoux ;
Ouy, faiſons-le ſurprendre avec cette effrontée :
La memoire du pere, à bon droit reſpectée,
Jointe au grand intereſt que je prens à la ſœur,
Veut que du moins l'on tâche à luy rendre l'hôneur ;
Hola.

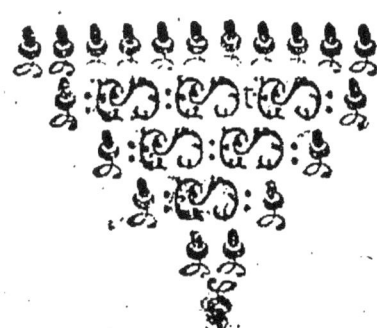

COMEDIE.

SCENE IV.

SGANARELLE, LE COMMISSAIRE,
LE NOTAIRE, & suite.

LE COMMISSAIRE.

Qu'est-ce ?

SGANARELLE.
Salut : Monsieur le Commissaire,
Vostre presence en robe est icy necessaire ;
Suivez-moy, s'il vous plaist, avec vostre clarté.

LE COMMISSAIRE.
Nous sortions....

SGANARELLE.
Il s'agit d'un fait assez hasté.

LE COMMISSAIRE.
Quoy ?

SGANARELLE.
D'aller là dedans, & d'y surprendre ensemble,
Deux personnes qu'il faut qu'un bon hymen assemble,
C'est une fille à nous que sous un don de foy,
Un Valere a seduite, & fait entrer chez soy ;
Elle sort de famille, & noble, & vertueuse,
Mais...

LE COMMISSAIRE.
Si c'est pour cela la rencontre est heureuse,
Puis qu'icy nous ayons un Notaire ;

L'ESCOLE DES MARIS,

SGANARELLE.

Monsieur

LE NOTAIRE.

Oüy, Notaire Royal.

LE COMMISSAIRE.

De plus homme d'honneur.

SGANARELLE.

Cela s'en va sans dire, entrez dans cette porte,
Et sans bruit ayez l'œil que personne n'en sorte;
Vous serez pleinement contenté de vos soins,
Mais ne vous laissez pas graisser la pate au moins.

LE COMMISSAIRE.

Comment ? vous croyez donc qu'un homme de justice....

SGANARELLE.

Ce que j'en dis n'est pas pour taxer vostre office,
Je vais faire venir mon frere promptement,
Faites que le flambeau m'éclaire seulement;
Je vais le réjoüir cet homme sans colere.
Hola.

COMEDIE.

SCENE V.

ARISTE, SGANARELLE.

ARISTE.
Qui frappe ? ah, ah, que voulez-vous mon
 frere ?
SGANARELLE.
Venez beau directeur, suranné Damoizeau,
On veut vous faire voir quelque chose de beau.
ARISTE.
Comment ?
SGANARELLE.
 Je vous apporte une bonne nouvelle.
ARISTE.
Quoy ?
SGANARELLE.
 Vostre Leonor, où, je vous prie, est-elle ?
ARISTE.
Pourquoy cette demande ? elle est comme je croy,
Au Bal chez son amie.
SGANARELLE.
  Eh, ouy, oüy, suivez moy,
Vous verrez à quel Bal, la donzelle est allée.
ARISTE.
Que voulez-vous conter ?

SGANARELLE.

Vous l'avez bien ſtilée,
Il n'eſt pas bon de vivre en ſevere cenſeur,
On gagne les eſprits par beaucoup de douceur,
Et les ſoins défians, les verroux, & les grilles,
Ne font pas la vertu des femmes, ny des filles.
Nous les portons au mal par tant d'auſterité,
Et leur ſexe demande un peu de liberté.
Vrayment elle en a pris tout ſon ſoû la ruſée,
Et la vertu chez elle eſt fort humaniſée.

ARISTE.
Où veut donc aboutir un pareil entretien ?

SGANARELLE.
Allez mon frere aiſné, cela vous ſied fort bien,
Et je ne voudrois pas pour vingt bonnes piſtolle
Que vous n'euſſiez ce fruict de vos maximes folles
On voit ce qu'en deux ſeurs nos leçons ont produit
L'une fuit le Galant, & l'autre le pourſuit.

ARISTE.
Si vous ne me rendez cette enigme plus claire...

SGANARELLE.
L'enigme eſt que ſon Bal eſt chez Monſieur Valere
Que de nuit je l'ay veuë y conduire ſes pas,
Et qu'à l'heure preſente elle eſt entre ſes bras.

ARISTE.
Qui ?

SGANARELLE.
Leonor.

ARISTE.
Ceſſons de railler, je vous prie.

SGANARELLE.
Je raille, il eſt fort bon avec ſa raillerie.
Pauvre eſprit, je vous dis, & vous redis encor
Que Valere chez luy tient voſtre Leonor,

COMEDIE.

…qu'ils s'estoient promis une foy mutuelle,
…vant qu'il eust songé de poursuivre Isabelle.
ARISTE.
…e discours d'apparence est si fort dépourveu…
SGANARELLE.
…ne le croira pas encor en l'ayant veu…
…enrage, par ma foy, l'âge ne sert de guere
…uand on n'a pas cela.
ARISTE.
Quoy ! vous voulez mon frere…
SGANARELLE.
…on Dieu je ne veux rien, suivez-moy seulement,
…ostre esprit tout à l'heure aura contentement,
…ous verrez si j'impose, & si leur foy donnée,
…'avoit pas joint leurs cœurs depuis plus d'une
ARISTE. [année.
…'apparence, qu'ainsi sans m'en faire avertir,
… cet engagement elle eust pû consentir ?
…Moy qui dans toute chose ay depuis son enfance,
Monstré toûjours pour elle entiere complaisance,
Et qui cent fois ay fait des protestations,
De ne jamais gesner ses inclinations.
SGANARELLE.
Enfin vos propres yeux jugeront de l'affaire,
…'ay fait venir desja Commissaire & Notaire,
Nous avons interest que l'himen pretendu
Repare sur le champ l'honneur qu'elle a perdu;
Car je ne pense pas que vous soyez si lâche,
De vouloir l'épouser avecque cette tache ;
Si vous n'avez encor quelques raisonnemens,
Pour vous mettre au dessus de tous les bernemens.
ARISTE.
Moy je nauray jamais cette foiblesse extrême,
De vouloir posseder un cœur malgré luy-mesme…

Mais je ne sçaurois croire enfin....
SGANARELLE.
Que de discours ?
Allons, ce procez-là continûroit toûjours.

SCENE IV.

LE COMMISSAIRE, LE NOTAIR SGANARELLE, ARISTE.

LE COMMISSAIRE.

IL ne faut mettre icy nulle force en usage,
Messieurs, & si vos vœux ne vont qu'au mariage
Vos transports en ce lieu s'y peuvent appaiser,
Tous deux également tendent à s'épouser,
Et Valere desja sur ce qui vous regarde,
A signé que pour femme il tient celle qu'il garde
ARISTE.
La fille....
LE COMMISSAIRE.
Est renfermée, & ne veut point sortir,
Que vos desirs aux leurs ne veuillent consentir.

COMEDIE. 137

SCENE VII.

LE COMMISSAIRE, VALERE, LE NOTAIRE, SGANARELLE, ARISTE.

VALERE *à la fenestre.*

ON, Messieurs, & personne icy n'aura l'entrée,
Que cette volonté ne m'ait esté monstrée,
Vous sçavez qui je suis, & j'ay fait mon devoir,
Si c'est vostre dessein d'approuver l'alliance,
Vostre main peut aussi m'en signer l'asseurance,
Sinon faites estat de m'arracher le jour,
Plutost que de m'oster l'objet de mon amour.

SGANARELLE.
Non, nous ne songeons pas à vous separer d'elle.
Il ne s'est point encor détrompé d'Isabelle,
Profitons de l'erreur.

ARISTE.
Mais, est-ce Leonor?

SGANARELLE.
Taisez-vous.

ARISTE.
Mais,...

SGANARELLE.
Paix donc.
ARISTE.
Je veux sçavoir...
SGANARELLE.
Encor;
Vous tairez-vous ? vous dis-je.
VALERE.
Enfin, quoy qu'il avienne
Isabelle a ma foy, j'ay de mesme la sienne,
Et ne suis point un choix à tout examiner,
Que vous soyez receus à faire condamner.
ARISTE.
Ce qu'il dit là n'est pas,...
SGANARELLE.
Taisez-vous, & pour cause,
Vous sçaurez le secret, ouy, sans dire autre chose;
Nous consentons tous deux que vous soyez l'époux
De celle qu'à present on trouvera chez vous.
LE COMMISSAIRE.
C'est dans ces termes là que la chose est conceuë,
Et le nom est en blanc pour ne l'avoir point veuë,
Signez, la fille apres vous mettra tous d'accord.
VALERE.
J'y consens de la sorte.
SGANARELLE.
Et moy je le veux fort;
Nous rirons bien tontost, là signez donc, mon
  frere,
L'honneur vous appartient.
ARISTE.
Mais quoy tout ce mystere...
SGANARELLE.
Diantre que de façons, signez pauvre butor.

COMEDIE.

ARISTE.
…arle d'Isabelle, & vous de Leonor.

SGANARELLE.
…stes-vous pas d'accord, mon frere, si c'est elle
…les laisser tous deux à leur foy mutuelle?

ARISTE.
…s doute.

SGANARELLE.
Signe donc, j'en fais de mesme aussi.

ARISTE.
…it, je n'y comprens rien.

SGANARELLE.
    Vous serez éclaircy.

LE COMMISSAIRE.
…ous allons revenir.

SGANARELLE.
    Or ça, je vais vous dire
fin de cette intrigue.

140 L'ESCOLE DES MARIS,

SCENE VIII.

LEONOR, LISETTE, SGANARELE
ARISTE.

LEONOR.

O L'étrange martyre!
Que tous ces jeunes foux me paroissent fascheux
Je me suis dérobée au Bal pour l'amour d'eux.

LISETTE.
Chacun d'eux prés de vous veut se rendre agreable
LEONOR.
Et moy je n'ay rien veu de plus insupportable,
Et je prefererois le plus simple entretien,
A tous les contes bleus de ces discours de rien;
Ils croyent que tout cede à leur perruque blonde
Et pensent avoir dit le meilleur mot du monde,
Lors qu'ils viennent d'un ton de mauvais goguenard,
Vous railler sottement sur l'amour d'un vieillard
Et moy d'un tel vieillard je prise plus le zele,
Que tous les beaux transports d'une jeune cervelle.
Mais n'apperçois-je pas....

COMEDIE. 141

SGANARELLE.
Ouy, l'affaire est ainsi:
je la vois paroistre, & la servante aussi.

ARISTE.
[Leo]nor, sans courroux, j'ay sujet de me plaindre,
[Vo]us sçavez si jamais j'ay voulu vous contraindre,
[Et] si plus de cent fois je n'ay pas protesté
[De] laisser à vos vœux leur pleine liberté;
[Ce]pendant vostre cœur méprisant mon suffrage,
[Sa] foy comme d'amour à mon insceu s'engage;
[Je] ne me repens pas de mon doux traitement,
[M]ais vostre procedé me touche asseurément,
[Et] c'est une action que n'a pas meritée
[C]ette tendre amitié que je vous ay portée.

LEONOR.
[Je] ne sçay pas sur quoy vous tenez ce discours;
[M]ais croyez que je suis de mesme que toûjours;
[Q]ue rien ne peut pour vous alterer mon estime,
[Q]ue toute autre amitié me paroistroit un crime,
[E]t que si vous voulez satisfaire mes veux,
[U]n saint nœud dés demain nous unira tous deux.

ARISTE.
[D]essus quel fondement venez-vous donc, mon
frere?

SGANARELLE.
[Q]uoy, vous ne sortez pas du logis de Valere?
[V]ous n'avez point conté vos amours aujourd'huy,
[E]t vous ne bruslez pas depuis un an pour luy?

LEONOR.
[Q]ui vous a fait de moy de si belles peintures,
[E]t prend soin de forger de telles impostures?

SCENE IX.

ISABELLE, VALER
LE COMMISSAIRE, LE NOTAIRE
ERGASTE, LISETTE,
LEONOR, SGANARELLE,
ARISTE.

ISABELLE.

Ma sœur, je vous demáde un genereux pardon
Si de mes libertez j'ay taché vostre nom;
Le pressant embarras d'une surprise extresme,
M'a tantost inspiré ce honteux stratagesme:
Vostre exemple condamne un tel emportement,
Mais le sort nous traita tous deux diversement.
Pour vous, je ne veux point, Monsieur, vou
 faire excuse,
Je vous sers beaucoup plus que je ne vous abuse
Le Ciel pour estre joints ne nous fit pas tous deux,
Je me suis reconnuë indigne de vos feux,
Et j'ay bien mieux aimé me voir aux mains d'un
 autre,
Que ne pas meriter un cœur comme le vostre.

COMEDIE.

VALERE.
ur moy je mets ma gloire & mon bien souverain,
la pouvoir, Monsieur, tenir de vostre main.

ARISTE.
on frere, doucement, il faut boire la chose,
'une telle action vos procedez sont cause,
t je vois vostre sort mal-heureux à ce point,
ue vous sçachant duppé l'on ne vous plaindra
  point.

LISETTE
ar ma foy je luy sçay bon gré de cette affaire,
t ce prix de ses soins est un trait exemplaire.

LEONOR.
e ne sçay si ce trait le doit faire estimer,
Iais je sçay bien qu'au moins je ne le puis blasmer.

ERGASTE.
u sort d'estre cocu son ascendant l'expose,
t ne l'estre qu'en herbe est pour luy douce chose.

SGANALELLE.
Non, je ne puis sortir de mon étonnement,
Cette déloyauté confond mon jugement,
Et je ne pense pas que Satan en personne,
Puisse estre si méchant qu'une telle friponne,
J'aurois pour elle au feu mis la main que voila,
Mal-heureux qui se fie à femme apres cela,
La meilleure est toûjours en malice feconde,
C'est un sexe engendré pour damner tout le monde,
J'y renonce à jamais à ce sexe trompeur,
Et je le donne tout au Diable de bon cœur.

ERGASTE.
Bon.

ARISTE.

Allons tous chez moy. Venez Seigneur Valere
Nous tascherons demain d'appaiser sa colere.

LISETTE.

Vous, si vous connoissez des maris loup-garoux
Envoyez-les au moins à l'Escole chez nous.

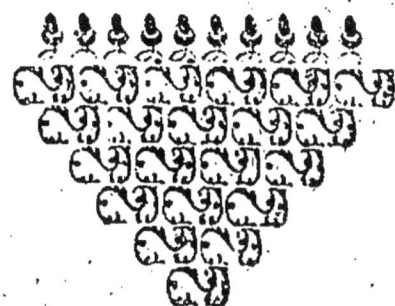

ESCOLE DES FEMMES.
COMEDIE.

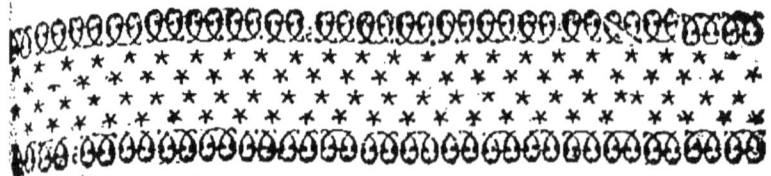

A MADAME.

MADAME,

Ie suis le plus embarrassé homme du monde, lors qu'il me faut dédier un Livre, & je me trouve si peu fait au style d'Epistre Dedicatoire, que je ne sçay par où sortir de celle-cy. Vn autre Autheur, qui seroit en ma place, trouveroit a'abord cent belles choses à dire de VOSTRE ALTESSE ROYALE, sur ce titre de L'ESCOLE DES FEMMES, & l'offre qu'il vous en feroit. Mais pour moy, MADAME, je vous avoüe mon foible. Ie ne sçay point cét art de trouver des rapports entre des choses si peu proportionnées;

EPISTRE.

& quelques belles lumieres, que mes Confreres les Autheurs me donnent tous les jours sur de pareils sujets, je ne voy point ce que Vostre Altesse Royale pourroit avoir à démesler avec la Comedie que je luy presente. On n'est pas en peine sans doute, comment il faut faire pour vous loüer. La matiere, Madame, ne saute que trop aux yeux, & de quelque costé qu'on vous regarde, on rencôtre gloire sur gloire & qualitez sur qualitez. Vous en avez, Madame, du costé du rang, & de la naissance, qui vous font respecter de toute la terre. Vous en avez du costé des Graces, & de l'esprit, & du corps, qui vous font admirer de toutes les personnes, qui vous voyent. Vous en avez du costé de l'ame, qui, si l'on ose parler ainsi, vous font aimer de tous ceux qui ont l'honneur d'approcher de vous : Ie veux dire cette douceur pleine de charmes, dont vous daignez temperer la fierté des grans titres que vous portez; cette bonté toute obligeante ; cette affabilité genereuse,

EPISTRE.

que vous faites paroistre pour tout le monde : Et ce sont particulierement ces dernieres pour qui je suis, & dont je sens fort bien que je ne me pourray taire quelque jour. Mais encor une fois MADAME, je ne sçay point le biais de faire entrer icy des veritez si éclatantes. Et ce sont choses, à mon avis, & d'une trop vaste étenduë, & d'un merite trop relevé, pour les vouloir renfermer dans une Epistre, & les mêler avec des bagatelles. Tout bien consideré, MADAME, je ne vois rien à faire icy pour moy, que de vous dédier simplement ma Comedie, & de vous asseurer avec tout le respect, qu'il m'est possible, que je suis de VOSTRE ALTESSE ROYALE,

MADAME,

Le tres-humble, tres-obeissant, & tres-obligé serviteur,
MOLIERE.

G iij

PREFACE.

BIEN des gens ont frondé d'abord cette Comedie : mais les rieurs ont esté pour elle, & tout le mal qu'on en a pû dire, n'a pû faire qu'elle n'ait eu un succez, dont je me contente. Je sçay qu'on attend de moy, dans cette impression, quelque Preface, qui réponde aux censeurs, & rende raison de mon Ouvrage; & sans doute que je suis assez redevable à toutes les personnes qui luy ont donné leur approbation, pour me croire obligé de deffendre leur jugement, contre celuy des autres : mais il se trouve qu'une grande partie des choses que j'aurois à dire sur ce sujet, est desia dans une Dissertation que j'ay faite en Dialogue, & dont je ne sçay encore ce que je feray. L'idée de ce Dialogue, ou si l'on veut, de cette petite Comedie, me vint apres les deux ou trois premieres representations de ma piece. Je la dis cette idée dans une maison où je me trouvay un soir; & d'abord une personne de qualité, dont l'esprit est assez connu dans le monde, & qui me fait l'honneur de m'aimer,

PREFACE.

rouva le projet assez à son gré, non seulement pour me solliciter d'y mettre la main, mais encore pour l'y mettre luy-mesme; & je fus étonné que deux jours apres il me monstra toute l'affaire executée, d'une maniere, à la verité, beaucoup plus Galante, & plus Spirituelle, que je ne puis faire, mais où je trouvay des choses trop advantageuses pour moy; & j'eus peur, que si je produisois cét Ouvrage sur nostre Theatre, on ne m'accusast d'abord d'avoir mendié les loüanges, qu'on m'y donnoit. Cependant cela m'empescha, par quelque consideration, d'achever ce que j'avois commencé. Mais tant de gens me pressent tous les jours de le faire, que je ne sçay ce qui en sera, & cette incertitude est cause, que je ne mets point dans cette Preface, ce qu'on verra dans la Critique, en cas que je me resolve à la faire paroistre. S'il faut que cela soit, je le dis encore, ce sera seulement pour vanger le public du chagrin delicat de certaines gens; car pour moy je m'en tiens assez vangé par la reüssite de ma Comedie, & je souhaite que toutes celles que je pourray faire, soient traitées par eux, comme celle-cy, pourveu que le reste soit de mesme.

LES PERSONNAGES.

ARNOLPHE, Autrement Monsieur de la Souche.

AGNES, Jeune Fille innocente élevée par Arnolphe.

HORACE, Amant d'Agnes.

ALAIN, Paysan, valet d'Arnolphe.

GEORGETTE, Paysanne, servante d'Arnolphe.

CHRISALDE, Amy d'Arnolphe.

ENRIQUE, Beau-frere de Chrisalde.

ORONTE, Pere d'Horace, & grand amy d'Arnolphe.

La Scene est dans une place de Ville.

L'ESCOLE
DES
FEMMES.
COMEDIE.

ACTE PREMIER.

SCENE PREMIERE.

CHRISALDE, ARNOLPHE.

CHRISALDE.

Vous venez, dites-vous, pour luy donner la main?

ARNOLPHE.

Ouy, je veux terminer la chose dans demain.

CHRISALDE.

Nous sommes icy seuls, & l'on peut ce me semble,
Sans craindre d'estre oüis, y discourir ensemble.
Voulez-vous qu'en Amy je vous ouvre mon cœur?
Vostre dessein, pour vous, me fait trembler de peur;
Et de quelque façon que vous tourniez l'affaire,
Prendre Femme, est à vous un coup bien temeraire.

ARNOLPHE.

Il est vray, nostre Amy. Peut-estre que chez vous
Vous trouvez des sujets de craindre pour chez nous;
Et vostre front, je croy, veut que du Mariage,
Les Cornes soient par tout l'infaillible appanage.

CHRISALDE.

Ce sont coups du hazard, dót on n'est point garand,
Et bien sot, ce me semble, est le soin qu'on en prend.
Mais quand je crains pour vous, c'est cette raillerie
Dont cent pauvres Maris ont souffert la furie:
Car enfin vous sçavez, qu'il n'est grands, ny petits,
Que de vostre Critique on ait veu garantis;
Que vos plus grands plaisirs sont, par tout où vous estes,
De faire cent éclats des intrigues secrettes....

ARNOLPHE.

Fort bien : Est-il au monde une autre Ville, aussi,
Où l'on ait des Maris si patiens qu'icy?
Est-ce qu'on n'en voit pas de toutes les especes,
Qui sont accommodez chez eux de toutes pieces?
L'un amasse du bien, dont sa Femme fait part
A ceux qui prennêt soin de le faire Cornard.
L'autre un peu plus heureux, mais nó pas moins infame,
Voit faire tous les jours des presens à sa Femme,
Et d'aucun soin jaloux n'a l'esprit combattu,
Parce qu'elle luy dit que c'est pour sa vertu.

COMEDIE. 157

’i fait beaucoup de bruit, qui ne luy sert de gueres,
’autre, en toute douceur, laisse aller les affaires,
; voyant arriver chez luy le Damoiseau,
rend fort hónestement ses gands & son manteau.
’une de son Galand, en adroite Femelle,
ait fausse confidence à son Espoux fidelle,
ui dort en seureté sur un pareil appas,
t le plaint ce Galant des soins qu’il ne perd pas.
’autre, pour se purger de sa magnificence,
it qu’elle gaigne au jeu l’argent qu’elle dépense ;
Et le mary beneft, sans songer à quel jeu,
Sur les gains qu’elle fait, rend des graces à Dieu.
Enfin ce sont par tout des sujets de Satyre,
Et comme spectateur, ne puis-je pas en rire ?
Puis-je pas de nos Sots....

CHRISALDE.

Ouy, mais qui rit d’autruy,
Doit craindre, qu’en revanche, on rie aussi de luy.
J’entens parler le monde, & des gens se délassent
A venir debiter les choses qui se passent :
Mais quoy que l’on divulgue aux endroits où je suis,
Jamais on ne m’a veu triompher de ces bruits ;
J’y suis assez modeste, & bien qu’aux occurrences
Je puisse condamner certaines tolerances ;
Que mon dessein ne soit de souffrir nullement,
Ce que quelques Maris souffrent paisiblement,
Pourtant je n’ay jamais affecté de le dire :
Car enfin il faut craindre un revers de Satyre,
Et l’on ne doit jamais jurer, sur de tels cas,
De ce qu’on pourra faire, ou bien ne faire pas.
Ainsi, quand à mô front, par un sort qui tout meine,
Il seroit arrivé quelque disgrace humaine ;
Apres mon procedé je suis presque certain,
Qu’on se contentera de s’en rire sous-main ;

Et peut-estre qu'encor j'auray cét avantage,
Que quelques bonnesgens diront que c'est dômage,
Mais de vous, cher compere, il en est autrement,
Je vous le dis encor, vous risquez diablement.
Comme sur les Maris accusez de souffrance,
De tout temps vostre langue a daubé d'importance,
Qu'on vous a veu contr'eux un Diable déchaisné,
Vous devez marcher droit, pour n'estre point berné,
Et s'il faut que sur vous on ait la moindre prise,
Gare qu'aux carrefours on ne vous tympanise.
Et....

ARNOLPHE.
Mon Dieu, nostre amy, ne vous tourmêtez point,
Bien duppé qui pourra m'attraper sur ce point;
Je sçay les tours rusez, & les subtiles trames,
Dont, pour nous en planter, sçavent user les Femes;
Et comme on est dupé par leurs dexteritez,
Contre cét accident j'ay pris mes seuretez,
Et celle que j'épouse, a toute l'innocence
Qui peut sauver mon front de maligne influence.

CHRISALDE.
Et que pretendez-vous qu'une Sotte, en un mot...

ARNOLPHE.
Epouser une Sotte, est pour n'estre point Sot.
Je crois, en bon Chrestien, vostre moitié fort sage;
Mais une Femme habile est un mauvais présage,
Et je sçay ce qu'il cousté à de certaines gens,
Pour avoir pris les leurs avec trop de talens.
Moy j'irois me charger d'une Spirituelle,
Qui ne parleroit rien que Cercle, & que Ruelle?
Qui de Prose, & de Vers, feroit de doux écrits,
Et que visiteroient Marquis, & beaux Esprits,
Tandis que, sous le nom du mary de Madame,
Je serois comme un Saint, que pas un ne reclame.

COMEDIE.

Non, non, je ne veux point d'un Esprit qui soit haut,
Une Femme qui compose, en sçait plus qu'il ne faut.
Je pretens que la mienne, en clartez peu sublime,
Mesme ne sçache pas ce que c'est qu'une Rime ;
Et s'il faut qu'avec elle on joüe au Corbillon,
Et qu'on vienne à luy dire, à son tour, qu'y met-on?
Je veux qu'elle réponde, une tarte à la crême,
En un mot, qu'elle soit d'une ignorance extrême ;
Et c'est assez pour elle, à vous en bien parler,
De sçavoir prier Dieu, m'aimer, coudre, & filer.

CHRISALDE.
Une Femme stupide est donc vostre Marotte?

ARNOLPHE.
Tant, que j'aimerois mieux une laide, bien sotte,
Qu'une Femme fort belle, avec beaucoup d'esprit.

CHRISALDE.
L'esprit, & la beauté....

ARNOLPHE.
    L'honnesteté suffit.

CHRISALDE.
Mais cóment voulez-vous, apres tout, qu'une beste
Puisse jamais sçavoir ce que c'est qu'estre honneste?
Outre qu'il est assez ennuyeux, que je croy,
D'avoir toute sa vie une beste avec soy,
Pensez-vous le bien prendre, & que sur vostre idée,
La seureté d'un front puisse estre bien fondée?
Une Femme d'esprit peut trahir son devoir ;
Mais il faut, pour le moins, qu'elle ose le vouloir ;
Et la stupide au sien peut manquer d'ordinaire,
Sans en avoir l'envie, & sans penser le faire.

ARNOLPHE.
A ce bel argument, à ce discours profond,
Ce que Pantagruel à Panurge répond.

Pressez-moy de me joindre à Féme autre que sott
Preschez, patrocinez jusqu'à la Pentecoste,
Vous serez ébahy, quand vous-serez au bout,
Que vous ne m'aurez rien persüadé du tout.

CHRISALDE.

Je ne vous dis plus mot.

ARNOLPHE.

     Chacun a sa methode.
En Femme, comme en tout, je veux suivre ma mode
Je me voy riche assez, pour pouvoir, que je croy
Choisir une moitié, qui tienne tout de moy,
Et de qui la soûmise, & pleine dépendance
N'ait à me reprocher aucun bien, ny naissance
Un air doux, & posé parmy d'autres enfans,
M'inspira de l'amour pour elle, dés quatre ans :
Sa Mere se trouvant de pauvreté pressée,
De la luy demander il me vint en pensée,
Et la bonne Paysanne, apprenant mon desir,
A s'oster cette charge eut beaucoup de plaisir.
Dans un petit Convent, loin de toute pratique,
Je la fis élever, selon ma politique,
C'est à dire ordonnant quels soins on employroit,
Pour la rendre idiotte autant qu'il se pourroit.
Dieu mercy le succez a suivy mon attente,
Et grande, je l'ay veuë à tel poinct innocente,
Que j'ay beny le Ciel d'avoir trouvé mon fait,
Pour me faire une femme au gré de mon souhait.
Je l'ay donc retirée ; & comme ma demeure
A cent sortes de monde est ouverte à toute heure,
Je l'ay mise à l'écart, comme il faut tout prévoir,
Dans cette autre Maison, où nul ne me vient voir ;
Et pour ne point gâter sa bonté naturelle,
Je n'y tiens que des gens tout aussi simples qu'elle,

COMEDIE.

...us me direz pourquoy cette narration ?
...est pour vous rendre instruit de ma précaution.
...resultat de tout, est qu'en Amy fidelle,
...e soir, je vous invite à souper avec elle :
...veux que vous puissiez un peu l'examiner,
...voir, si de mon choix on me doit condamner.
    CHRISALDE.
...y consens.
        ARNOLPHE.
    Vous pourrez, dans cette conferance,
...uger de sa personne, & de son innocence.
        CHRISALDE.
...our cét article là ; ce que vous m'avez dit,
...e peut....
        ARNOLPHE.
    La verité passe encor mon recit,
...ans ses simplicitez à tous coups je l'admire,
...t par fois elle en dit, dont je pâme de rire.
...'autre jour (pourroit-on vous le persuader ?)
Elle estoit fort en peine, & me vint demander,
Avec une innocence à nulle autre pareille,
Si les enfans qu'on fait, se faisoient par l'oreille.
        CHRISALDE.
Je me réjoüis fort, Seigneur Arnolphe....
        ARNOLPHE.
                            Bon
Me voulez-vous toûjours appeller de ce nom ?
        CHRISALDE.
Ah ! malgré que j'en aye, il me vient à la bouche.
Et jamais je ne songe à Monsieur de la Souche.
Qui diable vous a fait aussi vous aviser,
A quarante deux ans de vous débaptiser ?
Et d'un vieux tronc pourry de vostre Metairie,
Vous faire dans le monde un nom de Seigneurie ?

ARNOLPHE.

Outre que la Maison par ce nom je connois,
La Souche, plus qu'Arnolphe, à mes oreilles plaiſt

CHRISALDE.

Quel abus, de quitter le vray nom de ſes Peres,
Pour en vouloir prendre un baſty ſur des chimeres?
De la pluſpart des gens c'eſt la demangeaiſon;
Et ſans vous embraſſer dans la comparaiſon,
Je ſçais un Païſan, qu'on appelloit gros Pierre,
Qui n'ayant pour tout bien, qu'un ſeul quartier de terre,
Y fit tout à l'entour faire un foſſé bourbeux,
Et de Monſieur de l'Iſle en prit le nom pompeux.

ARNOLPHE.

Vous pourriez vous paſſer d'exemples de la ſorte;
Mais enfin de la Souche eſt le nom que je porte,
J'y vois de la raiſon, j'y trouve des appas,
Et m'appeller de l'autre, eſt ne m'obliger pas.

CHRISALDE.

Cependant la pluſpart ont peine à s'y ſoûmettre,
Et je voy meſme encor des adreſſes de Lettres....

ARNOLPHE.

Je le ſouffre aiſément de qui n'eſt pas inſtruit;
Mais vous....

CHRISALDE.

Soit. Là-deſſus nous n'aurons point de bruit,
Et je prendray le ſoin d'accouſtumer ma bouche
A ne plus vous nommer que Monſieur de la Souche.

ARNOLPHE.

Adieu: Je frappe icy, pour donner le bon jour,
Et dire ſeulement, que je ſuis de retour.

CHRISALDE. *s'en allant.*

Ma foy je le tiens fou de toutes les manieres.

COMEDIE.

ARNOLPHE.
est un peu blessé sur certaines matieres.
hose étrange de voir, comme avec passion,
in chacun est chaussé de son opinion.
ola...

SCENE II.

ALAIN, GEORGETTE, ARNOLPHE.

ALAIN.
Qui heurte ?

ARNOLPHE.
Ouvrez. On aura que je pense,
Grande joye à me voir, apres dix jours d'absence.

ALAIN.
Qui va là ?

ARNOLPHE.
Moy.

ALAIN.
Georgette ?

GEORGETTE.
Hé bien ?

ALAIN.
Ouvre là bas.

GEORGETTE.
Vas-y toy.

ALAIN.
Vas-y toy.
GEORGETTE.
Ma foy je n'iray pas.
ALAIN.
Je n'iray pas aussi.
ARNOLPHE.
Belle ceremonie,
Pour me laisser dehors. Hola ho, je vous prie.
GEORGETTE.
Qui frape ?
ARNOLPHE.
Vostre Maistre.
GEORGETTE.
Alain ?
ALAIN.
Quoy ?
GEORGETTE.
C'est Monsieur,
Ouvre viste.
ALAIN.
Ouvre, toy.
GEORGETTE.
Je souffle nostre feu.
ALAIN.
J'empesche, peur du chat, que mon Moinea ne sorte.
ARNOLPHE.
Quiconque de vous deux n'ouvrira pas la porte
N'aura point à manger de plus de quatre jours
Ha.
GEORGETTE.
Par quelle raison y venir quand j'y cours.

COMEDIE.

ALAIN.
Pourquoy plûtost de moy ? le plaisant stratagesme !

GEORGETTE.
Oste toy donc de là.

ALAIN.
Non, oste-toy, toy-mesme.

GEORGETTE.
Je veux ouvrir la porte.

ALAIN.
Et je veux l'ouvrir, moy.

GEORGETTE.
Tu ne l'ouvriras pas.

ALAIN.
Ny toy non plus.

GEORGETTE.
Ny toy.

ARNOLPHE.
Il faut que j'aye icy l'ame bien patiente.

ALAIN.
Au moins c'est moy, Monsieur.

GEORGETTE.
Je suis vostre servante,
C'est moy.

ALAIN.
Sans respect de Monsieur que voila,
Je te....

ARNOLPHE *recevant un coup d'Alain.*
Peste.

ALAIN.
Pardon.

ARNOLPHE.
Voyez ce lourdaut-là.

ALAIN.
C'est elle aussi, Monsieur,...

ARNOLPHE.

Que tous deux on se taise,
Songez à me répondre, & laissons la fadaise.
Hé bien, Alain, comment se porte t'on icy?

ALAIN.

Monsieur, nous nous...Monsieur, nous nous por,
Dieu mercy.
Nous nous...

Arnolphe oste par trois fois le chapeau de dessus la teste d'Alain.

ARNOLPHE.

Qui vous apprend, impertinente beste,
A parler devant moy, le chapeau sur la teste?

ALAIN.

Vous faites bien, j'ay tort.

ARNOLPHE *à Alain.*

Faites descendre Agnès.

à Georgette.

Lors que je m'en allay, fut-elle triste aprés?

GEORGETTE.

Triste? Non.

ARNOLPHE.

Non?

GEORGETTE.

Si fait.

ARNOLPHE.

Pourquoy donc?....

GEORGETTE.

Ouy, je meure,
Elle vous croyoit voir de retour à toute heure;
Et nous n'oyions jamais passer devant chez nous,
Cheval, Asne, ou Mulet, qu'elle ne prist pour vous.

SCENE III.

AGNES, ALAIN, GEORGETTE, ARNOLPHE.

ARNOLPHE.
A beſogne à la main, c'eſt un bon témoignage.
Hé bien, Agnes, je ſuis de retour du voyage,
En eſtes-vous bien-aiſe ?
            AGNES.
        Ouy, Monſieur, Dieu mercy.
            ARNOLPHE.
Et moy de vous revoir, je ſuis bien-aiſe auſſi.
Vous vous eſtes toûjours, comme on voit, bien
    portée ?
            AGNES.
Hors les puces, qui m'ont la nuit inquietée.
            ARNOLPHE.
Ah! vous aurez dans peu quelqu'un pour les chaſſer.
            AGNES.
Vous me ferez plaiſir.
            ARNOLPHE.
                Je le puis bien penſer.
Que faites-vous donc là ?
            AGNES.
                Je me fais des cornettes.
Vos Chemiſes de nuict, & vos Coiffes ſont faites.

ARNOLPHE.

Ha! voila qui va bien; allez, montez là-haut,
Ne vous ennuyez point, je reviendray tantost,
Et je vous parleray d'affaires importantes.

Tous eſtans rentrez.

Heroïnes du temps, Meſdames les ſçavantes,
Pouſſeuſſes de tendreſſe & de beaux ſentimens,
Je défie à la fois tous vos Vers, vos Romans,
Vos Lettres, Billets doux, toute voſtre Science,
De valoir cette honneſte & pudique ignorance.

SCENE IV.

HORACE, ARNOLPHE.

ARNOLPHE.

CE n'eſt point par le bien qu'il faut eſtre ébloüy,
Et pourveu que l'honneur ſoit,...Que vois-je
Eſt-ce?...Ouy.
Je me trompe. Nenny. Si fait. Non, c'eſt luy-meſme,
Hor....

HORACE.
Seigneur Ar....

ARNOLPHE.
Horace.

HORACE.
Arnolphe.

ARNOL

COMEDIE.
ARNOLPHE.
Ah ! joye extrême !
depuis quand icy ?
HORACE.
Depuis neuf jours.
ARNOLPHE.
Vrayement....
HORACE.
e fus d'abord chez vous, mais inutilement.
ARNOLPHE.
J'eſtois à la campagne.
HORACE.
Ouy, depuis deux journées.
ARNOLPHE.
O comme les enfans croiſſent en peu d'années !
J'admire de le voir au poinct où le voila,
Apres que je l'ay veu pas plus grand que cela.
HORACE.
Vous voyez.
ARNOLPHE.
Mais, de grace, Oronte voſtre Pere
Mon bon & cher Amy, que j'eſtime & revere,
Que fait-il à preſent ? eſt-il toûjours gaillard ?
A tout ce qui le touche, il ſçait que je prens part,
Nous ne nous ſommes veus depuis quatre ans ensemble,
Ny, qui plus eſt, écrit, l'un à l'autre, me ſemble.
HORACE.
Il eſt, Seigneur Arnolphe, encor plus gay que nous,
Et j'avois de ſa part une Lettre pour vous ;
Mais depuis par une autre il m'apprend ſa venuë,
Et la raiſon encor ne m'en eſt pas connuë.
Sçavez-vous qui peut eſtre un de vos Citoyens,
Qui retourne en ces lieux avec beaucoup de biens,

Tome II. H

Qu'il s'eſt en quatorze ans acquis dans l'Amerique.
ARNOLPHE.
Non ; mais vous a t'on dit comme on le nomme?
HORACE.
                              Enrique.
ARNOLPHE.
Non.
HORACE.
Mon Pere m'en parle, & qu'il eſt revenu,
Comme s'il devoit m'eſtre entierement connu,
Et m'écrit qu'en chemin enſemble ils ſe vont mettre,
Pour un fait important que ne dit pas ſa Lettre.
ARNOLPHE.
J'auray certainement grande joye à le voir,
Et pour le regaler je feray mon pouvoir.

Apres avoir veu la Lettre.

Il faut pour les Amis, des Lettres moins civiles,
Et tous ces complimens ſont choſes inutiles ;
Sans qu'il priſt le ſoucy de m'en écrire rien,
Vous pouvez librement diſpoſer de mon bien.
HORACE.
Je ſuis homme à ſaiſir les gens par leurs paroles,
Et j'ay preſentement beſoin de cent piſtoles.
ARNOLPHE.
Ma foy, c'eſt m'obliger, que d'en uſer ainſi,
Et je me réjoüis de les avoir icy.
Gardez auſſi la bourſe.
HORACE.
                    Il faut...
ARNOLPHE.
                         Laiſſons ce ſtile.
Hé bien, comment encor trouvez-vous cette Ville?

COMEDIE.
HORACE.
ombreuse en Citoyens, superbe en bastimens,
t j'en croy merveilleux les divertissements.
ARNOLPHE.
hacun a ses plaisirs, qu'il se fait à sa guise :
Mais pour ceux que du nom de Galans on baptise,
Ils ont en ce Païs dequoy se contenter,
Car les Femmes y sont faites à coquetter,
n trouve d'humeur douce, & la brune, & la blonde;
Et les Maris aussi les plus benins du monde :
C'est un plaisir de Prince, & des tours que je voy,
e me donne souvent la Comedie à moy.
Peut-estre en avez-vous desia feru quelqu'une :
Vous est-il point encor arrivé de fortune ?
Les gens faits comme vous, font plus que les écus,
Et vous estes de taille à faire des Cocus.
HORACE.
A ne vous rien cacher de la verité pure,
J'ay d'amour en ces lieux eu certaine avanture,
Et l'amitié m'oblige à vous en faire part.
ARNOLPHE.
Bon, voicy de nouveau un beau conte gaillard,
Et ce sera de quoy mettre sur mes tablettes.
HORACE.
Mais, de grace, qu'au moins ces choses soient
ARNOLPHE.   (secrettes.
Oh.
HORACE.
Vous n'ignorez pas qu'en ces occasions,
Un secret éventé rompt nos pretentions.
Je vous avoüeray donc avec pleine franchise,
Qu'icy d'une Beauté mon ame s'est éprise.
Mes petits soins d'abord ont eu tant de succez,
Que je me suis chez elle ouvert un doux accez;

H ij

Et sans trop me vanter, ne luy faire une injure,
Mes affaires y sont en fort bonne posture.

ARNOLPHE *riant.*

Et c'est ?

HORACE *luy montrant le logis d'Agnes.*

Un jeune objet qui loge en ce logis,
Dont vous voyez d'icy que les murs sont rougis;
Simple à la verité, par l'erreur sans seconde
D'un Homme qui la cache au commerce du monde;
Mais qui dans l'ignorance où l'on veut l'asservir,
Fait briller des attraits capables de ravir,
Un air tout engageant, je ne sçay quoy de tendre,
Dont il n'est point de cœur qui se puisse deffendre.
Mais, peut-estre, il n'est pas que vous n'ayez bié veu
Ce jeune Astre d'amour de tant d'attraits pourveu;
C'est Agnes qu'on l'appelle.

ARNOLPHE *à part.*

A ! je creve.

HORACE.

Pour l'Homme,
C'est, je croy, de la Zousse, ou Source, qu'on le nomme,
Je ne me suis pas fort arresté sur le nom ;
Riche, à ce qu'on m'a dit, mais des plus sensez, non,
Et l'on m'en a parlé comme d'un Ridicule,
Le connoissez-vous point ?

ARNOLPHE *à part.*

La fascheuse pilule.

HORACE.

Eh ! vous ne dites mot ?

ARNOLPHE.

Et ouy, je le connois.

HORACE.

C'est un fou, n'est-ce pas ?

COMEDIE.

ARNOLPHE.
Eh...
HORACE.
Qu'en dites-vous ? quoy ?
Eh ? c'est à dire ouy, Jaloux à faire rire ?
Sot ? je voy qu'il en est ce que l'on m'a pû dire.
Enfin l'aimable Agnes a sçeu m'assujettir,
C'est un joly bijou, pour ne vous point mentir,
Et ce seroit peché, qu'une Beauté si rare
Fust laissée au pouvoir de cét Hommme bizarre.
Pour moy, tous mes efforts, tous mes vœux les
   plus doux,
Vont à m'en rendre maistre, en dépit du jaloux ;
Et l'argent que de vous j'emprunte avec franchise,
N'est que pour mettre à bout cette juste entreprise.
Vous sçavez mieux que moy, quelques soient nos
   efforts,
Que l'argent est la clef de tous ces grands ressorts,
Et que ce doux métal qui frappe tant de testes,
En amour, comme en guerre, avance les conquestes.
Vous me semblez chagrin, seroit-ce qu'en effet
Vous desaprouveriez le dessein que j'ay fait ?
ARNOLPHE.
Non, c'est que je songeois...
HORACE.
Cét entretien vous lasse ;
Adieu, j'iray chez vous tantost vous rendre grace.
ARNOLPHE.
Ah ! faut-il...
HORACE. *revenant.*
Derechef, veüillez estre discret,
Et n'allez pas, de grace, éventer mon secret.
ARNOLPHE.
Que je sens dans mon ame...

L'ESCOLE DES FEMMES,

HORACE *revenant*.
                    Et fur tout à mon Pere,
Qui s'en feroit peut-eftre un fujet de colere.
    ARNOLPHE *croyant qu'il revient encor*.
Oh...Oh, que j'ay fouffert durant cét entretien
Jamais trouble d'efprit ne fut égal au mien.
Avec quelle imprudence, & quelle hafte extrefme
Il m'eft venu conter cette affaire à moy-mefme
Bien que mon autre nom le tienne dans l'erreur,
Etourdy, montra-t'il jamais tant de fureur ?
Mais ayant tant fouffert, je devois me contraindre
Jufques à m'éclaircir de ce que je dois craindre,
A poufler jufqu'au bout fon caquet indifcret,
Et fçavoir pleinement leur commerce fecret.
Tâchons de le rejoindre, il n'eft pas loin, je penfe
Tirons-en de ce fait l'entiere confidence.
Je tremble du mal-heur qui m'en peut arriver,
Et l'on cherche fouvent plus qu'on ne veut trou-
    ver.

Fin du premier Acte.

ACTE II.

SCENE PREMIERE.

ARNOLPHE.

IL m'eſt, lors que j'y penſe, avantageux ſans doute,
D'avoir perdu mes pas, & pû manquer ſa route:
Car enfin, de mon cœur le trouble imperieux,
N'euſt pû ſe renfermer tout entier à ſes yeux,
Il euſt fait éclater l'ennemy qui me devore,
Et je ne voudrois pas qu'il ſceûſt ce qu'il ignore.
Mais je ne ſuis pas Homme à gober le morceau,
Et laiſſer un champ libre aux yeux d'un Damoiſeau;
J'en veux rompre le cours, & ſans tarder, apprendre
Juſqu'où l'intelligence entr'eux a pû s'étendre:
J'y prens, pour mon honneur, un notable intereſt;
Je la regarde en Femme, aux termes qu'elle en eſt.
Elle n'a pû faillir, ſans me couvrir de honte,
Et tout ce qu'elle fait, enfin eſt ſur mon compte.
Eloignement fatal ! Voyage mal-heureux ! *Frapant à la porte.*

SCENE II.

ALAIN, GEORGETTE, ARNOLPHE.

ALAIN.
AH ! Monsieur, cette fois....
ARNOLPHE.
Paix. Venez-çà tous deux :
Passez-là, passez-là. Venez-là, venez dis-je.
GEORGETTE.
Ah ! vous me faites peur, & tout mon sang se fige.
ARNOLPHE.
C'est donc ainsi, qu'absent vous m'avez obey,
Et tous deux, de concert, vous m'avez tous trahy ?
GEORGETTE.
Eh ! ne me mangez pas, Monsieur, je vous conjure.
ALAIN *à part.*
Quelque chien enragé l'a mordu, je m'assure.
ARNOLPHE.
Ouf. Je ne puis parler, tant je suis prévenu,
Je suffoque, & voudrois me pouvoir metre nu.
Vous avez donc souffert, ô canaille maudite,
Qu'un Homme soit venu... Tu veux prédre la fuite ?
Il faut que sur le champ....Si tu bouges....Je veux
Que vous me disiez..Euh ? Ouy, je veux que
 tous deux,....

COMEDIE.

Quiconque remuera, par la mort, je l'assomme.
Comme est-ce que chez moy s'est introduit cét
   Homme?
Eh! parlez, dépeschez, viste, promptement, tost,
Sans resver, veut-on dire?

ALAIN & GEORGETTE.
                Ah, ah!

GEORGETTE.
                Le cœur me faut.

ALAIN.
Je meurs.

ARNOLPHE.
Je suis en eau : prenons un peu d'haleine ;
Il faute que je m'évente, & que je me promeine.
Aurois-je deviné, quand je l'ay veu petit,
Qu'il croistroit pour cela! Ciel, que mon cœur pâtit!
Je pense qu'il vaut mieux que de sa propre bouche
Je tire avec douceur l'affaire qui me touche.
Tâchons à moderer nostre ressentiment ;
Patience, mon cœur, doucement, doucement.
Levez-vous, & rentrant, faites qu'Agnes descende,
Arrestez. Sa surprise en deviendroit moins grande,
Du chagrin qui me trouble, ils iroient l'avertir,
Et moy-mesme je veux l'aller faire sortir.
Que l'on m'attende icy.

SCENE III.

ALAIN, GEORGETTE.

GEORGETTE.
Mon Dieu, qu'il est terrible !
Ses regards m'ont fait peur, mais une peur horrible,
Et jamais je ne vis un plus hideux Chrestien.
ALAIN.
Ce Monsieur l'a fasché, je te le disois bien.
GEORGETTE.
Mais que diantre est-ce là, qu'avec tant de rudesse
Il nous fait au logis garder nostre Maistresse ?
D'où vient qu'à tout le monde il veut tant la cacher,
Et qu'il ne sçauroit voir personne en approcher ?
ALAIN.
C'est que cette action le met en jalousie.
GEORGETTE.
Mais d'où vient qu'il est pris de cette fantaisie ?
ALAIN.
Cela vient... Cela vient, de ce qu'il est jaloux.
GEORGETTE.
Ouy ; mais pourquoy l'est-il ? & pourquoy ce cour-
ALAIN. (roux ?
C'est que la jalousie... Entens-tu bien, Georgette,
Est une chose... la... qui fait qu'on s'inquiette,
Et qui chasse les gens d'autour de la maison.
Je m'en vais te bailler une comparaison,

COMEDIE.

Afin de concevoir la chose davantage,
Dis-moy, n'est-il pas vray, quād tu tiens ton potage,
Que si quelque affamé venoit pour en manger,
Tu serois en colere, & voudrois le charger?
GEORGETTE.
Ouy, je comprens cela.
ALAIN.
C'est justement tout comme,
La Femme est en effet le potage de l'Homme,
Et quand un Homme voit d'autres Hômes par fois,
Qui veulent dans sa soupe aller tremper leurs doigs,
Il en montre aussi tost une colere extresme.
GEORGETTE.
Ouy: mais pourquoy chacū n'ē fait-il pas de mesme,
Et que nous en voyons qui paroissent joyeux,
Lors que leurs Fēmes sont avec les beaux Monsieurs?
ALAIN.
C'est que chacun n'a pas cette amitié gouluë,
Qui n'en veut que pour soy.
GEORGETTE.
Si je n'ay la berluë,
Je le voy qui revient.
ALAIN.
Tes yeux sont bons, c'est luy.
GEORGETTE.
Voy comme il est chagrin.
ALAIN.
C'est qu'il a de l'ennuy.

H vj

SCENE IV.

ARNOLPHE, AGNES, ALAIN, GEORGETTE.

ARNOLPHE.

Vn certain Grec diſoit à l'Empereur Auguſte
Comme une inſtruction utile, autant que juſte,
Que lors qu'une avanture en colere nous met,
Nous devons, avant tout, dire noſtre Alphabet,
Afin que dans ce temps la bile ſe tempere,
Et qu'on ne faſſe rien que l'on ne doive faire.
J'ay ſuivy ſa leçon ſur le ſujet d'Agnes,
Et je la fais venir dans ce lieu tout exprés,
Sous pretexte d'y faire un tour de promenade,
Afin que les ſoupçons de mon eſprit malade
Puiſſent ſur le diſcours la mettre adroitement,
Et luy ſondant le cœur s'éclaircir doucement.
Venez, Agnes, Rentrez.

COMEDIE. 131

SCENE V.

ARNOLPHE, AGNES.

ARNOLPHE.
La promenade est belle.
AGNES.
Fort belle.
ARNOLPHE.
Le beau jour !
AGNES.
Fort beau.
ARNOLPHE.
Quelle nouvelle ?
AGNES.
Le petit chat est mort.
ARNOLPHE.
C'est dommage : mais quoy ?
Nous sommes tous mortels, & chacun est pour soy.
Lors que j'estois aux champs, n'a-t'il point fait de
pluye ?
AGNES.
Non.
ARNOLPHE.
Vous ennuyoit-il ?
AGNES.
Jamais je ne m'ennuye.

ARNOLPHE.
Qu'avez-vous fait encor ces nœuf ou dix jours-cy
AGNES.
Six chemises, je pense, & six coiffes aussi.
ARNOLPHE *ayant un peu resvé*.
Le monde, chere Agnes, est une étrange chose,
Voyez la médisance, & comme chacun cause,
Quelques voisins m'ont dit qu'un jeune homme
   inconnu,
Estoit en mon absence à la maison venu;
Que vous aviez souffert sa veuë & ses harangues;
Mais je n'ay point pris foy sur ces meschantes
   langues,
Et j'ay voulu gager que c'estoit faussement....
AGNES.
Mon Dieu, ne gagez pas, vous perdriez vrayment,
ARNOLPHE.
Quoy ! c'est la verité qu'un homme....
AGNES.
                        Chose seure.
Il n'a presque bougé de chez nous, je vous jure,
ARNOLPHE *à part*.
Cét adveu qu'elle fait avec sincerité,
Me marque pour le moins son ingenuité.
Mais il me semble, Agnes, si ma memoire est bonne,
Que j'avois deffendu que vous vissiez personne.
AGNES.
Ouy : mais quand je l'ay veu, vous ignoriez
   pourquoy,
Et vous en auriez fait, sans doute, autant que moy.
ARNOLPHE.
Peut-estre : mais enfin, contez-moy cette Histoire.
AGNES.
Elle est fort étonnante & difficile à croire.

COMEDIE.

...tois sur le Balcon à travailler au frais,
...rs que je vis passer sous les arbres d'auprés
...jeune homme bienfait, qui rēcontrant ma veuë,
...une humble reverence aussi tost me saluë:
...oy, pour ne point manquer à la civilité,
...fis la reverence aussi de mon costé.
...udain, il me refait une autre reverence:
...oy, j'en refais de mesme une autre en diligence;
...luy d'une troisiéme aussi tost repartant,
...une troisiéme aussi j'y repars à l'instant.
...passe, vient, repasse, & toûjours de plus belle
...e fait à chaque fois reverence nouvelle:
...t moy, qui tous ces tours fixement regardois,
...ouvelle reverence aussi je luy rendois.
...ant, que si sur ce point la nuit ne fut venuë,
...oûjours comme cela je me serois tenuë;
...e voulant point ceder ny recevoir l'ennuy,
...u'il me pust estimer moins civile que luy.

ARNOLPHE.
...ort bien.

AGNES.
...Le lendemain estant sur nostre porte,
...ne vieille m'aborde en parlant de la sorte.
...on enfant, le bon Dieu puisse-t'il vous benir,
...t dans tous vos attraits long-téps vous maintenir.
...l ne vous a pas fait une belle personne,
Afin de mal-user des choses qu'il vous donne;
Et vous devez sçavoir que vous avez blessé
Un cœur, qui de s'en plaindre est aujourd'huy forcé.

ARNOLPHE à part.
Ah! supost de Sathan, execrable damnée.

AGNES.
Moy, j'ay blessé quelqu'un? fis-je toute étonnée.

Ouy, dit-elle, bleſſé, mais bleſſé tout de bon;
Et c'eſt l'homme qu'hier vous viſtes du Balcon,
Helas ! qui pourroit, dis-je, en avoir eſté cauſe
Sur luy ſans y penſer, fis-je choir quelque choſe
Non, dit-elle, vos yeux ont fait ce coup fatal,
Et c'eſt de leurs regards qu'eſt venu tout ſon mal
Hé, mon Dieu ! ma ſurpriſe eſt, fis-je, ſans ſeconde
Mes yeux ont-ils du mal pour en donner au monde
Ouy, fit-elle, vos yeux, pour cauſer le trépas,
Ma fille, ont un venin que vous ne ſçavez pas;
En un mot, il languit le pauvre miſerable;
Et s'il faut, pourſuivit la vieille charitable,
Que voſtre cruauté luy refuſe un ſecours,
C'eſt un homme à porter en terre dans deux jours.
Mon Dieu ! j'en aurois, diſ-je, une douleur bien
   grande.
Mais pour le ſecourir, qu'eſt-ce qu'il me demande?
Mon enfant, me dit-elle, il ne veut obtenir
Que le bien de vous voir & vous entretenir:
Vos yeux peuvent eux ſeuls empeſcher ſa ruine,
Et du mal qu'ils ont fait eſtre la medecine.
Helas ! volontiers, dis-je, & puis qu'il eſt ainſi,
Il peut tant qu'il voudra me venir voir icy.

      ARNOLPHE *à part.*
Ah ! ſorciere maudite, empoiſonneuſe d'ames,
Puiſſe l'Enfer payer tes charitables trames.

      AGNES.
Voila comme il me vit, & receut gueriſon;
Vous-meſme, à voſtre avis, n'ay-je pas eu raiſon;
Et pouvois-je, apres tout, avoir la conſcience
De le laiſſer mourir faute d'une aſſiſtance ?
Moy qui compatis tāt aux gens qu'on fait ſouffrir,
Et ne puis, ſans pleurer, voir un poulet mourir

COMEDIE.
ARNOLPHE bas.
Tout cela n'est party que d'une ame innocente;
Et j'en dois accuser mon absence imprudente,
Qui sans guide a laissé cette bonté de mœurs,
Exposée aux aguets des rusez seducteurs.
Je crains que le pendart, dans ses vœux temeraires,
Un peu plus fort que jeu n'ait poussé les affaires.

AGNES.
Qu'avez-vous ? vous grodez ce me semble, un petit;
Est-ce que c'est mal fait ce que je vous ay dit?

ARNOLPHE.
Non. Mais de cette veuë apprenez-moy les suites,
Et comme le jeune homme a passé ses visites.

AGNES.
Helas ! si vous sçaviez comme il estoit ravy;
Comme il perdit son mal, si-tost que je le vy;
Le present qu'il m'a fait d'une belle cassette,
Et l'argent qu'en ont eu nostre Alain & Georgette;
Vous l'aimeriez sans doute, & diriez comme nous.

ARNOLPHE.
Ouy, mais que faisoit-il estant seul avec vous?

AGNES.
Il disoit qu'il m'aimoit d'une amour sans seconde,
Et me disoit des mots les plus gentils du monde;
Des choses que jamais rien ne peut égaler;
Et dont, toutes les fois que je l'entends parler,
La douceur me chatoüille, & là dedans remuë
Certain je ne sçay quoy, dont je suis toute émeuë.

ARNOLPHE à part.
O fâcheux examen d'un mystere fatal,
Où l'examinaneur souffre seul tout le mal !
à Agnes.
Outre tous ces discours, toutes ces gentillesses,
Ne vous faisoit-il point aussi quelques caresses?

L'ESCOLE DES FEMMES,

AGNES.

Oh tant, il me prenoit & les mains & les bras.
Et de me les baiser il n'eſtoit jamais las.

ARNOLPHE.

Ne vous a-t'il point pris, Agnes, quelqu'autre choſe
La voyant interdite.
Ouf.

AGNES.

Hé, il m'a....

ARNOLPHE.

Quoy ?

AGNES.

Pris....

ARNOLPHE.

Euh ?

AGNES.

Le....

ARNOLPHE.

Plaiſt-il ?

AGNES.

Je n'oſe,
Et vous vous faſcherez peut-eſtre contre moy.

ARNOLPHE.

Non.

AGNES.

Si fait.

ARNOLPHE.

Mon Dieu ! non.

AGNES.

Jurez donc voſtre foy.

ARNOLPHE.

Ma foy, ſoit.

AGNES.

Il m'a pris, vous ſerez en colere.

COMEDIE.

ARNOLPHE.

...ou.

AGNES.

Si.

ARNOLPHE.

Non, non, non, non! Diantre, que de myftere!
...u'eft-ce qu'il vous a pris?

AGNES.

Il....

ARNOLPHE *à part*.

Je souffre en damné.

AGNES.

...m'a pris le ruban que vous m'aviez donné.
...vous dire le vray, je n'ay pû m'en deffendre.

ARNOLPHE *reprenant haleine*.

...affe pour le ruban. Mais je voulois aprendre,
...'il ne vous a rien fait que vous baifer les bras.

AGNES.

...omment? Eft-ce qu'on fait d'autres chofes?

ARNOLPHE.

Non pas.
Mais pour guerir du mal qu'il dit qui le poffede,
N'a-t'il pas exigé fur vous d'autre remede.

AGNES.

Non. Vous pourrez juger s'il en euft demandé,
Que pour le fecourir j'aurois tout accordé.

ARNOLPHE

Grace aux bontez du Ciel, j'en fuis quitte à bon
 conte.
Si j'y retombe plus je veux bien qu'on m'affronte.
Chut. De voftre innocence, Agnes, c'eft un effet;
Je ne vous en dis mot, ce qui s'eft fait eft fait.
Je fçay qu'en vous flattant le Galant ne defire
...ue de vous abufer, & puis apres s'en rire.

AGNES.

Oh ! point. Il me l'a dit plus de vingt fois à moy.
ARNOLPHE.
Ah ! vous ne sçavez pas ce que c'est que sa foy.
Mais enfin, apprenez qu'accepter des cassettes,
Et de ces beaux blondins écouter les sornettes;
Que se laisser par eux à force de langueur
Baiser ainsi les mains, & chatoüiller le cœur,
Est un peché mortel des plus gros qu'il se fasse.
AGNES.
Un peché, dites-vous, & la raison de grace ?
ARNOLPHE.
La raison ? la raison, est l'arrest prononcé,
Que par ces actions le Ciel est courroucé.
AGNES.
Courroucé. Mais pourquoy faut-il qu'il s'en courrouce ?
C'est une chose, helas ! si plaisante & si douce,
J'admire quelle joye on gouste à tout cela,
Et je ne sçavois point encore ces choses-là.
ARNOLPHE.
Ouy, c'est un grand plaisir que toutes ces tendresses,
Ces propos si gentils, & ces douces caresses;
Mais il faut le goûter en toute honnesteté,
Et qu'en se mariant le crime en soit osté.
AGNES.
N'est-ce plus un peché lors que l'on se marie ?
ARNOLPHE.
Non.
AGNES.
Mariez-moy donc promptement, je vous prie.

COMEDIE. 189
ARNOLPHE.
vous le souhaitez, je le souhaite aussi,
pour vous marier on me revoit icy.
AGNES.
st-il possible?
ARNOLPHE.
Ouy.
AGNES.
Que vous me ferez aise?
ARNOLPHE.
uy, je ne doute point que l'hymen ne vous plaise,
AGNES.
ous nous voulez, nous deux?...
ARNOLPHE.
Rien de plus asseuré.
AGNES.
Que si cela se fait, je vous caresseray!
ARNOLPHE.
Hé, la chose sera de ma part reciproque.
AGNES.
Je ne reconnois point, pour moy, quand on se moc-
Parlez-vous tout de bon?   (que.
ARNOLPHE.
Ouy, vous le pourrez voir.
AGNES.
Nous serons mariez?
ARNOLPHE.
Ouy.
AGNES.
Mais quand?
ARNOLPHE.
Dés ce soir.
AGNES *riant.*
Dés ce soir?

L'ESCOLE DES FEMMES,

ARNOLPHE.
Dés ce soir. Cela vous fait donc rire?

AGNES.
Ouy.

ARNOLPHE.
Vous voir bien contente, est ce que je desir

AGNES.
Helas! que je vous ay grande obligation!
Et qu'avec luy j'auray de satisfaction!

ARNOLPHE.
Avec qui?

AGNES.
Avec....là.

ARNOLPHE.
Là....là n'est pas mon compte:
A choisir un mary, vous estes un peu prompte,
C'est un autre en un mot que je vous tiés tout prest,
Et quant au Monsieur,là, Je pretens, s'il vous plaist,
Deust le mettre au tombeau le mal dont il vous berce,
Qu'avec luy desormais vous rompiez tout commerce ;
Que venant au logis, pour vostre compliment
Vous luy fermiez au nez la porte honnestement,
Et luy jettant, s'il heurte, un grez par la fenestre,
L'obligiez tout de bon à ne plus y paroistre.
M'entendez-vous, Agnes? Moy, caché dans un coin,
De vostre procedé je seray le témoin.

AGNES.
Las ! il est si bien fait ; c'est...

ARNOLPHE.
Ah que de langage!

AGNES.
Je n'auray pas le cœur...

COMEDIE. 191
ARNOLPHE.
Point de bruit davantage,
montez là-haut.
AGNES.
Mais quoy, voulez-vous....
ARNOLPHE.
C'est assez
Je suis Maistre, je parle, allez, obeïssez.

Fin du second Acte.

ACTE III.

SCENE PREMIERE.

ARNOLPHE, AGNES, ALAIN, GEORGETTE.

ARNOLPHE.

Uy, tout a bien esté, ma joye est sans pareille,
Vous avez là suivy mes ordres à merveille,
Confondu de tout poinct le blondin seducteur,
Et voila dequoy sert un sage directeur.
Vostre innocence, Agnés, avoit esté surprise,
Voyez, sans y penser où vous vous estiez mise,
Vous enfiliez tout droit, sans mon instruction,
Le grand chemin d'Enfer & de perdition.
De tous ces Damoiseaux on sçait trop les coûtumes,
Ils ont de beaux canons, force rubans, & plumes,
Grands cheveux, belles dents, & des propos fort doux :
Mais comme je vous dis, la griffe est là dessous.

COMEDIE.

[E]t ce sont vrais Satans, dont la gueule alterée
[D]e l'honneur feminin cherche à faire curée :
[M]ais encore une fois, grace au soin apporté,
[V]ous en estes sortie avec honnesteté.
[L]'air dont je vous ay veu luy jetter cette pierre,
[Q]ui de tous ses desseins a mis l'espoir par terre,
[M]e confirme encor mieux à ne point differer
[L]es Nopces, où je dis qu'il vous faut preparer.
[M]ais avant toute chose il est bon de vous faire
[Q]uelque petit discours, qui vous soit salutaire.
[U]n siege au frais icy. Vous, si jamais en rien...

GEORGETTE.

[D]e toutes vos leçons nous nous souviendrons bien;
[C]et autre Monsieur là nous en faisoit accroire :
[M]ais...

ALAIN.

S'il entre jamais, je veux jamais ne boire,
[A]ussi bien est-ce un sot, il nous a l'autre fois
[D]onné deux escus d'or qui n'estoient pas de poids.

ARNOLPHE.

[A]yez donc pour souper tout ce que je desire,
Et pour nostre contract, comme je viens de dire,
Faites venir icy l'un ou l'autre au retour,
Le Notaire qui loge au coin de ce carfour,

Tome II.   I

L'ESCOLE DES FEMMES,

SCENE II.

ARNOLPHE, AGNES.

ARNOLPHE assis.

AGnés, pour m'écouter, laissez-là vôtre ouvrage,
Levez un peu la teste, & tournez le visage;
Là, regardez-moy là, durant cét entretien;
Et jusqu'au moindre mot imprimez-le vous bien.
Je vous épouse, Agnés, & cent fois la journée
Vous devez benir l'heure de vostre destinée,
Contempler la bassesse où vous avez esté,
Et dans le mesme temps admirer ma bonté,
Qui de ce vil estat de pauvre Villageoise,
Vous fait monter au rang d'honorable Bourgeoise,
Et joüir de la couche & des embrassemens,
D'un homme qui fuyoit tous ces engagemens;
Et dont à vingt partis fort capables de plaire,
Le cœur a refusé l'honneur qu'il vous veut faire.
Vous devez toujours, dis-je, avoir devant les yeux
Le peu que vous estiez sans ce nœud glorieux,
Afin que cét objet d'autant mieux vous instruise,
A meriter l'estat où je vous auray mise;
A toûjours vous connoistre, & faire qu'à jamais
Je puisse me loüer de l'acte que je fais.
Le mariage, Agnes, n'est pas un badinage,
A d'austeres devoirs le rang de femme engage;

COMEDIE.

Et vous n'y montez pas, à ce que je pretens,
Pour estre libertine & prendre du bon temps.
Vostre sexe n'est là que pour la dépendance;
Du costé de la barbe est la toute-puissance:
Bien qu'on soit deux moitiez de la societé,
Ces deux moitiez pourtant n'ont point d'égalité,
L'un est moitié supréme, & l'autre subalterne,
L'une en tout est soûmise à l'autre qui gouverne:
Et ce que le soldat dans son devoir instruit,
Monstre d'obéissance au Chef qui le conduit,
Le Valet à son Maistre, un Enfant à son Pere,
A son Superieur le moindre petit Frere,
N'approche point encor de la docilité,
Et de l'obéissance, & de l'humilité,
Et du profond respect, où la femme doit estre
Pour son Mary, son Chef, son Seigneur, & son
   Maistre.
Lors qu'il jette sur elle un regard serieux,
Son devoir aussi-tost est de baisser les yeux;
Et de n'oser jamais le regarder en face,
Que quand d'un doux regard il luy veut faire grace.
C'est ce qu'entendent mal les femmes d'aujour-
   d'huy,
Mais ne vous gastez pas sur l'exemple d'autruy.
Gardez-vous d'imiter ces coquettes vilaines,
Dont par toute la Ville on chante les fredaines;
Et de vous laisser prendre aux assauts du malin,
C'est à dire, d'oüir aucun jeune blondin.
Songez qu'en vous faisant moitié de ma personne,
C'est mon honneur, Agnés, que je vous abandonne,
Que cét honneur est tendre, & se blesse de peu;
Que sur un tel sujet il ne faut point de jeu;
Et qu'il est aux Enfers des chaudieres boüillantes,
Où l'on plonge à jamais les femmes mal vivantes,

Ce que je vous dis là ne sont que des chansons,
Et vous devez du cœur devorer les leçous.
Si voſtre ame les ſuit & fuit d'eſtre coquette,
Elle ſera toujours comme un lis blanche & nette:
Mais s'il faut qu'à l'honneur elle faſſe un faux-bód,
Elle deviendra lors noire comme un charbon.
Vous paroiſtrez à tous un objet effroyable,
Et vous irez un jour, vray partage du diable,
Boüillir dans les Enfers à toute éternité,
Dont vous veüille garder la Celeſte bonté.
Faites la reverence. Ainſi qu'une Novice
Par cœur dans le Convent doit ſçavoir ſon office,
Entrant au mariage il en faut faire autant:
Et voicy dans ma poche un écrit important
Qui vous enſeignera l'office de la femme.
J'en ignore l'Autheur: mais c'eſt quelque bonne
  ame;
Et je veux que ce ſoit voſtre unique entretien.
          Il ſe leve.
Tenez: voyons un peu ſi vous le lirez bien.
          AGNES *lit.*

COMEDIE.

LES MAXIMES
DU MARIAGE,
OU
LES DEVOIRS
DE LA FEMME MARIE'E.

Avec son Exercice journalier.

I. MAXIME.

Celle qu'un lien honneste,
Fait entrer au lict d'autruy,
Doit se mettre dans la teste,
Malgré le train d'aujourd'huy,
Que l'homme qui la prend, ne la prend que
pour luy.

ARNOLPHE.

Je vous expliqueray ce que cela veut dire:
Mais pour l'heure presente il ne faut rien que lire.

AGNES *poursuit.*

II. MAXIME.

Elle ne se doit parer,
Qu'autant que peut desirer
Le mary qui la possede.
C'est luy qui touche seul le soin de sa beauté
Et pour rien doit estre conté,
Que les autres la trouvent laide.

III. MAXIME.

Loin, ces estudes d'œillades,
Ces eaux, ces blancs, ces pommades,
Et mille ingrediens qui font des teins fleuris,
A l'honneur tous les jours ce sont drogues
  mortelles,
Et les soins de paroistre belles
Se prennent peu pour les maris.

IV. MAXIME.

Sous sa coiffe en sortant, comme l'honneur
  l'ordonne,
Il faut que de ses yeux elle étouffe les coups;
Car pour bien plaire à son Epoux,
Elle ne doit plaire à personne.

COMEDIE.

V. MAXIME.

ors ceux dont au mary la visite se rend,
La bonne regle deffend
De recevoir aucune ame ;
Ceux qui de galante humeur,
N'ont affaire qu'à Madame,
N'accommodent pas Monsieur.

VI. MAXIME.

Il faut des presens des hommes
Qu'elle se deffende bien ;
Car dans le siecle où nous sommes,
On ne donne rien pour rien.

VII. MAXIME.

Dans ses meubles, deût-elle en avoir de l'ennuy,
Il ne faut écritoire, ancre, papier ny plumes;
Le mary doit, dans les bonnes coûtumes,
Escrire tout ce qui s'écrit chez luy.

VIII. MAXIME.

Ces societez déreglées,
Qu'on nomme belles assemblées,
Des femes tous les jours corrōpent les esprits,
En bonne Politique on les doit interdire;
Car c'est là que l'on conspire
Contre les pauvres maris.

IX. MAXIME.

Toute femme qui veut à l'honneur se voüer
 Doit se deffendre de joüer,
 Comme d'une chose funeste :
 Car le jeu fort decevant,
 Pousse une femme souvent
 A joüer de son reste.

X. MAXIME.

 Des promenades du temps,
 Ou repas qu'on donne aux champs,
 Il ne faut point qu'elle essaye,
  Selon les prudens cerveaux,
  Le mary dans ces cadeaux
 Est toûjours celuy qui paye.

XI. MAXIME.

ARNOLPHE.

Vous acheverez seule, & pas à pas tantost
Je vous expliqueray ces choses comme il faut.
Je me suis souvenu d'une petite affaire :
Je n'ay qu'un mot à dire, & ne tarderay guere;
Rentrez, & conservez ce Livre cherement.
Si le Notaire vient, qu'il m'attende un moment,

COMEDIE.

SCENE III.

ARNOLPHE.

IE ne puis faire mieux que d'en faire ma femme,
Ainsi que je voudray, je tourneray cette ame:
Côme un morceau de cire entre mes mains elle est,
Et je luy puis donner la forme qui me plaist.
Et s'en est peu fallu, que durant mon absence,
On ne m'ait attrappé par sont rop d'innocence:
Mais il vaut beaucoup mieux, à dire verité,
Que la femme qu'on a peche de ce costé.
De ces sortes d'erreurs le remede est facile,
Toute personne simple aux leçons est docile;
Et si du bon chemin on l'a fait écarter,
Deux mots incontinent l'y peuvent rejetter.
Mais une femme habile est bien une autre beste,
Nostre sort ne dépend que de sa seule teste:
De ce qu'elle s'y met, rien ne la fait gauchir,
Et nos enseignemens ne font là que blanchir.
Son bel esprit luy sert à railler nos maximes,
A se faire souvent des vertus de ses crimes;
Et trouver, pour venir à ses coupables fins,
Des détours à duper l'adresse des plus fins.
Pour se parer du coup en vain on se fatigue,
Une femme d'esprit est un diable en intrigue;
Et dés que son caprice a prononcé tout bas
L'arrest de nostre honneur, il faut passer le pas.

Beaucoup d'honnestes gens en pourroient bien qu
Enfin mon étourdy n'aura pas lieu d'en rire. [dire
Par son trop de caquet il a ce qu'il luy faut,
Voila de nos François l'ordinaire defaut.
Dans la possession d'une bonne fortune,
Le secret est toûjours ce qui les importune,
Et la vanité sotte a pour eux tant d'appas,
Qu'ils se pendroient plutost que de ne causer pas.
O que les femmes sont du Diable bien tentées,
Lors qu'elles vont choisir ces testes éventées;
Et que.... Mais le voicy: cachôs-nous toûjours bien,
Et découvrons un peu quel chagrin est le sien.

SCENE IV.

HORACE, ARNOLPHE.

HORACE.

JE reviens de chez vous, & le destin me montre
Qu'il n'a pas resolu que je vous y rencontre.
Mais j'iray tant de fois, qu'enfin quelque momét...
ARNOLPHE.
Hé mon Dieu, n'entrons point dans ce vain com-
　pliment.
Rien ne me fasche tant que ces ceremonies,
Et si l'on m'en croyoit, elles seroient bannies.
C'est un maudit usage, & la pluspart des gens
Y perdent sottement les deux tiers de leur temps.

Mettés donc, sans façons. Hé bien, vos amourettes ?
Puis-je, Seigneur Horace, apprendre où vous en
    estes ?
J'estois tantost distrait par quelque vision ;
Mais depuis là-dessus j'ay fait reflexion :
De vos premiers progrez j'admire la vitesse,
Et dans l'évenement mon ame s'interesse.

HORACE.
Ma foy, depuis qu'à vous s'est découvert mon cœur,
Il est à mon amour arrivé du mal-heur.

ARNOLPHE.
Oh, oh ! comment cela ?

AGNES.
        La fortune cruelle,
A ramené des champs le patron de la belle.

ARNOLPHE.
Quel mal-heur !

HORACE.
    Et de plus, à mon tres-grand regret,
Il a sçeu de nous deux le commerce secret.

ARNOLPHE.
D'où diantre a-t'il si tost appris cette avanture ?

HORACE.
Je ne sçay : mais enfin c'est une chose seure.
Je pensois aller rendre, à mon heure, à peu prés,
Ma petite visite à ses jeunes attraits,
Lors que changeant pour moy de ton & de visage,
Et Servante & Valet m'ont bouché le passage,
Et d'un ; *retirez-vous, vous nous importunez,*
M'ont assez rudement fermé la porte au nez.

ARNOLPHE.
La porte au nez ?

HORACE.
        Au nez.

ARNOLPHE.
    La chose est un peu forte.
HORACE.
J'ay voulu leur parler au travers de la porte:
Mais à tous mes propos ce qu'ils ont répondu,
C'est, *vous n'entrerez point, Monsieur l'a deffendu.*
ARNOLPHE.
Ils n'ont donc point ouvert?
HORACE.
    Non. Et de la fenestre
Agnes m'a confirmé le retour de ce Maistre,
En me chassant de là d'un ton plein de fierté,
Accompagné d'un grez que sa main a jetté.
ARNOLPHE.
Comment d'un grez?
HORACE.
    D'un grez de taille non petite,
Dont on a par ses mains regalé ma visite.
ARNOLPHE.
Diantre! ce ne sont pas des prunes que cela;
Et je trouve fascheux l'estat où vous voila.
HORACE.
Il est vray, je suis mal par ce retour funeste.
ARNOLPHE.
Certes j'en suis fasché pour vous, je vous proteste.
HORACE.
Cét homme me rompt tout.
ARNOLPHE.
    Ouy, mais cela n'est rien,
Et de vous racrocher vous trouverez moyen.
HORACE.
Il faut bien essayer par quelque intelligence,
De vaincre du jaloux l'exacte vigilance.

COMEDIE.
ARNOLPHE.
Cela vous est facile, & la fille, après tout,
Vous aime.
HORACE.
Asseurément.
ARNOLPHE.
Vous en viendrez à bout.
HORACE.
Je l'espere.

ARNOLPHE.
Le grez vous a mis en déroute,
Mais cela ne doit pas vous étonner.
HORACE.
Sans doute,
Et j'ay compris d'abord que mon homme estoit là,
Qui sans se faire voir conduisoit tout cela.
Mais ce qui m'a surpris, & qui va vous surprendre,
C'est un autre accident que vous allez entendre,
Un trait hardy qu'a fait cette jeune beauté,
Et qu'on n'attendoit point de sa simplicité.
Il le faut avouër, l'amour est un grand maistre,
Ce qu'on ne fut jamais il nous enseigne à l'estre,
Et souvent de nos mœurs l'absolu changement,
Devient par ses leçons le plaisir d'un moment.
De la nature en nous il force les obstacles,
Et ses effets soudains ont de l'air des miracles.
D'un avare à l'instant il fait un liberal ;
Un Vaillant d'un Poltron ; un Civil d'un Brutal ;
Il rend agile à tout l'ame la plus pesante,
Et donne de l'esprit à la plus innocente.
Ouy, ce dernier miracle éclate dans Agnes,
Car tranchant avec moy par ces termes exprés ;
Retirez-vous, mon ame aux visites renonce ;
Je sçay tous vos discours, & voila ma réponse.

Cette pierre ou ce grez dont vous vous étonniez
Avec un mot de lettre est tombé à mes pieds;
Et j'admire de voir cette lettre ajustée,
Avec le sens des mots, & la pierre jettée.
D'une telle action, n'estes-vous pas surpris?
L'Amour sçait-il pas l'art d'aiguiser les esprits?
Et peut-on me nier que ses flames puissantes,
Ne fassent dans un cœur des choses étonnantes?
Que dites-vous du tour, & de ce mot d'écrit?
Euh! n'admirez-vous point cette adresse d'esprit?
Trouvez-vous pas plaisant de voir quel personna-
 nage,
A joué mon jaloux dans tout ce badinage.
Dites....

ARNOLPHE.
Ouy fort plaisant.

HORACE.
Arnolphe rit d'un ris forcé.

Riez-en donc un peu.
Cét homme gendarmé d'abord contre mon feu,
Qui chez luy se retranche, & de grez fait parade,
Comme si j'y voulois entrer par escalade,
Qui pour me repousser dans un bizarre effroy,
Anime du dedans tous ses gens contre moy,
Et qu'abuse à ses yeux par sa machine mesme,
Celle qu'il veut tenir dans l'ignorance extresme,
Pour moy je vous l'avouë, encor que son retour
En un grand embarras jette icy mon amour;
Je tiens cela plaisant autant qu'on sçauroit dire,
Je ne puis y songer sans de bon cœur en rire;
Et vous n'en riez pas assez à mon avis.

ARNOLPHE *avec un ris forcé.*
Pardonnez-moy, j'en ris tout autant que je puis.

COMEDIE. 207
HORACE.
Mais il faut qu'en amy je vous montre la lettre.
Tout ce que son cœur sent, sa main a sçeu l'y
mettre :
Mais en termes touchans, & tous pleins de bonté,
De tendresse innocente, & d'ingenuité.
De la maniere enfin que la pure nature
Exprime de l'Amour la premiere blessure.

ARNOLPHE bas.
Voilà, friponne, à quoy l'écriture te sert,
Et contre mon dessein, l'art t'en fut découvert.

HORACE lit.

JE veux vous escrire, & je suis bien en peine par où je m'y prendray. J'ay des pensées que je desirerois que vous sceussiez : mais je ne sçay comment faire pour vous les dire, & je me deffie de mes paroles. Comme je comence à connoistre qu'on m'a toûjours tenuë dans l'ignorance, j'ay peur de mettre quelque chose qui ne soit pas bien, & d'en dire plus que je ne devrois. En verité je ne sçay ce que vous m'avez fait ; mais je sens que je suis faschée à mourir de ce qu'on me fait faire contre vous, que j'auray toutes les peines du monde à me passer de vous, & que je serois bien aise d'estre à vous. Peut-estre qu'il y a du mal à dire tout cela ; mais enfin je ne puis m'empescher de le dire, & je voudrois que

cela se pust faire, sans qu'il y en eust,
me dit fort, que tous les jeunes hommes so
des trompeurs, qu'il ne les faut point éco
ter ; & que tout ce que vous me dites, n'e
que pour m'abuser : mais je vous asseure, qu
je n'ay pû encore me figurer cela de vou
& je suis si touchée de vos paroles, que j
ne sçaurois croire qu'elles soient menteuse
Dites-moy franchement ce qui en est : ca
enfin, comme je suis sans malice, vous au
riez le plus grand tort du monde, si vou
me trompiez ; & je pense que j'en mourois
de déplaisir.

ARNOLPHE.
Hom chienne !
HORACE.
Qu'avez-vous ?
ARNOLPHE.
Moy ? rien ; c'est que je tousse.
HORACE.
Avez-vous jamais veu d'expression plus douce ?
Malgré les soins maudits d'un injuste pouvoir,
Un plus beau naturel peut-il se faire voir ?
Et n'est-ce pas sans doute un crime punissable,
De gâter méchamment ce fonds d'ame admirable;
D'avoir dans l'ignorance & la stupidité,
Voulu de cét esprit étouffer la clarté ?
L'Amour a commencé d'en déchirer le voile,
Et si par la faveur de quelque bonne estoile,
Je puis, comme j'espere, à ce franc animal,
Ce traistre, ce boureau, ce faquin, ce brutal

COMEDIE.

ARNOLPHE.
dieu.

HORACE.
Comment si viste?

ARNOLPHE.
Il m'est dans la pensée
venu tout maintenant une affaire pressée.

HORACE.
Mais ne sçauriez-vous point, comme on la tient de prés,
Qui dans cette maison pourroit avoir accés?
J'en use sans scrupule, & ce n'est pas merveille,
Qu'on se puisse, entre amis, servir à la pareille.
Je n'ay plus là dedans que gens pour m'observer;
Et servante & valet que je viens de trouver,
N'ont jamais, de quelque air que je m'y sois pû prendre,
Adoucy leur rudesse à me vouloir entendre.
J'avois pour de tels coups certaine vieille en main,
D'un genie à vray dire au dessus de l'humain.
Elle m'a dans l'abord servy de bonne sorte:
Mais depuis quatre jours la pauvre féme est morte.
Ne me pourriez-vous point ouvrir quelque moyen?

ARNOLPHE.
Non vrayment, & sans moy vous en trouverez bien.

HORACE.
Adieu donc. Vous voyez ce que je vous confie.

SCENE V.

ARNOLPHE.

Comme il faut devant luy que je me mortifie,
Quelle peine à cacher mon déplaisir cuisant!
Quoy? pour une innocente, un esprit si present!
Elle a feint d'estre telle à mes yeux, la traistresse,
Ou le diable à son ame a soufflé cette adresse.
Enfin me voila mort par ce funeste écrit,
Je voy qu'il a, le traistre, empaumé son esprit,
Qu'à ma suppression il s'est ancré chez elle,
Et c'est mon desespoir, & ma peine mortelle.
Je souffre doublement dans le vol de son cœur,
Et l'amour y pâtit aussi bien que l'honneur.
J'enrage de trouver cette place usurpée,
Et j'enrage de voir ma prudence trompée.
Je sçay que pour punir son amour libertin,
Je n'ay qu'à laisser faire à son mauvais destin,
Que je seray vangé d'elle par elle-mesme :
Mais il est bien fascheux de perdre ce qu'on aime,
Ciel ! puisque pour un choix j'ay tant philosophé,
Faut-il de ses appas m'estre si fort coëffé ?
Elle n'a ny parens, ny support, ny richesse,
Elle trahit mes soins, mes bontez, ma tendresse,
Et cependant je l'aime, apres ce lasche tour,
Jusqu'à ne me pouvoir passer de cét amour.

COMEDIE. 211

ot, n'as-tu point de honte? Ah je creve, j'enrage,
t je souffleterois mille fois mon visage.
e veux entrer un peu : mais seulement pour voir
uelle est sa contenance apres un trait si noir.
iel ! faites que mon front soit exempt de disgraces,
Ou bien s'il est écrit, qu'il faille que j'y passe,
Donnez-moy, tout au moins pour de tels accidens,
La constance qu'on voit à de certaines gens.

Fin du troisiéme Acte.

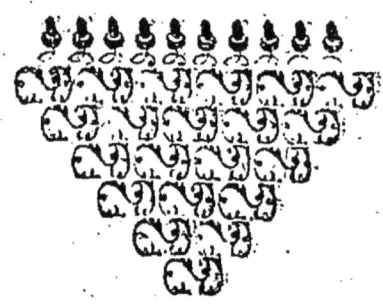

ACTE IV.

SCENE PREMIERE.

ARNOLPHE.

'A y peine, je l'avouë, à demeurer en place,
Et de mille soucis mon esprit s'embarasse,
Pour pouvoir mettre un ordre & dedans & dehors,
Qui du godelureau rompe tous les efforts.
De quel œil la traistresse a soustenu ma veuë!
De tout ce qu'elle a fait elle n'est point émeuë,
Et bien qu'elle me mette à deux doigts du trépas,
On diroit à la voir qu'elle n'y touche pas.
Plus en la regardant je la voyois tranquile,
Plus je sentois en moy s'échauffer une bile;
Et ces boüillans transpors dont s'enflammoit mon cœur,
Y sembloient redoubler mon amoureuse ardeur.
J'estois aigry, fasché, desesperé contr'elle,
Et cependant jamais je ne la vis si belle;
Jamais ses yeux aux miens n'ont paru si perçans,
Jamais je n'eus pour eux des desirs si prestans,

COMEDIE.

je sens là dedans qu'il faudra que je creve,
de mon triste sort la disgrace s'acheve.
oy? j'auray dirigé son éducation,
vec tant de tendresse & de précaution?
e l'auray fait passer chez moy dés son enfance?
t j'en auray chery la plus tendre esperance?
on cœur aura basty sur ses attraits naissans?
t crû la mitonner pour moy durant treize ans?
fin qu'un jeune fou dont elle s'amourache,
e la vienne enlever jusques sur la moustache,
ors qu'elle est avec moy mariée à demy.
on parbleu, non parbleu, petit sot mon amy?
Vo⁹ aurez beau tourner, ou j'y perdray mes peines,
Ou je rendray, ma foy, vos esperances vaines,
Et de moy tout à fait vous ne vous rirez point.

SCENE II.

LE NOTAIRE, ARNOLPHE.

LE NOTAIRE.

AH le voilà! Bon jour : me voicy tout à point,
Pour dresser le contract que vous souhaittez faire.

ARNOLPHE *sans le voir.*
Comment faire?

LE NOTAIRE.
Il le faut dans la forme ordinaire.

L'ESCOLE DES FEMMES,

ARNOLPHE *sans le voir.*

A mes précautions je veux songer de prés.
LE NOTAIRE.
Je ne passeray rien contre vos interests.
ARNOLPHE *sans le voir.*
Il se faut garantir de toutes les surprises.
LE NOTAIRE.
Suffit qu'entre mes mains vos affaires soient mises,
Il ne vous faudra point de peur d'estre deceu,
Quittancer le contract que vous n'ayez receu.
ARNOLPHE *sans le voir.*
J'ay peur, si je vais faire éclater quelque chose,
Que de cét incident par la ville on ne cause.
LE NOTAIRE.
Et bien il est aisé d'empescher cét éclat,
Et l'on peut en secret faire vostre Contract.
ARNOLPHE *sans le voir.*
Mais comment faudra-t'il qu'avec elle j'en sorte?
LE NOTAIRE.
Le doüaire se regle au bien qu'on vous apporte.
ARNOLPHE *sans le voir.*
Je l'aime, & cét amour est mon grand embarras.
LE NOTAIRE.
On peut avantager une femme en ce cas.
ARNOLPHE *sans le voir.*
Quel traitement luy faire en pareille avanture?
LE NOTAIRE.
L'ordre est que le futur doit doüer la future
Du tiers du dot qu'elle a : mais cet ordre n'est rien,
Et l'on va plus avant lors que l'on le veut bien.
ARNOLPHE *sans le voir.*
Si....

COMEDIE.

LE NOTAIRE. *Arnolphe l'appercevant.*
Pour le préciput il les regarde ensemble,
Je dis que le futur peut comme bon luy semble
Doüer la future.

ARNOLPHE *l'ayant apperçeu.*
Euh !

LE NOTAIRE.
Il peut l'avantager
Lors qu'il l'aime beaucoup, & qu'il veut l'obliger,
Et cela par doüaire, ou préfix qu'on appelle,
Qui demeure perdu par le trépas d'icelle;
Ou sans retour, qui va de ladite à ses hoirs,
Ou coustumier, selon les differens vouloirs,
Ou par donation dans le contract formelle,
Qu'on fait, ou pur & simple, ou qu'on fait mutuelle.
Pourquoy hausser le dos ? est-ce qu'on parle en fat,
Et que l'on ne sçait pas les formes d'un contract ?
Qui me les apprendra ? personne, je présume.
Sçais-je pas qu'estant joints, on est par la Coustume,
Communs en meubles, biens, immeubles, & conquests,
A moins que par un acte on y renonce exprés ?
Sçay-je pas que le tiers du bien de la future
Entre en communauté, pour....

ARNOLPHE.
Ouy, c'est chose seure,
Vous sçavez tout cela : mais qui vous en dit mot ?

LE NOTAIRE.
Vous qui me pretendez faire passer pour sot,
En me haussant l'épaule, & faisant la grimace.

ARNOLPHE.
La peste soit fait l'homme, & sa chienne de face.
Adieu : C'est le moyen de vous faire finir.

LE NOTAIRE.
Pour dresser un Contract m'a-t'on pas fait venir
ARNOLPHE.
Ouy, je vous ay mandé : mais la chose est remise
Et l'on vous mandera quand l'heure sera prise.
Voyez quel Diable d'homme avec son entretien
LE NOTAIRE.
Je pense qu'il en tient, & je croy penser bien.

SCENE III.

LE NOTAIRE, ALAIN, GEORGETTE.

LE NOTAIRE.

M'Estes-vous pas venu querir pour vostre Maistre ?

ALAIN.
Ouy.

LE NOTAIRE.
J'ignore pour qui vous le pouvez connoistre;
Mais allez de ma part luy dire de ce pas,
Que c'est un fou fieffé.

GEORGETTE.
Nous n'y manquerons pas.

SCENE IV.

ALAIN, GEORGETTE, ARNOLPHE.

ALAIN.
Monsieur....
ARNOLPHE.
Approchez-vous, vous estes mes fidelles,
Mes bons, mes vrais amis, & j'en sçay des nouvelles.
ALAIN.
Le Notaire.
ARNOLPHE.
Laissons, c'est pour quelqu'autre jour;
On veut à mon honneur joüer d'un mauvais tour:
Et quel affront pour vous mes enfans pourroit-
c'estre,
Si l'on avoit osté l'honneur à vostre Maistre?
Vous n'oseriez apres paroistre en nul endroit,
Et chacun vous voyant vous montreroit au doigt.
Donc puis qu'autāt que moy l'affaire vous regarde,
Il faut de vostre part faire une telle garde,
Que ce Galant ne puisse en aucune façon....
GEORGETTE.
Vous nous avez tantost montré nostre leçon.

Tome II.   K

ARNOLPHE.
Mais à ses beaux discours, gardez-bien de vou(rendre,
ALAIN.
Oh ! vrayment....
GEORGETTE.
Nous sçavons comme il faut s'en deffendre.
ARNOLPHE.
S'il venoit doucement : Alain, mon pauvre cœur,
Par un peu de secours soulage ma langueur.
ALAIN.
Vous estes un sot.
ARNOLPHE *à Georgette*.
Bon. Georgette ma mignonne,
Tu me parois si douce, & si bonne personne.
GEORGETTE.
Vous estes un nigaut.
ARNOLPHE *à Alain*.
Bon. Quel mal trouves-tu
Dans un dessein honneste, & tout plein de vertu?
ALAIN.
Vous estes un fripon.
ARNOLPHE *à Georgette*.
Fort bien. Ma mort est seure,
Si tu ne prends pitié des peines que j'endure.
GEORGETTE.
Vous estes un benest, un impudent.
ARNOLPHE.
Fort bien.
Je ne suis pas un homme à vouloir rien pour rien,
Je sçay quand on me sert en garder la memoire :
Cependant par avance, Alain voilà pour boire,
Et voilà pour t'avoir, Georgette, un cotillon.
  Ils tendent tous deux la main, & prennent l'argent.
Ce n'est de mes bien-faits qu'un simple eschantillon.

COMEDIE.

oute la courtoisie, enfin, dont je vous presse,
C'est que je puisse voir vostre belle Maistresse.
    GEORGETTE *le poussant*.
A d'autres.
    ARNOLPHE.
    Bon cela.
    ALAIN *le poussant*.
        Hors d'icy.
    ARNOLPHE.
        Bon.
    GEORGETTE *le poussant*.
        Mais tost.
    ARNOLPHE.
Bon. Hola, c'est assez.
    GEORGETTE.
        Fais-je pas comme il faut?
    ALAIN.
Est-ce de la façon que vous voulez l'entendre?
    ARNOLPHE.
Ouy, fort bien; hors l'argent qu'il ne falloit pas
  prendre.
    GEORGETTE.
Nous ne nous sommes pas souvenus de ce point.
    ALAIN.
Voulez-vous qu'à l'instant nous recommençions?
    ARNOLPHE.
        Point.
Suffit, rentrez tous deux.
    ALAIN.
        Vous n'avez rien qu'à dire.
    ARNOLPHE.
Non, vous dis-je, rentrez, puis que je le desire.
Je vous laisse l'argent; allez, je vous rejoins,
Ayez bien l'œil à tout, & secondez mes soins.

SCENE V.

ARNOLPHE.

JE veus pour espion qui soit d'exacte veuë,
Prendre le Savetier du coin de nostre ruë.
Dans la maison toûjours je pretends la tenir,
Y faire bonne garde, & sur tout en bannir
Vendeuses de Ruban, Perruquieres, Coiffeuses,
Faiseuses de Mouchoirs, Gantieres, Revendeuses,
Tous ces gés qui sous main travaillent chaque jour
A faire reüssir les mysteres d'amour.
Enfin j'ay veu le monde, & j'en sçay les finesses,
Il faudra que mon homme ait de grādes addresses,
Si Message ou Poulet de sa part peut entrer.

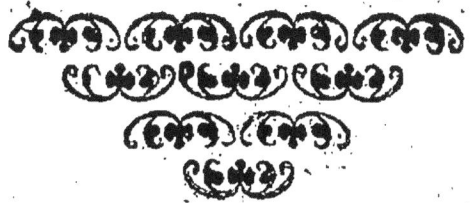

COMEDIE.

SCENE VI.

HORACE, ARNOLPHE.

HORACE.

LA place m'est heureuse à vous y rencontrer.
Je viens de l'échapper bien belle, je vous jure.
Au sortir d'avec vous sans prévoir l'avanture,
Seule dans ce balcon j'ay veu paroistre Agnés,
Qui des arbres prochains prenoit un peu le frais.
Apres m'avoir fait signe, elle a sçeu faire en sorte,
Descendant au jardin, de m'en ouvrir la porte :
Mais à peine tous deux dans sa chambre estions-
    nous,
Qu'elle a sur les degrez entendu son jaloux ;
Et tout ce qu'elle a pû, dans un tel accessoire,
C'est de me renfermer dans une grande armoire.
Il est entré d'abord, je ne le voyois pas,
Mais je l'oyois marcher, sans rien dire, à grans pas ;
Poussant de temps en temps des soûpirs pitoyables,
Et donnant quelquesfois de grands coups sur les
    tables,
Frapant un petit chien qui pour luy s'émouvoit,
Et jettant brusquement les hardes qu'il trouvoit ;
Il a mesme cassé, d'une main mutinée,
Des vases dont la belle ornoit sa cheminée.

K iij

Et sans doute il faut bien qu'à ce becque cornu,
Du trait qu'elle a joüé quelque jour soit venu.
Enfin apres cent tours ayant de la maniere,
Sur ce qui n'en peut mais déchargé sa colere,
Mon jaloux inquiet sans dire son ennuy,
Est sorty de la chambre, & moy de mon étuy ;
Nous n'avons point voulu, de peur du personnage,
Risquer à nous tenir ensemble davantage,
C'estoit trop hazarder : mais je dois cette nuit,
Dans sa chambre un peu tard m'introduire sans bruit :
En toussant par trois fois je me feray connoistre,
Et je dois au signal voir ouvrir la fenestre,
Dont avec une échelle, & secondé d'Agnes,
Mon amour taschera de me gagner l'accez.
Comme à mon seul amy je veux bien vous l'apprendre,
L'allegresse du cœur s'augmente à la répandre,
Et goûtast-on cent fois un bon-heur tout parfait,
On n'en est pas content si quelqu'un ne le sçait.
Vous prédrez part, je pense, à l'heur de mes affaires,
Adieu, je vais songer aux choses necessaires.

SCENE VII.

ARNOLPHE.

Quoy, l'Aſtre qui s'obſtine à me deſeſperer,
Ne me donnera pas le temps de reſpirer ?
Coup ſur coup je verray par leur intelligence,
De mes ſoins vigilans confondre la prudence ?
Et je ſeray la dupe, en ma maturité,
D'une jeune innocente, & d'un jeune éventé ?
En ſage Philoſophe on m'a veu vingt années,
Contempler des maris les triſtes deſtinées,
Et m'inſtruire avec ſoin de tous les accidens,
Qui font dans le malheur tomber les plus prudens :
Des diſgraces d'autruy profitant dans mon ame,
J'ay cherché les moyens voulant prendre une féme,
De pouvoir garantir mon front de tous affronts,
Et le tirer du pair d'avec les autres fronts :
Pour ce noble deſſein j'ay crû mettre en pratique,
Tout ce que peut trouver l'humaine politique ;
Et comme ſi du ſort il eſtoit arreſté,
Que nul homme icy bas n'en ſeroit exempté,
Apres l'experience, & toutes les lumieres,
Que j'ay pû m'acquerir ſur de telles matieres,
Apres vingt ans & plus, de meditation,
Pour me conduire en tout avec précaution,
De tant d'autres maris j'aurois quitté la trace,
Pour me trouver apres dans la meſme diſgrace !

De tant d'autres maris j'aurois quitté la trace,
Pour me trouver apres dans la mesme disgrace ?
Ah ! bourreau de destin, vous en aurez menty !
De l'objet qu'on poursuit, je suis encor nanty.
Si son cœur m'est volé par ce blondin funeste,
J'empescheray du moins qu'on s'empare du reste,
Et cette nuict qu'on prend pour ce galant exploit,
Ne se passera pas si doucement qu'on croit.
Ce m'est quelque plaisir, parmy tant de tristesse,
Que l'on me donne advis du piege qu'on me dresse,
Et que cét étourdy qui veut m'estre fatal,
Fasse son confident de son propre Rival.

SCENE VIII.

CHRISALDE, ARNOLPHE.

CHRISALDE.
Et bien souperons-nous avant la promenade ?
ARNOLPHE.
Non, je jeûne ce soir.
CHRISALDE.
D'où vient cette boutade ?
ARNOLPHE.
De grace excusez-moy, j'ay quelqu'autre embaras.
CHRISALDE.
Nostre hymen résolu ne se fera t'il pas ?

COMEDIE.

ARNOLPHE.
C'est trop s'inquieter des affaires des autres.
CHRISALDE.
Oh, oh, si brusquement ! quels chagrins sont les
 vostres ?
Seroit-il point, compere, à vostre passion,
Arrivé quelque peu de tribulation ?
Je le jurerois presque à voir vostre visage.
ARNOLPHE.
Quoy qu'il m'arrive, au moins, auray-je l'avantage,
De ne pas ressembler à de certaines gens,
Qui souffrent doucement l'approche des galans.
CHRISALDE.
C'est un étrange fait qu'avec tant de lumieres,
Vous vous effarouchiez toûjours sur ces matieres ;
Qu'en cela vous mettiez le souverain bon-heur,
Et ne conceviez point au monde d'autre honneur.
Estre avare, brutal, fourbe, méchant, & lasche,
N'est rien à vostre advis aupres de cette tache ;
Et de quelque façon qu'on puisse avoir vescu,
On est homme d'honneur quand on n'est point
 cocu.
A le bien prendre, au fond, pourquoy voulez-vous
 croire,
Que de ce cas fortuit dépende nostre gloire ?
Et qu'une ame bien née ait à se reprocher,
L'injustice d'un mal qu'on ne peut empescher ?
Pourquoy voulez-vous, dis-je, en prenant une
 femme,
Qu'ô soit digne à son choix de loüage ou de blâme ;
Et qu'on s'aille former un monstre plein d'effroy,
De l'affront que nous fait son manquement de foy ?
Mettez-vous dans l'esprit qu'on peut du cocuage,
Se faire en galand homme une plus douce image ;

K v

Que des coups du hazard aucun n'eſtant garant
Cét accident de ſoy doit eſtre indifferent ;
Et qu'enfin tout le mal, quoy que le monde gloſe,
N'eſt que dans la façon de recevoir la choſe.
Et pour ſe bien conduire en ſes difficultez,
Il y faut comme en tout fuir les extremitez ;
N'imiter pas ces gens un peu trop debonnaires,
Qui tirent vanité de ces ſortes d'affaires,
De leurs femmes toûjours vont citant les galans,
Et font par tout l'éloge, & prônent leurs talens,
Témoignent avec eux d'étroites ſimpathies,
Sont de tous leurs cadeaux, de toutes leurs parties,
Et font qu'avec raiſon les gens ſont étonnez,
De voir leur hardieſſe à montrer là leur nez ;
Ce procedé, ſans doute, eſt tout à fait blâmable :
Mais l'autre extremité n'eſt pas moins condãnable.
Si je n'approuve pas ces amis de galans,
Je ne ſuis pas auſſi pour ces gens turbulens,
Dont l'imprudent chagrin qui tempeſte & qui
　　gronde,
Attire, au bruit qu'il fait, les yeux de tout le monde,
Et qui par cét éclat ſemblent ne pas vouloir
Qu'aucun puiſſe ignorer ce qu'ils peuvent avoir.
Entre ces deux partis, il en eſt un honneſte,
Où dans l'occaſion l'homme prudent s'arreſte ;
Et quand on le ſçait prendre on n'a point à rougir,
Du pis dont une femme avec nous puiſſe agir.
Quoy qu'on en puiſſe dire, enfin, le cocuage
Sous des traits moins affreux aiſément s'enviſage ;
Et, comme je vous dis, toute l'habilité,
Ne va qu'à le ſçavoir tourner du bon coſté.

ARNOLPHE.
Apres ce beau diſcours, toute la confrairie
Doit un remerciment à voſtre Seigneurie ;

COMEDIE.

Et quiconque voudra vous entendre parler,
Montrera de la joye à s'y voir enroller.

CHRISALDE.
Je ne dis pas cela, car c'est ce que je blâme :
Mais comme c'est le sort qui nous donne une fem-
me,
Je dis que l'on doit faire ainsi qu'au jeu de dez,
Où, s'il ne vous vient pas ce que vous demandez,
Il vous faut joüer d'adresse, & d'une ame reduite,
Corriger le hazard par la bonne conduite.

ARNOLPHE.
C'est à dire dormir, & manger toûjours bien,
Et se persuader que tout cela n'est rien.

CHRISALDE.
Vous pensez vous mocquer : mais à ne vous rien
feindre,
Dans le monde je voy cent choses plus à craindre,
Et dont je me ferois un bien plus grand mal-heur,
Que de cét accident qui vous fait tant de peur.
Pensez-vous qu'à choisir de deux choses prescrites,
Je n'aimasse pas mieux estre ce que vous dites,
Que de me voir mary de ces femmes de bien,
Dont la mauvaise humeur fait un procez sur rien :
Ces dragons de vertu, ces honnestes Diablesses,
Se retranchant toujours sur leurs sages proüesses,
Qui pour un petit tort qu'elles ne nous font pas,
Prennent droit de traiter les gens du haut en bas,
Et veulent, sur le pied de nous estre fidelles,
Que nous soyons tenus à tout endurer d'elles.
Encor un coup compere, apprenez qu'en effet,
Le Cocuage n'est que ce que l'on le fait,
Qu'on peut le souhaitter pour de certaines causes,
Et qu'il a ses plaisirs comme les autres choses.

K vj

ARNOLPHE.
Si vous estes d'humeur à vous en contenter,
Quant à moy ce n'est pas la mienne d'en tâter;
Et plutost que subir vne telle avanture...

CHRISALDE.
Mon Dieu, ne jurez point de peur d'estre parjure;
Si le sort l'a reglé, vos soins sont superflus,
Et l'on ne prendra pas vostre advis là dessus.

ARNOLPHE.
Moy! je serois cocu?

CHRISALDE.
Vous voilà bien malade,
Mille gens le sont bien sans vous faire bravade;
Qui de mine, de cœur, de biens, & de maison,
Ne feroient avec vous nulle comparaison.

ARNOLPHE.
Et moy je n'en voudrois avec eux faire aucune,
Mais cette raillerie en un mot m'importune:
Brisons-là, s'il vous plaist.

CHRISALDE.
Vous estes en courroux.
Nous en sçaurons la cause: Adieu, souvenez-vous,
Quoy que sur ce sujet vostre honneur vous inspire,
Que c'est estre à demy ce que l'on vient de dire,
Que de vouloir jurer qu'on ne le sera pas.

ARNOLPHE.
Moy, je le jure encore, & je vais de ce pas,
Contre cét accident trouver un bon remede.

COMEDIE.

SCENE IX.

ARNOLPHE, ALAIN, GEORGETTE.

ARNOLPHE.

Mes amis, c'est ainsi que j'implore vostre aide,
Je suis édifié de vostre affection ;
Mais il faut qu'elle éclate en cette occasion ;
Et si vous m'y servez selon ma confiance,
Vous estes asseurez de vostre recompense.
L'homme que vous sçavez, n'en faites point de bruit,
Veut, comme je l'ay sçeu, m'attraper cette nuit,
Dans la chambre d'Agnés entrer par escalade :
Mais il luy faut nous trois dresser une embuscade.
Je veux que vous preniez chacun un bon baston,
Et quand il sera prés du dernier eschelon :
(Car dans le temps qu'il faut j'ouvriray la fenestre)
Que tous deux à l'envy vous me chargiez ce traître,
Mais d'un air dont son dos garde le souvenir,
Et qui luy puisse apprendre à n'y plus revenir ;
Sans me nommer pourtant en aucune maniere,
Ny faire aucun semblant que je seray derriere.
Auriez-vous bien l'esprit de servir mon courroux ?

ALAIN.

S'il ne tient qu'à frapper, mon Dieu, tout est à nous,
Vous verrez, quand je bas, si j'y vais de main morte.

GEORGETTE.

La mienne, quoy qu'aux yeux, elle semble moins
 forte,
N'en quitte pas sa part à le bien estriller.

ARNOLPHE.

Rentrez donc, & sur-tout gardez de babiller.
Voilà pour le prochain une leçon utile,
Et si tous les Maris qui sont en cette Ville,
De leurs femmes ainsi recevoient le Galant,
Le nombre des Cocus ne seroit pas si grand.

Fin du quatriéme Acte.

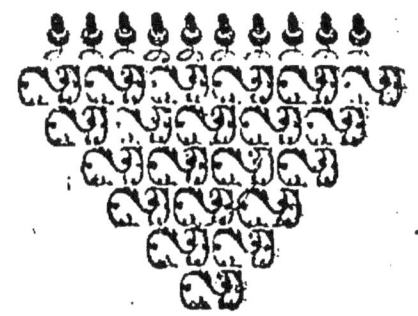

COMEDIE.

ACTE V.
SCENE PREMIERE.

ARNOLPHE, ALAIN, GEORGETTE.

ARNOLPHE.

Traiſtres, qu'avez-vous fait par cette vio-
 lence ?
ALAIN.
Nous vous avons rendu, Monſieur, obeïſſance.
ARNOLPHE.
De cette excuſe en vain vous voulez vous armer,
L'ordre eſtoit de le battre, & non de l'aſſommer;
Et c'eſtoit ſur le dos, & non pas ſur la teſte,
Que j'avois commandé qu'on fiſt choir la tem-
 peſte.
Ciel ! dans quel accident me jette icy le ſort ?
Et que puis-je reſoudre à voir cét homme mort ?
Rentrez dans la maiſon, & gardez de rien dire
De cét ordre innocent que j'ay pû vous preſcrire.

L'ESCOLE DES FEMMES,

Le jour s'en va paroiſtre, & je vais conſulter
Comment dans ce mal-heur je me dois comporter
Helas! que deviendray-je? & que dira le pere,
Lors qu'inopinément il ſçaura cette affaire?

SCENE II.

HORACE, ARNOLPHE.

HORACE.
IL faut que j'aille un peu reconnoiſtre qui c'eſt.
ARNOLPHE.
Euſt-on jamais préveu... Qui va là? s'il vous plaiſt.
HORACE.
C'eſt vous, Seigneur Arnolphe?
ARNOLPHE.
Ouy: mais vous...
HORACE.
C'eſt Horace.
Je m'en allois chez-vous, vous prier d'une grace.
Vous ſortez bien matin.
ARNOLPHE bas.
Quelle confuſion!
Eſt-ce un enchantement? eſt-ce une illuſion?
HORACE.
J'eſtois, à dire vray, dans une grande peine,
Et je benis du Ciel la bonté ſouveraine,

COMEDIE. 233

 ui fait qu'à point nommé je vous rencontre ainsi.
 viens vous advertir que tout a reüssi,
 t mesme beaucoup plus que je n'eusse osé dire;
 t par un incident qui devoit tout détruire.
 ne sçay point par où l'on a pû soupçonner
 ette assignation qu'on m'avoit sceu donner:
 ais estant sur le point d'atteindre à la fenestre,
 'ay, côtre mon espoir, veu quelques gens paroistre,
 ui sur moy brusquement levant chacun le bras,
 l'ont fait manquer le pied & tomber jusqu'en bas;
 t ma cheute aux despens de quelque meurtrisseure,
 e vingt coups de baston m'a sauvé l'advanture.
 es gens-là, dont estoit je pense mon jaloux,
 nt imputé ma cheute à l'effort de leurs coups;
Et comme la douleur un assez long espace
M'a fait sans remuer demeurer sur la place,
Ils ont cru tout de bon qu'ils m'avoient assommé,
Et chacun d'eux s'en est aussi-tost allarmé.
J'entendois tout le bruit dans le profond silence,
L'un l'autre ils s'accusoient de cette violence,
Et sans lumiere aucune, en querellant le sort,
Sont venus doucement taster si j'estois mort.
Je vous laisse à penser si dans la nuit obscure,
J'ay d'un vray trépassé sceu tenir la figure.
Ils se sont retirez avec beaucoup d'effroy;
Et comme je songeois à me retirer, moy,
De cette feinte mort la jeune Agnes émeuë,
Avec empressement est devers moy venuë:
Car les discours qu'entr'eux ces gens avoient tenus,
Jusques à son oreille estoient d'abord venus,
Et pendant tout ce trouble estant moins observée,
Du logis aisément elle s'estoit sauvée.
Mais me trouvant sans mal, elle a fait éclater
Un transport difficile à bien representer.

Que vous diray-je ? enfin cette aimable personne
A suivy les conseils que son amour luy donne,
N'a plus voulu songer à retourner chez soy,
Et de tout son destin s'est commise à ma foy.
Considerez un peu par ce trait d'innocence,
Où l'expose d'un fou la haute impertinence;
Et quels fâcheux perils elle pourroit courir,
Si j'estois maintenant homme à la moins cherir.
Mais d'un trop pur amour mon ame est embrazée,
J'aimerois mieux mourir que l'avoir abusée;
Je luy vois des appas dignes d'un autre sort,
Et rien ne m'en sçauroit separer que la mort.
Je prévoy là dessus l'emportement d'un pere:
Mais nous prendrons le temps d'appaiser sa colere,
A des charmes si doux je me laisse emporter,
Et dans la vie, enfin, il se faut contenter.
Ce que je veus de vous, sous un secret fidelle,
C'est que je puisse mettre en vos mains cette Belle;
Que dans vostre maison, en faveur de mes feux,
Vous luy donniez retraite au moins un jour ou
    deux;
Outre qu'aux yeux du monde il faut cacher sa fuite,
Et qu'on en pourra faire une exacte poursuite,
Vous sçavez qu'une fille, aussi, de sa façon
Donne avec un jeune homme un étrange soupçon;
Et comme c'est à vous, seur de vostre prudence,
Que j'ay fait de mes feux entiere confidence,
C'est à vous seul aussi, comme amy genereux,
Que je puis confier ce dépost amoureux.

ARNOLPHE.
Je suis, n'en doutez point, tout à vostre service.

HORACE.
Vous voulez bien me rendre un si charmant office?

COMEDIE.
ARNOLPHE.
Tres-volontiers, vous dis-je, & je me sens ravir
De cette occasion que j'ay de vous servir;
Je rends graces au Ciel de ce qu'il me l'envoye,
Et n'ay jamais rien fait avec si grande joye.
HORACE.
Que je suis redevable à toutes vos bontez !
J'avois de vostre part craint des difficultez :
Mais vous estes du monde, & dans vostre sagesse
Vous sçavez excuser le feu de la jeunesse.
Un de mes gens la garde au coin de ce détour.
ARNOLPHE.
Mais comment ferons-nous? car il fait un peu jour.
Si je la prens icy, l'on me verra, peut-estre,
Et s'il faut que chez moy vous veniez à paroistre,
Des valets causeront. Pour joüer au plus seur,
Il faut me l'amener dans un lieu plus obscur :
Mon allée est commode, & je l'y vais attendre.
HORACE.
Ce sont précautions qu'il est fort bon de prendre.
Pour moy je ne feray que vous la mettre en main,
Et chez moy sans éclat je retourne soudain.
ARNOLPHE.
Ah fortune ! ce trait d'avanture propice,
Repare tous les maux que m'a faits ton caprice.

SCENE III.

AGNES, HORACE, ARNOLPHE

HORACE à Agnes.

NE soyez point en peine, où je vais vous mener,
C'est un logemēt seur que je vous fais dôner,
Vous loger avec moy ce seroit tout détruire,
Entrez dans cette porte, & laissez-vous conduire.
Arnolphe luy prend la main sans qu'elle le connoisse.

AGNES.
Pourquoy me quittez-vous ?

HORACE.
     Chere Agnes, il le faut.

AGNES.
Songez donc, je vous prie, à revenir bien-tost.

HORACE.
J'en suis assez pressé par ma flame amoureuse.

AGNES.
Quād je ne vous vois point, je ne suis point joyeuse.

HORACE.
Hors de vostre presence on me voit triste aussi.

AGNES.
Helas ! s'il estoit vray, vous resteriez icy.

HORACE.
Quoy ! vous pourriez douter de mon amour extrême ?

COMEDIE.

AGNES.
on, vous ne m'aimez pas autant que je vous aime.
Arnolphe la tire.
l'on me tire trop !

HORACE.
C'est qu'il est dangereux,
here Agnes, qu'en ce lieu nous soyons veus tous
deux.
t le parfait ami de qui la main vous presse,
uit le zele prudent qui pour nous l'interesse.

AGNES.
fais suivre un inconnu que....

HORACE.
N'apprehendez rien,
ntre de telles mains vous ne serez que bien.

AGNES.
e me trouverois mieux entre celle d'Horace,
Et j'aurois....
à Arnolphe qui la tire encore.
Attendez.

HORACE.
Adieu, le jour me chasse.

AGNES.
Quand vous verray-je donc ?

HORACE.
Bien-tost asseurément.

AGNES.
Que je vais m'ennuyer jusques à ce moment !

HORACE.
Grace au Ciel, mon bon-heur n'est plus en con-
currence,
Et je puis maintenant dormir en asseurance.

SCENE IV.

ARNOLPHE, AGNES.

ARNOLPHE *le nez dans son manteau.*
Venez, ce n'est pas là que je vous logeray,
Et voſtre giſte ailleurs eſt par moy preparé,
Je pretends en lieu ſeur mettre voſtre perſonne,
Me connoiſſez-vous ?
    AGNES *le reconnoiſſant.*
            Hay.
    ARNOLPHE.
            Mon viſage, friponne,
Dans cette occaſion rend vos ſens effrayez,
Et c'eſt à contre-cœur qu'icy vous me voyez,
Je trouble en ſes projets l'amour qui vous poſſede,
N'appellez point des yeux le Galant à voſtre aide.
    Agnes regarde ſi elle ne verra point Horace.
Il eſt trop éloigné pour vous donner ſecours,
Ah, ah, ſi jeune encore, vous joüez de ces tours:
Voſtre ſimplicité qui ſemble ſans pareille,
Demande ſi l'on fait les Enfans par l'oreille,
Et vous ſçavez donner des rendez-vous la nuict,
Et pour ſuivre un Galant vous évader ſans bruit.
Tu-dieu ! comme avec luy voſtre langue cajole !
Il faut qu'on vous ait mis à quelque bonne école.
Qui diantre tout d'un coup vous en a tant appris ?
Vous ne craignez donc plus de trouver des Eſprits!

COMEDIE. 239

ce Galant la nuict vous a donc enhardie ?
[A]h ! Coquine, en venir à cette perfidie :
[M]algré tous mes bien-faits former un tel dessein,
[P]etit serpent que j'ay échauffé dans mon sein,
[E]t qui dés qu'il se sent par une humeur ingrate,
[C]herche à faire du mal à celuy qui le flatte.

AGNES.
[P]ourquoy me criez-vous ?

ARNOLPHE.
    J'ay grand tort en effet.

AGNES.
[J]e n'entends point de mal dans tout ce que j'ay fait.

ARNOLPHE.
[S]uivre un Galant n'est pas une action infame ?

AGNES.
[C]'est un homme qui dit qu'il me veut pour sa femme :
[J]'ay suivy vos leçons, & vous m'avez presché
Qu'il se faut marier pour oster le peché.

ARNOLPHE.
Ouy : mais pour femme moy je pretendois vous prendre,
Et je vous l'avois fait, me semble, assez entendre.

AGNES.
Ouy : mais à vous parler franchement entre nous,
Il est plus pour cela selon mon goust que vous.
Chez vous le mariage est fascheux & penible,
Et vos discours en font une image terrible :
Mais las ! il le fait luy si remply de plaisirs,
Que de se marier il donne des desirs.

ARNOLPHE.
Ah ! c'est que vous l'aimez, traistresse.

AGNES.
     Ouy, je l'aime.

ARNOLPHE.
Et vous avez le front de le dire à moy-mesme!
AGNES.
Et pourquoy, s'il est vray, ne le dirois-je pas?
ARNOLPHE.
Le deviez-vous aimer? Impertinente.
AGNES.
Helas!
Est-ce que j'en puis mais; luy seul en est la cau
Et je n'y songeois pas lors que se fit la chose.
ARNOLPHE.
Mais il falloit chasser cét amoureux desir.
AGNES.
Le moyen de chasser ce qui fait du plaisir?
ARNOLPHE.
Et ne sçavez-vous pas que c'estoit me déplaire!
AGNES.
Moy, point du tout: quel mal cela vous peut-il faire
ARNOLPHE.
Il est vray, j'ay sujet d'en estre réjoüy.
Vous ne m'aimez donc pas, à ce conte?
AGNES.
Vous?
ARNOLPHE.
Ouy.
AGNES.
Helas! non.
ARNOLPHE.
Comment, non?
AGNES.
Voulez-vous que je mente
ARNOLPHE.
Pourquoy ne m'aimer pas, Madame l'impudente
AGNE

COMEDIE.
AGNES.
Mon Dieu, ce n'est pas moy que vous devez blâmer,
Que ne vous estes-vous comme luy fait aimer?
Je ne vous en ay pas empesché, que je pense.
ARNOLPHE.
Je m'y suis efforcé de toute ma puissance:
Mais les soins que j'ay pris, je les ay perdu tous.
AGNES.
Vrayment, il en sçait donc là dessus plus que vous:
Car à se faire aimer il n'a point eu de peine.
ARNOLPHE.
Voyez comme raisonne & répond la vilaine.
Peste, une precieuse en diroit-elle plus?
Ah! je l'ay mal connuë, ou, ma foy, là dessus
Une sotte en sçait plus que le plus habille homme.
Puis qu'en raisonnement vôtre esprit se consomme,
La belle raisonneuse, est-ce qu'un si long-temps,
Je vous auray pour luy nourrie à mes dépens?
AGNES.
Non, il vous rendra tout jusques au dernier double.
ARNOLPHE.
Elle a de certains mots où mon dépit redouble.
Me rendra-t'il, coquine, avec tout son pouvoir,
Les obligations que vous pouvez m'avoir?
AGNES.
Je ne vous en ay pas de si grandes qu'on pense.
ARNOLPHE.
N'est-ce rien que les soins d'élever vostre enfance?
AGNES.
Vous avez là dedans bien operé vrayment,
Et m'avez fait en tout instruire joliment.
Croit-on que je me flatte, & qu'enfin dans ma teste,
Je ne juge pas bien que je suis une beste?

Tome II. L

Moy-mesme j'en ay honte, & dans l'âge où je suis
Je ne veux plus passer pour sotte, si je puis.
ARNOLPHE.
Vous fuyez l'ignorance, & voulez, quoy qu'il couste
Apprendre du blondin quelque chose.
AGNES.
Sans doute,
C'est de luy que je sçay ce que je puis sçavoir,
Et beaucoup plus qu'à vous je pense luy devoir.
ARNOLPHE.
Je ne sçay qui me tient qu'avec une gourmade,
Ma main de ce discours ne vange la bravade.
J'enrage quand je voy sa piquante froideur,
Et quelques coups de poing satisferoient mon cœur.
AGNES.
Helas ! vous le pouvez, si cela vous peut plaire.
ARNOLPHE.
Ce mot, & ce regard desarme ma colere,
Et produit un retour de tendresse de cœur,
Qui de son action efface la noirceur.
Chose étrange d'aimer ! & que pour ces traistresses
Les hommes soient sujets à de telles foiblesses !
Tout le monde connoist leur imperfection,
Ce n'est qu'extravagance, & qu'indiscretion.
Leur esprit est méchant, & leur ame fragile,
Il n'est rien de plus foible, & de plus imbecile,
Rien de plus infidelle, & malgré tout cela
Dans le monde on fait tout pour ces animaux-là.
Hé bien, faisons la paix ; va petite traistresse,
Je te pardonne tout, & te rends ma tendresse,
Considere par là l'amour que j'ay pour toy,
Et me voyant si bon, en revanche aime-moy.

COMEDIE.

AGNES.

Au meilleur de mon cœur, je voudrois vous complaire.
Que me coûteroit-il, si je le pouvois faire?

ARNOLPHE.

Mon pauvre petit cœur, tu le peux si tu veux,

Il fait un soûpir.

Escoute seulement ce soûpir amoureux,
Voy ce regard mourant, contemple ma personne,
Et quitte ce morveux, & l'amour qu'il te donne.
C'est quelque sort qu'il faut qu'il ait jetté sur toy,
Et tu seras cent fois plus heureux avec moy.
Ta forte passion est d'estre brave & leste,
Tu le seras toûjours, va, je te le proteste.
Sans cesse, nuict & jour je te caresseray;
Je te bouchonneray, baiseray, mangeray.
Tout comme tu voudras, tu pourras te conduire,
Je ne m'explique point, & cela c'est tout dire.

à part.

Jusqu'où la passion peut-elle faire aller?
Enfin à mon amour rien ne peut s'égaler.
Quelle preuve veux-tu que je t'en donne ingrate?
Me veux-tu voir pleurer? veux-tu que je me batte?
Veux-tu que je m'arrache un costé de cheveux?
Veux-tu que je me tuë? ouy, dy si tu le veux.
Je suis tout prest, cruele, à te prouver ma flâme.

AGNES.

Tenez, tous vos discours ne me toûchent point l'ame.
Horace avec deux mots en feroit plus que vous.

ARNOLPHE.

Ah! c'est trop me braver, trop pousser mon courroux.

Je fuivray mon deffein, befte trop indocile,
Et vous defnicherez à l'inftant de la Ville.
Vous rebutez mes vœux, & me mettez à bout;
Mais un cul de Convent me vangera de tout.

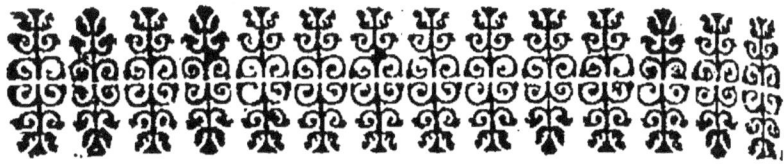

SCENE V.

ALAIN, ARNOLPHE.

ALAIN.

JE ne fçay ce que c'eft, Monfieur, mais il me femble
Qu'Agnes & le corps mort s'en font allez enfemble.

ARNOLPHE.

La voicy : dans ma chambre, allez me la nicher,
Ce ne fera pas là qu'il la viendra chercher ?
Et puis, c'eft feulement pour une demi heure.
Je vais pour luy donner une feure demeure,
Trouver une voiture ; enfermez-vous des mieux,
Et fur tout gardez-vous de la quitter des yeux.
Peut-eftre que fon ame eftant dépaïfée,
Pourra de cét amour eftre defabufée.

COMEDIE.

SCENE VI.
HORACE, ARNOLPHE.

HORACE.

EH! je viens vous trouver accablé de douleur.
Le Ciel, Seigneur Arnolphe, a conclu mon mal-heur,
Et par un trait fatal d'une injustice extrême,
On me veut arracher de la beauté que j'aime.
Pour arriver icy mon pere a pris le frais,
J'ay trouvé qu'il mettoit pied à terre icy prés,
Et la cause en un mot d'une telle venuë,
Qui, comme je disois, me sembloit inconnuë,
C'est qu'il m'a marié sans m'en écrire rien,
Et qu'il vient en ces lieux celebrer ce lien.
Jugez, en prenant part à mon inquietude,
S'il pouvoit m'arriver un contre-temps plus rude.
Cét Enrique, dont hier je m'informois à vous,
Cause tout le mal-heur dont je ressens les coups :
Il vient avec mon pere achever sa ruine,
Et c'est sa fille unique à qui l'on me destine.
J'ay dés leurs premiers mots pensé m'évanoüir;
Et d'abord sans vouloir plus long-temps les oüir,
Mon pere ayant parlé de vous rendre visite,
L'esprit plein de faveur je l'ay devancé viste.
De grace, gardez-vous de luy rien découvrir
De mon engagement, qui le pourroit aigrir.

Et taschez, comme en vous il prend grande créance
De le dissuader de cette autre alliance.
ARNOLPHE.
Ouy-da.
HORACE.
Conseillez-luy de differer un peu,
Et rendez en amy ce service à mon feu.
ARNOLPHE.
Je n'y manqueray pas.
HORACE.
C'est en vous que j'espere.
ARNOLPHE.
Fort bien.
HORACE.
Et je vous tiens mon veritable pere,
Dites-luy que mon âge...ah ? je le voy venir,
Escoutez les raisons que je vous puis fournir.
Ils demeurent en un coin du Theatre.

COMEDIE.

SCENE VII.

ENRIQUE, ORONTE, CHRISALDE,
HORACE, ARNOLPHE.

ENRIQUE à Chrisalde.

Aussi tost qu'à mes yeux je vous ay veu paroistre,
Quand on ne m'eût rien dit, j'aurois sçeu vous connoistre.
Je vous vois tous les traits de cette aimable sœur,
Dont l'hymen autrefois m'avoit fait possesseur;
Et je serois heureux, si la Parque cruelle
M'eust laissé ramener cette épouse fidelle,
Pour joüir avec moy des sensibles douceurs
De revoir tous les siens apres nos longs mal-heurs.
Mais puisque du destin la fatale puissance
Nous prive pour jamais de sa chere presence,
Taschons de nous resoudre, & de nous contenter
Du seul fruit amoureux qui m'en est pû rester.
Il vous touche de prés, & sans vostre suffrage
J'aurois tort de vouloir disposer de ce gage.
Le choix du fils d'Oronte est glorieux de soy,
Mais il faut que ce choix vous plaise comme à moy.

CHRISALDE.

C'est de mon jugement avoir mauvaise estime,
Que douter si j'approuve un choix si legitime.

ARNOLPHE à Horace.

Ouy, je veux vous servir de la bonne façon.

HORACE.

Gardez encor un coup....

ARNOLPHE.

      N'ayez aucun soupçon.

ORONTE à Arnolphe.

Ah ! que cette embrassade est pleine de tendresse !

ARNOLPHE.

Que je sents à vous voir, une grande allegresse !

ORONTE.

Je suis icy venu....

ARNOLPHE.

      Sans m'en faire recit,
Je sçay ce qui vous meine.

ORONTE.

      On vous l'a desja dit.

ARNOLPHE.

Ouy.

ORONTE.

Tant mieux.

ARNOLPHE.

     Vostre fils à cét hymen resiste,
Et son cœur prevenu n'y voit rien que de triste :
Il m'a mesme prié de vous en détourner ;
Et moy tout le conseil que je vous puis donner,
C'est de ne pas souffrir que ce nœu se differe,
Et de faire valoir l'authorité de pere.
Il faut avec vigueur ranger les jeunes gens,
Et nous faisons contr'eux à leur estre indulgens.

COMEDIE.
HORACE.
Ah traiftre!
CHRISALDE.
Si fon cœur a quelque repugnance,
Je tiens qu'on ne doit pas luy faire refiftance.
Mon frere, que je croy, fera de mon avis.
ARNOLPHE.
Quoy? fe laiffera-t'il gouverner par fon fils?
Eft-ce que vous voulez qu'un pere ait la moleffe,
De ne fçavoir pas faire obeir la jeuneffe?
Il feroit beau vrayment, qu'on le vift aujourd'huy
Prendre loy de qui doit la recevoir de luy.
Non, non, c'eft mó intime, & fa gloire eft la mienne,
Sa parole eft donnée, il faut qu'il la maintienne,
Qu'il faffe voir icy de fermes fentimens,
Et force de fon fils tous les attachemens.
ORONTE.
C'eft parler comme il faut, & dans cette alliance,
C'eft moy qui vous répons de fon obeiffance.
CHRISALDE à *Arnolphe*.
Je fuis furpris pour moy, du grand empreffement
Que vous me faites voir pour cet engagement,
Et ne puis deviner quel motif vous infpire.
ARNOLPHE.
Je fçay ce que je fais, & dis ce qu'il faut dire.
ORONTE.
Ouy, ouy, Seigneur Arnolphe; il eft...
CHRISALDE.
Ce nom l'aigrit,
C'eft Monfieur de la Souche, on vous l'a desja dit.
ARNOLPHE.
Il n'importe.
HORACE.
Qu'entens-je?

L v

L'ESCOLE DES FEMMES,

ARNOLPHE *se tournant vers Horace.*

Ouy, c'est là le mystere,
Et vous pouvez juger ce que je devois faire.

HORACE.

En quel trouble...

SCENE VIII.

GEORGETTE, ENRIQUE, ORONTE, CHRISALDE, HORACE, ARNOLPHE.

GEORGETTE.

Monsieur, si vous n'estes auprés,
Nous aurons de la peine à retenir Agnés :
Elle veut à tous coups s'échaper, & peut-estre
Qu'elle se pourroit bien jetter par la fenestre.

ARNOLPHE.

Faites-la moy venir; aussi bien de ce pas
Pretens-je l'emmener. Ne vous en faschez pas:
Un bon-heur continu rendroit l'homme superbe,
Et chacun à son tour, comme dit le Proverbe.

HORACE.

Quels maux peuvent, ô Ciel, égaler mes ennuis!
Et s'est-on jamais veu dans l'abisme où je suis?

COMEDIE.

ARNOLPHE *à Oronte.*
preſſez viſte le jour de la Ceremonie,
J'y prens part, & deſia moy-meſme je m'en prie.
ORONTE.
C'eſt là bien mon deſſein.

SCENE IX.

AGNES, ALAIN, GEORGETTE, ORONTE, ENRIQUE, ARNOLPHE, HORACE, CHRISALDE.

ARNOLPHE.

Venez, Belle, venez,
Qu'on ne ſçauroit tenir, & qui vous mutinez,
Voicy voſtre Galant, à qui pour recompenſe
Vous pouvez faire une humble & douce reverence.
Adieu, l'évenement trompe un peu vos ſouhaits;
Mais tous les amoureux ne ſont pas ſatisfaits.
AGNES.
Mais laiſſez-vous, Horace, emmener de la ſorte?
HORACE.
Je ne ſçais où j'en ſuis, tant ma douleur eſt forte.
ARNOLPHE.
Allons, cauſeuſe, allons.

L vj

AGNES.
                    Je veux rester icy
ORONTE.
Dites-nous ce que c'est que ce mystere-cy,
Nous nous regardons tous sans le pouvoir com-
   prendre.
ARNOLPHE.
Avec plus de loisir je pourray vous l'apprendre,
Jusqu'au revoir.
ORONTE.
              Où donc pretendez-vous aller?
Vous ne nous parlez point, comme il nous faut
   parler.
ARNOLPHE.
Je vous ay conseillé malgré tout son murmure,
D'achever l'hymenée.
ORONTE.
                  Oüy, mais pour le conclure
Si l'on vous a dit tout, ne vous a t'on pas dit
Que vous avez chez vous celle dont il s'agit ?
La fille qu'autrefois de l'aimable Angelique,
Sous des liens secrets eut le Seigneur Enrique.
Surquoy vostre discours estoit-il donc fondé?
CHRISALDE.
Je m'étonnois aussi de voir son procedé.
ARNOLPHE.
Quoy?
CHRISALDE.
       D'un hymen secret ma sœur eut une fille,
Dont on cacha le sort à toute la famille.
ORONTE.
Et qui sous de feints noms pour ne rien découvrir,
Par son espoux aux champs fut donnée à nourrir.

COMEDIE.
CHRISALDE.
t dans ce temps le fort luy declarant la guerre,
obligea de sortir de sa natale terre.
ORONTE.
t d'aller essuyer mille perils divers,
ans ces lieux separez de nous par tant de mers?
CHRISALDE.
il ses soins ont gagné ce que dans sa patrie
voient pû luy ravir l'imposture & l'envie.
ORONTE.
t de retour en France, il a cherché d'abord
elle à qui de sa fille il confia le sort.
CHRISALDE.
Et cette Paysane a dit avec franchise,
Qu'en vos mains à quatre ans elle l'avoit remise.
ORONTE.
Et qu'elle l'avoit fait sur vostre charité,
Par un accablement d'extréme pauvreté.
CHRISALDE.
Et luy plein de transport, & l'allegresse en l'ame,
A fait jusqu'en ces lieux conduire cette femme.
ORONTE.
Et vous allez, enfin, la voir venir icy,
Pour rendre aux yeux de tous ce mystere éclaircy.
CHRISALDE.
Je devine à peu prés quel est vostre supplice:
Mais le sort en cela ne vous est que propice.
Si n'estre point cocu vous semble un si grand bien,
Ne vous point marier en est le vray moyen.
ARNOLPHE *s'en allant tout transporté &*
ne pouvant parler.

Oh!

ORONTE.
D'où vient qu'il s'enfuit sans rien dire?

HORACE.

Ah mon pere!
Vous sçaurez pleinement ce surprenant mystere,
Le hazard en ces lieux avoit executé
Ce que vostre sagesse avoit prémedité.
J'estois par les doux nœuds d'une amour mutuelle
Engagé de parole avecque cette Belle;
Et c'est elle en un mot que vous venez chercher,
Et pour qui mon refus a pensé vous fascher.

ENRIQUE.

Je n'en ay point douté d'abord que je l'ay veuë,
Et mon ame depuis n'a cessé d'estre émeuë.
Ah! ma fille, je cede à des transports si doux.

CHRISALDE.

J'en ferois de bon cœur, mon frere, autant que vous;
Mais ces lieux & cela ne s'accommodent gueres,
Allons dans la maison débroüiller ces mysteres,
Payer à nostre amy ces soins officieux,
Et rendre grace au Ciel qui fait tout pour le mieux.

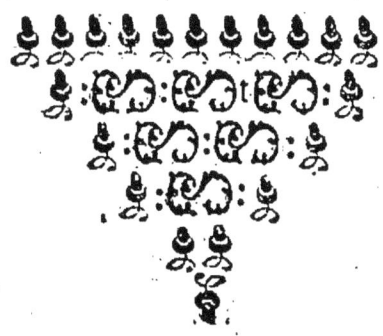

LA CRITIQUE DE L'ESCOLE DES FEMMES,

COMEDIE.

A LA EYNE MERE.

ADAME,

Ie sçay bien que VOSTRE MAJESTE' n'a que faire de toutes nos Dedicaces, & que ces prétendus devoirs, dont on

EPISTRE.

J'ay dit élegamment qu'on s'acquitte envers elle, sont des hommages, à dire vray, dont elle nous dispenseroit tres volontiers. Mais je ne laisse pas d'avoir l'audace de luy dédier LA CRITIQVE DE L'ESCOLE DES FEMMES & je n'ay pû refuser cette petite occasion de pouvoir témoigner ma joye VOSTRE MAIESTÉ sur cette heureuse convalescence, qui redonne à nos vœux la plus grande, & la meilleure Princesse du monde, & nous promet en elle de longues années d'une santé vigoureuse. Comme chacun regarde les choses du costé de ce qui le touche, je me réjoüis dans cette allegresse generale, de pouvoir encore avoir l'honneur de divertir VOSTRE MAIESTÉ. Elle, MADAME, qui prouve si bien que la veritable devotion n'est point contraire aux honnestes divertissemens ; qui de ses hautes pensées, & de ses importantes occupations, descend si humainement dans le plaisir de nos spectacles, & ne

EPISTRE.

dédaigne pas rire de cette mesme bouche, dont elle prie si bien Dieu. Ie flatte, dis-je, mon esprit de l'esperance de cette gloire ; j'en attends le moment avec toutes les impatiences du monde, & quand je joüiray de ce bon-heur, ce sera la plus grande joye que puisse recevoir,

MADAME,

De Vostre Majesté,

Le tres-humble, & tres-obeïssant, & tres-fidelle serviteur,
MOLIERE.

LES PERSONNAGE

URANIE.

ELISE.

CLIMENE.

GALOPIN, Laquais.

LE MARQUIS.

DORANTE, ou le Chevalier.

LYSIDAS, Poëte.

LA CRITIQUE DE L'ESCOLE DES FEMMES,

COMEDIE.

ACTE PREMIER.

SCENE PREMIERE.
URANIE, ELISE.

URANIE.

Quoy, Cousine, personne ne t'est venu rendre visite?

ELISE.

Personne du monde.

LA CRITIQUE

URANIE.

Vrayment voilà qui m'étonne, que no[us]
ayons esté seules, l'une & l'autre, to[ute]
aujourd'huy.

ELISE.

Cela m'estonne aussi; car ce n'est guer[es]
nostre coustume, & vostre maison, Die[u]
mercy, est le refuge ordinaire de tous l[es]
Faineans de la Cour.

URANIE.

L'apres-dinée, à dire vray, m'a sembl[é]
fort longue.

ELISE.

Et moy je l'ay trouvée fort courte.

URANIE.

C'est que les beaux esprits, Cousine, ai[]
ment la solitude.

ELISE.

Ah! treshumble servante au bel esprit,
vous sçavez que ce n'est pas là que je vise.

URANIE.

Pour moy j'aime la compagnie, je l'a-
voüe.

ELISE.

Je l'aime aussi; mais je l'aime choisie, &
la quantité des sortes visites qu'il vous faut
essuyer parmy les autres, est cause bien
souvent

DE L'ESCOLE DES FEMMES. 265
souvent que ie prens plaisir d'estre seule.
URANIE.
La delicatesse est trop grande, de ne pouvoir souffrir que des gens triez.
ELISE.
Et la complaisance est trop generale, de souffrir indifferemment toutes sortes de personnes.
URANIE.
Je gouste ceux qui sont raisonnables, & me divertis des extravagans.
ELISE.
Ma foy, les extravagans ne vont gueres loin sans vous ennuyer, & la plus-part de ces gens-là ne sont plus plaisans dés la seconde visite. Mais à propos d'extravagans, ne voulez-vous pas me défaire de vostre Marquis incommode? pensez-vous me le laisser toujours sur les bras, & que ie puisse durer à ses turlupinades perpetuelles?
URANIE.
Ce langage est à la mode, & l'on le tourne en plaisanterie à la Cour.
ELISE.
Tant pis pour ceux qui le font, & qui se tuent tout le jour à parler ce jargon obscur. La belle chose de faire entrer aux conversa-

Tome II. M

tions du Louvre de vieilles équivoques ra[]
maſſées parmy les bouës des Halles & de[]
Place Maubert! La jolie façon de plaiſant[e]
pour des Courtiſans, & qu'un homme mon[]
t[r]e d'eſprit lors qu'il vient vous dire: Mada[]
me, vous eſtes dans la Place Royale, & tou[t]
le monde vous voit de trois lieuës de Paris[]
car chacun vous voit de bon œil; à cauſe qu[]
Boneüil eſt un village à trois lieües d'icy[]
Cela n'eſt-il pas bien galant & bien ſpirituel[]
& ceux qui trouvent ces belles rencontres[]
n'ont-ils pas lieu de s'en glorifier?

URANIE.

On ne dit pas cela auſſi, comme une cho[]
ſe ſpirituelle, & la pluſpart de ceux qui affe[]
ctent ce langage, ſçavent bien eux-meſm[e]
qu'il eſt ridicule.

ELISE.

Tant pis encore, de prendre peine à dir[e]
des ſottiſes, & d'eſtre mauvais plaiſans d[e]
deſſein formé. Je les en tiens moins excuſa[]
bles; &, ſi j'en eſtois juge, je ſçay bien
quoi je condamnerois tous ces Meſſieurs le[s]
Turlupins.

URANIE.

Laiſſons cette matiere, qui t'échauffe un
peu trop, & diſons que Dorante vient bie[n]

ard, à mon advis, pour le souper que nous devons faire ensemble.

ELISE.
Peut-estre l'a-t'il oublié, & que....

SCENE II.

GALOPIN, URANIE, ELISE.

GALOPIN.
Voila Climene, Madame, qui vient icy pour vous voir.

URANIE.
Eh mon Dieu ! quelle visite !

ELISE.
Vous vous plaignez d'estre seule ; aussi le Ciel vous en punit.

URANIE.
Viste, qu'on aille dire que je n'y suis pas.

GALOPIN.
On a déja dit que vous y estiez.

URANIE.
Et qui est le sot, qui l'a dit?
GALOPIN.
Moy, Madame.
URANIE.
Diantre soit le petit vilain. Je vous apprendray bien à faire vos réponses de vous mesme.
GALOPIN.
Je vais luy dire, Madame, que vous voulez estre sortie.
URANIE.
Arrestez, animal, & la laissez monter, puisque la sottise est faite.
GALOPIN.
Elle parle encore à un homme dans la ruë.
URANIE.
Ah! Cousine, que cette visite m'embarasse à l'heure qu'il est!
ELISE.
Il est vrai que la Dame est un peu embarassante de son naturel : j'ay toûjours eu pour elle une furieuse aversion; &, n'en déplaise à sa qualité, c'est la plus sotte beste qui se soit jamais meslée de raisonner.
URANIE.
L'epithete est un peu forte.

ELISE.

Allez, allez, elle merite bien cela, & [q]uelque chose de plus, si on luy faisoit ju[st]ice. Est-ce qu'il y a une personne qui soit [p]lus veritablement qu'elle, ce qu'on appelle [p]recieuse, à prendre le mot dans sa plus mau[v]aise signification?

URANIE.

Elle se deffend bien de ce nom, pourtant.

ELISE.

Il est vrai, elle se deffend du nom; mais [n]on pas de la chose : car enfin elle l'est de[p]uis les pieds jusques à la teste, & la plus gran[]de façonniere du monde. Il semble que tout [s]on corps soit démonté, & que les mouvemens de ses hanches, de ses épaules, & de sa teste, n'aillent que par ressorts. Elle affecte toûjours un ton de voix languissant, & niais; fait la mouë, pour montrer une petite bouche, & roule les yeux, pour les faire paroistre grands.

URANIE.

Doucement donc, si elle venoit à entendre....

ELISE.

Point, point, elle ne monte pas encore. Ie me souviens toujours du soir qu'elle eut en-

M iij

vie de voir Damon, sur la reputation qu'on luy donne, & les choses que le public a veuë de luy. Vous connoissez l'homme, & sa naturelle paresse à soustenir la conversation. Elle l'avoit invité à souper, comme bel esprit, & jamais il ne parut si sot, parmy une demie douzaine de gens, à qui elle avoit fait feste de luy, & qui le regardoient avec de grands yeux, comme une personne qui ne devoit pas estre faite comme les autres. Ils pensoient tous qu'il estoit là pour défrayer la Compagnie de bons mots ; que chaque parole qui sortoit de sa bouche devoit estre extraordinaire ; qu'il devoit faire des *Impromptus* sur tout ce qu'on disoit, & ne demander à boire qu'avec une pointe. Mais il les trompa fort par son silence; & la Dame fut aussi mal satisfaite de luy, que je le fus d'elle.

VRANIE.

Tay-toy, je vais la recevoir à la porte de la chambre.

ELISE.

Encore un mot. Je voudrois bien la voir mariée avec le Marquis, dont nous avons parlé. Le bel assemblage que ce seroit d'un Precieuse, & d'un Turlupin!

DE L'ESCOLE DES FEMMES. 271
VRANIE.
Veux-tu te taire ; la voicy.

SCENE III.

CLIMENE, VRANIE, ELISE, GALOPIN.

VRANIE.
Vrayment c'est bien tard que...
CLIMENE.
Eh de grace, ma chere, faites-moy viste donner un siege.
VRANIE.
Vn fauteüil promptement.
CLIMENE.
Ah, mon Dieu !
VRANIE.
Qu'est-ce donc ?
CLIMENE.
Je n'en puis plus.

LA CRITIQUE
URANIE.
Qu'avez-vous ?
CLIMENE.
Le cœur me manque.
URANIE.
Sont-ce vapeurs, qui vous ont prife ?
CLIMENE.
Non.
URANIE.
Voulez-vous, qu'on vous délace ?
CLIMENE.
Mon Dieu non. Ah !
URANIE.
Quel eft donc voftre mal ? & depuis quand vous a-t'il pris ?
CLIMENE.
Il y a plus de trois heures, & ie l'ay rapporté du Palais Royal.
URANIE.
Comment ?
CLIMENE.
Je viens de voir, pour mes pechez, cette méchante Rapfodie de l'Efcole des Femmes. Ie fuis encore en défaillance du mal de cœur que cela m'a donné, & je penfe que ie n'en reviendray de plus de quinze jours.

ELISE.

Voyez un peu, comme les maladies arrivent sans qu'on y songe.

URANIE.

Je ne sçay pas de quel temperamment nous sommes ma cousine & moy; mais nous fusmes avant-hier à la mesme Piece, & nous en revinsmes toutes deux saines & gaillardes.

CLIMENE.

Quoy, vous l'avez veuë?

URANIE.

Ouy, & écoutée d'un bout à l'autre.

CLIMENE.

Et vous n'en avez pas esté jusques aux convulsions, ma chere?

URANIE.

Je ne suis pas si delicate, Dieu mercy; & je trouve pour moy, que cette Comedie seroit plutost capable de guerir les gens, que de les rendre malades.

CLIMENE.

Ah mon Dieu, que dites-vous là! Cette proposition peut-elle estre avancée par une personne, qui ait du revenu en sens commun? Peut-on, impunément, comme vous faites, rompre en visiere à la raison? & dans

le vray de la chose, est-il un esprit si affam[é]
de plaisanterie, qu'il puisse taster des fadai[-]
ses dont cette Comedie est assaisonnée ? Pou[r]
moy, je vous avoüe, que je n'ay pas trouv[é]
le moindre grain de sel dans tout cela. Le[s]
enfans par l'oreille m'ont paru d'un gou[st]
detestable : La tarte à la créme m'a affady l[e]
cœur ; & j'ay pensé vomir au potage.

ELISE.

Mon Dieu ! que tout cela est dit élegam[-]
ment ! J'aurois crû que cette Piece estoit
bonne; mais Madame a une éloquence si per[-]
suasive, elle tourne les choses d'une maniere
si agréable, qu'il faut estre de son sentiment,
malgré qu'on en ait.

URANIE.

Pour moy je n'ay pas tant de complaisan[-]
ce; & pour dire ma pensée, je tiens cette
Comedie une des plus plaisantes que l'Au[-]
theur ait produites.

CLIMENE.

Ah ! vous me faites pitié, de parler ainsi;
& je ne sçaurois vous souffrir cette obscuri[-]
té de discernement. Peut-on, ayant de la
vertu, trouver de l'agrément dans une Pie[-]
ce, qui tient sans cesse la pudeur en allarme,
& salit à tous momens l'imagination ?

DE L'ESCOLE DES FEMMES. 275
ELISE.
Les jolies façons de parler, que voila! Que vous estes, Madame, une rude joüeuse en critique; & que je plains le pauvre Moliere de vous avoir pour ennemie.
CLIMENE.
Croyez-moy, ma chere, corrigez de bonne foy vostre jugement, & pour vostre honneur, n'allez point dire par le monde que cette Comedie vous ait plû.
URANIE.
Moy, je ne sçay pas ce que vous y avez trouvé qui blesse la pudeur.
CLIMENE.
Helas tout, & je mets en fait, qu'une onneste femme ne la sçauroit voir, sans confusion; tant j'y ay découvert d'ordures, & de saletez.
URANIE.
Il faut donc que pour les ordures, vous ayez des lumieres, que les autres n'ont pas: car pour moy je n'y en ay point veu.
CLIMENE.
C'est que vous ne voulez pas y en avoir veu, asseurément: car enfin toutes ces ordures, Dieu mercy, y sont à visage découvert. Elles n'ont pas la moindre enveloppe

M vj

qui les couvre; & les yeux les plus hardi font effrayez de leur nudité.

ELISE.

Ah !

CLIMENE.

Hay, hay, hay.

URANIE.

Mais encore, s'il vous plaist, marquez-moi une de ces ordures que vous dites.

CLIMENE.

Helas ! est-il necessaire de vous les marquer ?

URANIE.

Oüi : ie vous demande seulement un endroit, qui vous ait fort choquée.

CLIMENE.

En faut-il d'autre que la scene de cette Agnes, lors qu'elle dit ce que l'on luy a pris?

URANIE.

Et bien, que trouvez-vous là de sale ?

CLIMENE.

Ah !

URANIE.

De grace ?

CLIMENE.

Fy.

URANIE.
Mais encore ?
CLIMENE.
Je n'ay rien à vous dire.
URANIE.
Pour moy, je n'y entends point de mal.
CLIMENE.
Tant pis pour vous.
URANIE.
Tant mieux plutoft, ce me semble. Je regarde les choses du costé qu'on me les montre; & ne les tourne point, pour y chercher ce qu'il ne faut pas voir.
CLIMENE.
L'honnesteté d'une femme....
URANIE.
L'honnesteté d'une femme n'est pas dans les grimaces. Il sied mal de vouloir estre plus sage, que celles qui sont sages. L'affectation en cette matiere est pire qu'en toute autre; & ie ne voy rien de si ridicule, que cette delicatesse d'honneur, qui prend tout en mauvaise part; donne un sens criminel aux plus innocentes paroles; & s'offence de l'ombre des choses. Croyez-moy, celles qui font tant de façons n'en sont pas estimées plus femmes de bien. Au contraire, leur severité mysterieuse,

& leurs grimaces affectées irritent la cenſure de tout le monde, contre les actions de leur vie. On eſt ravy de découvrir ce qu'il y peut avoir à redire; & pour tomber dans l'exemple, il y avoit l'autre jour des Femmes à cette Comedie, vis-à-vis de la Loge où nous eſtions, qui par les mines qu'elles affecterent durant toute la Piece ; leurs détournemens de teſte, & leurs cachemens de viſage, firent dire de tous coſtez cent ſottiſes de leur conduite, que l'on n'auroit pas dites ſans cela ; & quelqu'un meſme des Laquais cria tout haut, qu'elles eſtoient plus chaſtes des oreilles que de tout le reſte du corps.

CLIMENE.

Enfin il faut eſtre aveugle dans cette Piece, & ne pas faire ſemblant d'y voir les choſes.

URANIE.

Il ne faut pas y vouloir voir ce qui n'y eſt pas.

CLIMENE.

Ah ! je ſouſtiens encore un coup, que les ſaletez y crevent les yeux.

URANIE.

Et moy, je ne demeure pas d'accord de cela.

CLIMENE.

Quoy ? la pudeur n'est pas visiblement bleſſée, par ce que dit Agnes dans l'endroit dont nous parlons ?

URANIE.

Non vraiment. Elle ne dit pas un mot, qui de ſoy ne ſoit fort honneſte; & ſi vous voulez entendre deſſous quelque autre choſe, c'eſt vous qui faites l'ordure, & non pas elle; puis qu'elle parle ſeulement d'un ruban qu'on luy a pris.

CLIMENE.

Ah ! ruban, tant qu'il vous plaira; mais ce, *le*, où elle s'arreſte, n'eſt pas mis pour des prunes. Il vient ſur ce, *le*, d'étranges penſées. Ce, *l*, ſcandaliſe furieuſement; & quoy que vous puiſsiez dire, vous ne ſçauriez deffendre l'inſolence de ce, *le*.

ELISE.

Il eſt vray, ma Couſine; je ſuis pour Madame contre ce, *le*. Ce, *le*, eſt inſolent au dernier point. Et vous avez tort de deffendre ce, *le*.

CLIMENE.

Il a une obſcenité qui n'eſt pas ſupportable.

ELISE.

Comment dites-vous ce mot-là, Madame?

CLIMENE.

Obcenité, Madame.

ELISE.

Ah! mon Dieu! obcenité. Je ne sçay ce que ce mot veut dire; mais ie le trouve le plus joly du monde.

CLIMENE.

Enfin vous voyez, comme vostre sang prend mon party.

URANIE.

Eh! mon Dieu; c'est une causeuse, qui ne dit pas ce qu'elle pense. Ne vous y fiez pas beaucoup, si vous m'en voulez croire.

ELISE.

Ah! que vous estes meschante, de me vouloir rendre suspecte à Madame! Voyez un peu où j'en serois, si elle alloit croire ce que vous dites. Serois-je si mal-heureuse, Madame, que vous eussiez de moy cette pensée?

CLIMENE.

Non, non, je ne m'arreste pas à ses paroles, & je vous croy plus sincere, qu'elle ne dit.

DE L'ESCOLE DES FEMMES. 281
ELISE.
Ah! que vous avez bien raison, Madame,
que vous me rendrez justice, quand vous
sçavez que je vous trouve la plus engagean-
te personne du monde; que j'entre dans tous
vos sentimens, & suis charmée de toutes les
expressions, qui sortent de vostre bouche.
CLIMENE.
Helas! ie parle sans affectation.
ELISE.
On le voit bien, Madame, & que tout est
naturel en vous. Vos paroles, le ton de vôtre voix, vos regards, vos pas, vostre action,
vostre ajustement ont ie ne sçay quel air
de qualité, qui enchante les gens. Ie vous
estudie des yeux & des oreilles; & ie suis si
remplie de vous, que ie tasche d'estre vostre
singe, & de vous contrefaire en tout.
CLIMENE.
Vous vous mocquez de moy, Madame?
ELISE.
Pardonnez-moy, Madame. Qui voudroit
se mocquer de vous?
CLIMENE.
Ie ne suis pas un bon modele, Madame.
ELISE.
O que si, Madame.

CLIMENE.
Vous me flattez, Madame.
ELISE.
Point du tout, Madame.
CLIMENE.
Espargnez-moy, s'il vous plaist, Madam[e]
ELISE.
Je vous épargne aussi, Madame; & je [ne] dis pas la moitié de ce que je pense, M[a]dame.
CLIMENE.
Ah mon Dieu! brisons-là, de grace: Vou[s] me jetteriez dans une confusion épouventa-ble. *A Vranie.*

Enfin nous voila deux contre vous, & l'o[p]piniastreté sied si mal aux personnes spiri[-]tuelles….

SCENE IV.

LE MARQVIS, CLIMENE, GALOPIN, VRANIE, ELISE.

GALOPIN.
Arrestez, s'il vous plaist, Monsieur.
LE MARQVIS.
Tu ne me connois pas, sans doute.
GALOPIN.
Si fet, je vous connois; mais vous n'entrerez pas.
LE MARQVIS.
Ah que de bruit, petit laquais !
GALOPIN.
Cela n'est pas bien de vouloir entrer malgré les gens.
LE MARQVIS.
Je veux voir ta Maistresse.

GALOPIN.
Elle n'y est pas, vous dis-je.
LE MARQVIS.
La voilà dans la chambre.
GALOPIN.
Il est vrai, la voilà ; mais elle n'y est pa
URANIE.
Qu'est-ce donc qu'il y a là ?
LE MARQVIS.
C'est vostre Laquais, Madame, qui fait le sot.
GALOPIN.
Ie luy dis que vous n'y estes pas, Madame, & il ne veut pas laisser d'entrer.
URANIE.
Et pourquoy dire à Monsieur que ie n'y suis pas ?
GALOPIN.
Vous me grondastes l'autre jour, de luy avoir dit que vous y estiez.
URANIE.
Voyez cét insolent ! Ie vous prie, Monsieur, de ne pas croire ce qu'il dit : c'est un petit écervelé, qui vous a pris pour un autre.
LE MARQVIS.
Ie l'ay bien veu, Madame ; & sans vostre respect, ie luy aurois appris à connoistre les

DE L'ESCOLE DES FEMMES. 285
s de qualité.
ELISE.
Ma cousine vous est fort obligée de cette
ference.
URANIE.
n siege donc, impertinent.
GALOPIN.
N'en voila-t'il pas un?
URANIE.
Approchez-le.
LE MARQUIS.
Le petit Laquais pousse le siege rudement.
Vostre petit Laquais, Madame, a du mé-
is pour ma personne.
ELISE.
Il auroit tort, sans doute.
LE MARQUIS.
C'est peut-estre que je paye l'interest de
a mauvaise mine: hay, hay, hay, hay.
ELISE.
L'âge le rendra plus éclairé en honnestes
ns.
LE MARQUIS.
Sur quoy en estiez-vous, Mesdames, lors
ue je vous ay interrompuës?
URANIE.
Sur la Comedie de l'Escole des Femmes.

LA CRITIQUE

LE MARQUIS.
Je ne fais que d'en sortir.

CLIMENE.
Et bien, Monsieur, comment la trouve vous, s'il vous plaist?

LE MARQUIS.
Tout à fait impertinente.

CLIMENE.
Ah! que j'en suis ravie!

LE MARQUIS.
C'est la plus meschante chose du monde. Comment, diable! à peine ay-je pû trouve place. J'ay pensé estre étouffé à la porte, jamais on ne m'a tant marché sur les pieds Voyez comme mes canons, & mes rubans e sont ajustez, de grace.

ELISE.
Il est vray que cela crie vengeance contr l'Escole des Femmes, & que vous la con damnez avec justice.

LE MARQUIS.
Il ne s'est jamais fait, je pense, une si meschante Comedie.

URANIE.
Ah! voicy Dorante que nous attendions.

SCENE V.

ORANTE, LE MARQVIS, CLIMENE, ELISE, VRANIE.

DORANTE.

NE bougez, de grace, & n'interrompez point vostre discours. Vous estes là sur une matiere, qui depuis quatre jours fait presque l'entretien de toutes les maisons de Paris; & jamais on n'a rien veu de si plaisant, que la diversité des jugemens, qui se font là dessus. Car enfin, j'ay oüi condamner cette Comedie à certaines gens, par les mêmes choses, que j'ay vû d'autres estimer le plus.

VRANIE.

Voila Monsieur le Marquis, qui en dit force mal.

LA CRITIQUE

LE MARQUIS.

Il est vrai, ie la trouve detestable, morbl
detestable du dernier detestable ; ce qu'
appelle detestable.

DORANTE.

Et moy, mon cher Marquis, je trouve
jugement detestable.

LE MARQUIS.

Quoy Chevalier, est-ce que tu preten
soustenir cette Piece ?

DORANTE.

Oüi, je pretends la soustenir.

LE MARQUIS.

Parbleu, je la garantis detestable.

DORANTE.

La caution n'est pas Bourgeoise. Mais
Marquis, par quelle raison, de grace, cett
Comedie est-elle ce que tu dis ?

LE MARQUIS.

Pourquoy elle est detestable ?

DORANTE.

Oüi.

LE MARQUIS.

Elle est detestable, parce qu'elle est de
testable.

DORANTE.

Aprés cela il n'y a plus rien à dire : voil
so

DE L'ESCOLE DES FEMMES. 289
[u]n procés fait. Mais encore instruis nous, & [n]ous dis les defauts qui y sont.
LE MARQUIS.
Que sçay-je moy ? je ne me suis pas seule-[m]ent donné la peine de l'écouter. Mais enfin [je] sçay bien que je n'ay jamais rien veu de si [m]eschant, Dieu me sauve; & Dorilas, con-[tre] qui j'estois a esté de mon advis.
DORANTE.
L'authorité est belle, & te voila bien [a]ppuyé.
LE MARQUIS.
Il ne faut que voir les continuels éclats [de] rire que le Parterre y fait : je ne veux point [d']autre chose, pour témoigner qu'elle ne [v]aut rien.
DORANTE.
Tu és donc, Marquis, de ces Messieurs du [b]el air, qui ne veulent pas que Parterre ait [d]u sens commun, & qui seroient faschez [d']avoir ry avec luy, fust-ce de la meilleure [c]hose du monde ? Je vis l'autre jour sur le [T]heatre un de nos amis qui se rendit ridicule par là. Il écouta toute la Piece avec un se-rieux le plus sombre du monde : & tout ce qui égayoit les autres ridoit son front. A [t]ous les éclats de risée, il haussoit les épaules,

Tome II. N

& regardoit le Parterre en pitié; & quelquefois aussi le regardant avec dépit, il luy disoit
tout haut, *Ry donc, Parterre, ry donc.*
Ce fut une seconde Comedie, que le chagrin
de nostre amy; il la donna en galand homme
à toute l'assemblée, & chacun demeura d'accord qu'on ne pouvoit pas mieux joüer qu'il
fit. Apprends, Marquis, je te prie, & les autres aussi, que le bon sens n'a point de place
déterminée à la Comedie; que la differanc[e]
du demy Louys d'or, & de la piece de quinz[e]
sois, ne fait rien du tout au bon goust; qu[e]
debout ou assis l'on peut donner un mauvai[s]
jugement; & qu'enfin, à le prendre en general, je me sierois assez à l'approbation d[u]
Parterre, par la raison qu'entre ceux qui l[e]
composent, il y en a plusieurs qui sont capables de juger d'une piece selon les regles, [&]
que les autres en jugent par la bonne faço[n]
d'en juger, qui est de se laisser prendre au[x]
choses, & de n'avoir ny prévention aveugle[,]
ny complaisance affectée, ny delicatesse ridicule.

LE MARQUIS.

Te voilà donc, Chevalier, le défenseur d[u]
Parterre? Parbleu, je m'en réjoüis, & j[e]
ne manqueray pas de l'advertir, que tu e[n]

de ſes amis. Hay, hay, hay, hay, hay, hay.

DORANTE.

Ry tant que tu voudras; je ſuis pour le bon ſens, & ne ſçaurois ſouffrir les ébulitions de cerveau, de nos Marquis de Maſcarille. J'enrage de voir de ces gens qui ſe traduiſent en ridicules, malgré leur qualité; de ces gens qui décident toûjours, & parlent hardiment de toutes choſes, ſans s'y connoiſtre; qui dans une Comedie ſe récrieront aux meſchans endroits, & ne branſleront pas à ceux qui ſont bons; qui voyant un tableau, ou écoutant un concert de muſique, blâment de meſme, & loüent tout à contre-ſens, prennent par où ils peuvent les termes de l'art qu'ils attrappent, & ne manquent jamais de les eſtropier, & de les mettre hors de place. Eh! morbleu, meſſieurs, taiſez-vous, quand Dieu ne vous a pas donné la connoiſſance d'une choſe; n'appreſtez point à rire à ceux qui vous entendent parler; & ſongez qu'en ne diſant mot, on croira, peut-eſtre que vous eſtes d'habiles gens.

LE MARQUIS.

Parbleu, Chevalier, tu le prends la...

DORANTE.

Mon Dieu, Marquis, ce n'eſt pas à toy que je parle. C'eſt à une douzaine de Meſſieurs qui deshonorent les gens de Cour par leurs manieres extravagantes, & font croire parmi le peuple que nous nous reſſemblons tous. Pour moy je m'en veux juſtifier, le plus qu'il me ſera poſſible ; & je les dauberay tant, en toutes rencontres, qu'à la fin ils ſe rendront ſages.

LE MARQUIS.

Dy-moy, un peu, Chevalier, crois-tu que Lyſandre ait de l'eſprit ?

DORANTE.

Ouy, ſans doute, & beaucoup.

URANIE.

C'eſt une choſe qu'on ne peut pas nier.

LE MARQUIS.

Demandez-luy ce qui luy ſemble de l'Eſcole des Femmes : vous verrez qu'il vous dira, qu'elle ne luy plaiſt pas.

DORANTE.

Eh mon Dieu ! il y en a beaucoup que le trop d'eſprit gaſte ; qui voyent mal les choſes à force de lumiere ; & meſme qui ſeroient bien faſchez d'eſtre de l'advis des autres pour avoir la gloire de decider.

URANIE.

Il est vrai; nostre amy est de ces gens-là, sans doute. Il veut estre le premier de son opinion, & qu'on attende par respect son jugement. Toute approbation qui marche avant la sienne est un attentat sur ses lumieres, dont il se vange hautement en prenant le contraire party. Il veut qu'on le consulte sur toutes les affaires d'esprit; & je suis seure que si l'Auteur luy eust montré sa Comedie, avant que de la faire voir au public, il l'eust trouvée la plus belle du monde.

LE MARQUIS.

Et que direz-vous de la Marquise Araminte, qui la publie par tout pour épouventable, & dit qu'elle n'a pû jamais souffrir les ordures dont elle est pleine?

DORANTE.

Je diray que cela est digne du Caractere qu'elle a pris; & qu'il y a des personnes, qui se rendent ridicules, pour vouloir avoir trop d'honneur. Bien qu'elle ait de l'esprit, elle a suivi le mauvais exemple de celles, qui estant sur le retour de l'âge, veulent remplacer de quelque chose ce qu'elles voyent qu'elles perdent; & pretendent que les grimaces d'une pruderie scrupuleuse, leur tiendront lieu de jeuneſſe & de beauté. Celle cy pouſſe l'affaire plus avant qu'aucune, & l'habilité de ſon ſcrupule découvre des ſaletez, où jamais perſonne n'en avoit veu. On tient qu'il va, ce ſcrupule, juſques à défigurer noſtre langue, & qu'il n'y a point preſque de mots, dont la ſeverité de cette Dame ne veüille retrancher ou la teſte, ou la queüe, pour les ſyllabes des-honneſtes qu'elle y trouve.

URANIE.
Vous eſtes bien fou, Chevalier.

LE MARQUIS.
Enfin, Chevalier, tu crois deffendre ta Comedie, en faiſant la Satyre de ceux qui la condamnent.

DORANTE.
Non pas; mais je tiens que cette Dame ſe ſcandaliſe à tort....

ELISE.
Tout beau, Monſieur le Chevalier; il pourroit y en avoir d'autres qu'elles, qui ſeroient dans les meſmes ſentimens.

DORANTE.
Je ſçay bien que ce n'eſt pas vous, au moins; & que lors que vous avez vû cette repreſentation......

ELISE.

Il est vrai; mais j'ay changé d'advis, & Madame sçait appuyer le sien, par des raisons si convaincantes, qu'elle m'a entraisnée de son costé.

DORANTE.

Ah! Mandame, je vous demande pardon; & si vous le voulez, ie me dédiray, pour l'amour de vous, de tout ce que j'ay dit.

CLIMENE.

Je ne veux pas que ce soit pour l'amour de moy; mais pour l'amour de la raison : car enfin cette piece, à le bien prendre, est tout à fait indeffendable; & ie ne conçois pas…

URANIE.

! Ah! voicy l'Autheur Monsieur Lysidas : il vient tout à propos, pour cette matiere : Monsieur Lysidas, prenez un siege vous-mesme, & vous mettez-là.

SCENE VI.

LYSIDAS, DORANTE,
LE MARQVIS, ELISE,
VRANIE, CLIMENE.

LYSIDAS.

Madame, Je viens un peu tard ; mais il m'a fallu lire ma Piece chez Madame la Marquife, dont je vous avois parlé ; & les loüanges qui luy ont efté données, m'ont retenu une heure plus que ie ne croyois.

ELISE.

C'eft un grand charme que les loüanges pour arrefter un Autheur.

URANIE.

Affeyez-vous donc, Monfieur Lyfidas ; nous lirons voftre Piece apres fouper.

LYSIDAS.

Tous ceux qui eftoient là, doivent venir à fa premiere reprefentation, & m'ont promis

e faire leur devoir comme il faut.
URANIE.
Je le croy : mais encore une fois asseyez-
vous, s'il vous plaist : Nous sommes icy sur une matiere que je seray bien-aise que nous poussions.
LYSIDAS.
Je pense, Madame, que vous retiendrez aussi une loge pour ce jour-là.
URANIE.
Nous verrons. Poursuivons de grace nostre discours.
LYSIDAS.
Je vous donne advis, Madame, qu'elles sont presque toutes retenuës.
URANIE.
Voila qui est bien. Enfin j'avois besoin de vous, lors que vous estes venu, & tout le monde estoit icy contre moy.
ELISE.
Il s'est mis d'abord de vostre costé ; mais maintenant qu'il sçait que Madame est à la teste du party contraire, je pense que vous n'avez qu'à chercher un autre secours.
CLIMENE.
Non, non, je ne voudrois pas qu'il fist mal sa Cour auprés de Madame vostre cousine,

& je permets à son esprit d'estre du party de son cœur.

DORANTE.

Avec cette permission, Madame, ie prendray la hardiesse de me deffendre.

URANIE.

Mais auparavant sçachons un peu les sentimens de Monsieur Lysidas.

LYSIDAS.

Sur quoy, Madame?

URANIE.

Sur le sujet de l'Escole des Femmes.

LYSIDAS.

Ha, ha!

DORANTE.

Que vous en semble?

LYSIDAS.

Je n'ay rien à dire là dessus; & vous sçavez qu'entre nous autres Autheurs, nous devons parler des Ouvrages les uns des autres, avec beaucoup de circonspection.

DORANTE.

Mais encore, entre nous, que pensez-vous de cette Comedie?

LYSIDAS.

Moy, Monsieur?

URANIE.
De bonne foy, dites-nous voſtre advis.
LYSIDAS.
Je la trouve fort belle.
DORANTE.
Aſſeurément?
LYSIDAS.
Aſſeurément; pourquoy non? N'eſt-elle pas en effet la plus belle du monde?
DORANTE.
Hom, hom, vous eſtes un meſchant diable, Monſieur Lyſidas; vous ne dites pas ce que vous penſez.
LYSIDAS.
Pardonnez-moy.
DORANTE.
Mon Dieu, je vous connois; ne diſſimulons point.
LYSIDAS.
Moy, Monſieur?
DORANTE.
Je voy bien que le bien que vous dites de cette Piece n'eſt que par honneſteté; & que dans le fond du cœur, vous eſtes de l'advis de beaucoup de gens, qui la trouvent mauvaiſe.
LYSIDAS.
Hay, hay, hay.

DORANTE.

Avoüez, ma foy, que c'est une meschate chose que cette Comedie.

LYSIDAS.

Il est vrai qu'elle n'est pas approuvée p[ar] les Connoisseurs.

LE MARQUIS.

Ma foy, Chevalier, tu en tiens, & te voil[à] payé de ta raillerie, ah, ah, ah, ah, a[h.]

DORANTE.

Pousse, mon cher Marquis, pousse.

LE MARQUIS.

Tu vois que nous avons les Sçavans d[e] nostre costé.

DORANTE.

Il est vrai, le jugement de Monsieur Lysidas est quelque chose de considerable; mais Monsieur Lysidas veut bien que ie ne me rende pas pour cela. Et puisque j'ay bien l'audace de me deffendre contre les sentimens de Madame, il ne trouvera pas mauvais que ie combatte les siens.

ELISE.

Quoy, vous voyez contre vous Madame, Monsieur le Marquis, & Monsieur Lysidas, & vous osez resister encore? Fy, que cela est de mauvaise grace.

CLIMENE.

Voila qui me confond, pour moy, que des personnes raisonnables se puissent mettre en teste de donner protection aux sottises de cette Piece!

LE MARQUIS.

Dieu me damne, Madame, elle est miserable depuis le commencement jusqu'à la fin.

DORANTE.

Cela est bien-tost dit, Marquis; il n'est rien plus aisé que de trancher ainsi, & ie ne vois aucune chose, qui puisse estre à couvert de la souveraineté de tes décisions.

LE MARQUIS.

Parbleu, tous les autres Comediens qui estoient là pour la voir, en ont dit tous les maux du monde.

DORANTE.

Ah! ie ne dis plus mot, tu as raison Marquis; puis que les autres Comediens en disent du mal, il faut les en croire asseurément. Ce sont tous gens éclairez, & qui parlent sans interest, il n'y a plus rien à dire, ie me rends.

CLIMENE.

Rendez-vous, ou ne vous rendez pas, je sçay fort bien que vous ne me persuaderez

DORANTE.

Avoüez, ma foy, que c'est une meschante chose que cette Comedie.

LYSIDAS.

Il est vrai qu'elle n'est pas approuvée par les Connoisseurs.

LE MARQUIS.

Ma foy, Chevalier, tu en tiens, & te voila payé de ta raillerie, ah, ah, ah, ah, ah.

DORANTE.

Pousse, mon cher Marquis, pousse.

LE MARQUIS.

Tu vois que nous avons les Sçavans de nostre costé.

DORANTE.

Il est vrai, le jugement de Monsieur Lysidas est quelque chose de considerable; mais Monsieur Lysidas veut bien que ie ne me rende pas pour cela. Et puisque j'ay bien l'audace de me deffendre contre les sentimens de Madame, il ne trouvera pas mauvais que ie combatte les siens.

ELISE.

Quoy, vous voyez contre vous Madame, Monsieur le Marquis, & Monsieur Lysidas, & vous osez resister encore ? Fy, que cela est de mauvaise grace.

CLIMENE.

Voila qui me confond, pour moy, que des personnes raisonnables se puissent mettre en teste de donner protection aux sottises de cette Piece!

LE MARQUIS.

Dieu me damne, Madame, elle est miserable depuis le commencement jusqu'à la fin.

DORANTE.

Cela est bien-tost dit, Marquis; il n'est rien plus aisé que de trancher ainsi, & ie ne vois aucune chose, qui puisse estre à couvert de la souveraineté de tes décisions.

LE MARQUIS.

Parbleu, tous les autres Comediens qui estoient là pour la voir, en ont dit tous les maux du monde.

DORANTE.

Ah! ie ne dis plus mot, tu as raison Marquis; puis que les autres Comediens en disent du mal, il faut les en croire asseurément. Ce sont tous gens éclairez, & qui parlent sans interest, il n'y a plus rien à dire, ie me rends.

CLIMENE.

Rendez-vous, ou ne vous rendez pas, je sçay fort bien que vous ne me persuaderez point de souffrir les immodesties de cette Piece; non plus que les Satyres des-obligeantes qu'on y voit contre les Femmes.

URANIE.

Pour moy, je me garderay bien de m'en offenser, & de prendre rien sur mon conte de tout ce qui s'y dit. Ces sortes de Satyres tombent directement sur les mœurs, & ne frappent les personnes que par reflexion. N'allons point nous appliquer nous-mesmes les traits d'une censure generale ; & profitons de la leçon, si nous pouvons, sans faire semblant qu'on parle à nous. Toutes les peintures ridicules qu'on expose sur les Theatres doivent estre regardées sans chagrin de tout le monde. Ce sont miroirs publics où il ne faut jamais témoigner qu'on se voye; & c'est se taxer hautement d'un défaut, que se scandaliser qu'on le reprenne.

CLIMENE.

Pour moy je ne parle pas de ces choses, par la part que j'y puisse avoir; & ie pense que je vis d'un air dans le monde à ne pas craindre d'estre cherchée dans les peintures qu'on fait là des Femmes qui se gouvernent mal.

ELISE.

Asseurément, Madame, on ne vous y cher-

kera point; vostre conduite est assez conuë, ce sont de ces sortes de choses qui ne sont contestées de personne.
URANIE.
Aussi, Madame, n'ay-je rien dit qui aille à vous; & mes paroles, comme les Satyres de la Comedie, demeurent dans la these generale.
CLIMENE.
Je n'en doute pas, Madame. Mais enfin passons sur ce chapitre. Je ne sçay pas de quelle façon vous recevez les injures qu'on dit à nôtre sexe dans un certain endroit de la piece; & pour moy ie vous avoüe que ie suis dans une colere épouventable de voir que cét Autheur impertinent nous appelle des animaux.
URANIE.
Ne voyez-vous pas que c'est un ridicule qu'il fait parler?
DORANTE.
Et puis, Madame, ne sçavez-vous pas que les injures des Amans n'offensent jamais? qu'il est des amours emportez aussi-bien que des doucereux? & qu'en de pareilles occasions les paroles les plus étranges, & quelque chose de pis encore, se prennent bien souvent pour des marques d'affection par celles mesmes qui les reçoivent?

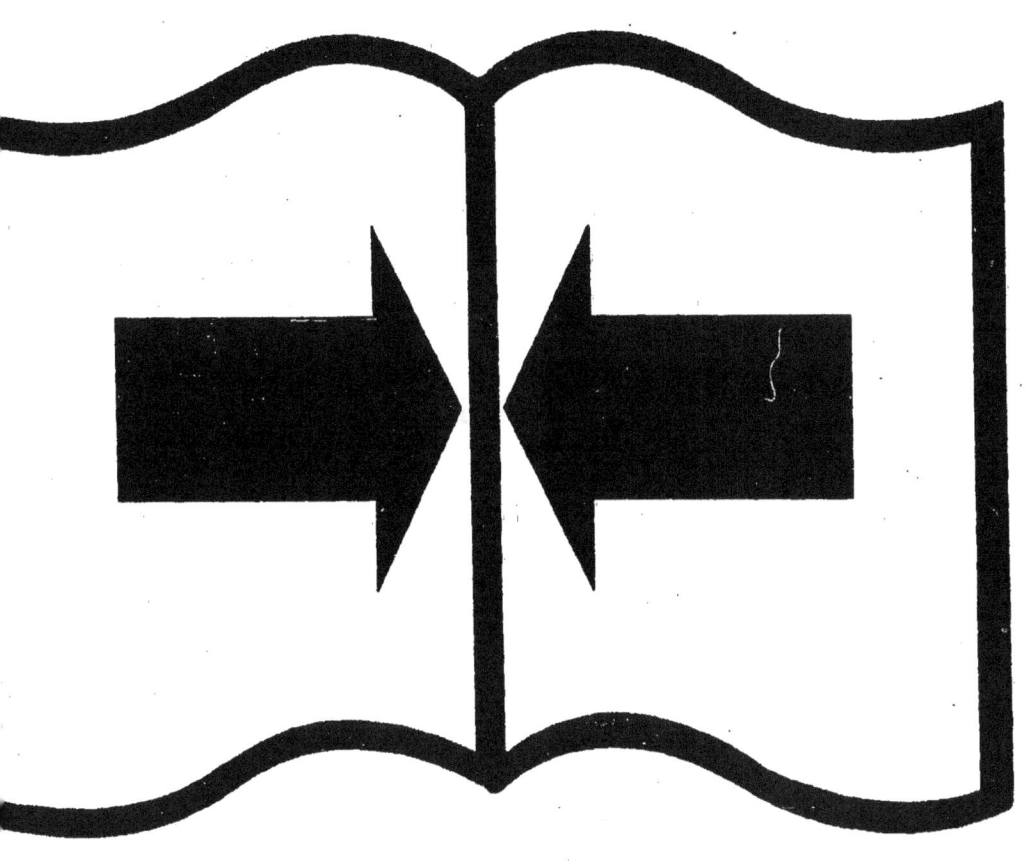

Reliure serrée

ELISE.

Dites tout ce que vous voudrez, je ne sçaurois digerer cela, non plus que le potage, [et] la tarte à la crême, dont Madame a parl[é] tantost.

LE MARQVIS.

Ah! ma foy oüi, tarte à la crême. Voil[à] ce que j'avois remarqué tantost; tarte à l[a] crême. Que ie vous suis obligé, Madame, d[e] m'avoir fait souvenir de tarte à la crême. [Y] a-t'il assez de pommes en Normandie pou[r] tarte à la crême? Tarte à la crême, morbleu, tarte à la crême!

DORANTE.

Et bien que veux-tu dire, tarte à la crême?

LE MARQUIS.

Parbleu, tarte à la crême, Chevalier.

DORANTE.

Mais encore?

LE MARQVIS.

Tarte à la crême.

DORANTE.

Dis-nous un peu tes raisons.

LE MARQUIS.

Tarte à la crême.

URANIE.

Mais il faut expliquer sa pensée, ce me

semble.
LE MARQUIS.
Tarte à la crême, Madame.
URANIE.
Que trouvez-vous là à redire?
LE MARQUIS.
Moy, rien; tarte à la crême.
URANIE.
Ah! je le quitte.
ELISE.
Monsieur le Marquis s'y prend bien, & vous bourre de la belle maniere. Mais je voudrois bien que Monsieur Lysidas vouluft les achever, & leur donner quelques petits coups de sa façon.
LYSIDAS.
Ce n'eſt pas ma couſtume de rien blâmer, & je suis aſſez indulgent pour les ouvrages des autres. Mais enfin, ſans choquer l'amitié que Monſieur le Chevalier témoigne pour l'Autheur, on m'avouëra que ces ſortes de Comedies ne ſont pas proprement des Comedies, & qu'il y a une grande difference de toutes ces bagatelles, à la beauté des Pieces ſerieuſes. Cependant tout le monde donne là dedans aujourd'huy; on ne court plus qu'à cela; & l'on voit une ſolitude ef-

froyable aux grands ouvrages, lors que d[es]
sottises ont tout Paris. Je vous avoüe que [le]
cœur m'en saigne quelquefois, & cela [est]
honteux pour la France.

CLIMENE.

Il est vray que le goust des gens est étra[n]
gement gasté là dessus, & que le siecle s'e[n]
canaille furieusement.

ELISE.

Celuy-là est joly encore, s'encanaille. E[st]
ce vous qui l'avez inventé, Madame ?

CLIMENE.

Hé !

ELISE.

Je m'en suis bien douté.

DORANTE.

Vous croyez donc, Monsieur Lysidas, qu[e]
tout l'esprit & toute la beauté sont dans le[s]
Poëmes serieux, & que les pieces Comique[s]
sont des niaiseries qui ne meritent aucun[e]
loüange ?

URANIE.

Ce n'est pas mon sentiment, pour moy
La Tragedie, sans doute, est quelque chose d[e]
beau quand elle est bien touchée : mais l[a]
Comedie a ses charmes, & ie tiens que l'un
n'est pas moins difficile que l'autre.

DORANTE.

Asseurément, Madame, & quand pour la [dif]ficulté vous mettriez un plus du costé de [la] Comedie, peut-estre que vous ne vous abu[se]riez pas. Car enfin, ie trouve qu'il est bien [p]lus aisé de se guinder sur de grans sentimens, [de] braver en Vers la Fortune, accuser les [de]stins & dire des injures aux Dieux, que [d']entrer comme il faut dans le ridicule des [h]ommes, & de rendre agréablement sur le [t]heatre les défauts de tout le monde. Lors [q]ue vous peignés des Heros, vous faites ce que [v]ous voulez, ce sont des portaits à plaisir, où [l']on ne cherche point de ressemblance ; & [v]ous n'avez qu'à suivre les traits d'une ima[g]ination qui se donne l'essor, & qui souvent [la]isse le vrai pour attrapper le merveilleux. [M]ais lors que vous peignez les hômes, il faut [p]eindre d'apres Nature ; on veut que ces por[t]raits ressemblent ; & vous n'avez rien fait si [v]ous n'y faites reconnoistre les gens de vostre [si]ecle. En un mot dans les pieces serieuses, il [su]ffit, pour n'estre point blâmé, de dire des [c]hoses qui soient de bon sens, & bien écrites. [M]ais ce n'est pas assez dans les autres, il y faut [p]laisanter ; & c'est une étrange entreprise [q]ue celle de faire rire les honnestes gens.

CLIMENE.

Je crois estre du nombre des honne[s]
gens, & cependant ie n'ay pas trouvé le[n]
pour rire dans tout ce que j'ay veu.

LE MARQUIS.

Ma foy, ny moy non plus.

DORANTE.

Pour toy, Marquis je ne m'en étonne p[as]
c'est que tu n'y as point trouvé de Turlu[pi]nades.

LYSIDAS.

Ma foy, Monsieur, ce qu'on y rencont[re]
ne vaut gueres mieux, & toutes les plaisan[te]ries y sont assez froides à mon advis.

DORANTE.

La Cour n'a pas trouvé cela....

LYSIDAS.

Ah ! Monsieur, la Cour.

DORANTE.

Achevez, Monsieur Lysidas. Je vois bie[n]
que vous voulez dire que la Cour ne se con[]noist pas à ces choses; & c'est le refuge ordi[]naire de vous autres Messieurs les Autheurs
dans le mauvais succés de vos ouvrages, qu[e]
d'accuser l'injustice du siecle, & le peu de lu[]miere des Courtisans. Sçachez, s'il vo[us]
plaist, Monsieur Lysidas, que les Courtisa[ns]

nt d'auſſi bons yeux que d'autres ; qu'on
ut eſtre habile avec un point de Veniſe, &
es plumes, auſſi bien qu'avec une perruque
ourte, & un petit rabat uny; que la grande
preuve de toutes vos Comedies, c'eſt le ju-
ement de la Cour ; que c'eſt ſon gouſt qu'il
aut étudier pour trouver l'art de réüſſir ;
u'il n'y a point de lieu où les déciſions ſoient
juſtes, & ſans mettre en ligne de conte
ous les gens ſçavans qui y ſont, que du ſim-
le bon ſens naturel & du commerce de tout
e beau monde, on s'y fait une maniere d'eſprit, qui, ſans comparaiſon, juge plus fine-
ment des choſes, que tout le ſçavoir enroüillé
des Pedans.

URANIE.

Il eſt vrai que pour peu qu'on y demeure,
il vous paſſe là tous les jours aſſez de choſes
devant les yeux, pour acquerir quelque habitude de les connoiſtre; & ſur tout pour ce qui
eſt de la bonne & mauvaiſe plaiſanterie.

DORANTE.

La Cour a quelques ridicules, j'en demeure d'accord, & je ſuis, comme on voit, le
premier à les fronder. Mais, ma foy, il y en
a un grand nombre parmy les beaux Eſprits
de profeſſion; & ſi l'on joüe quelques Mar-

quis, je trouve qu'il y a bien plus de qu[oi] joüer les Autheurs, & que ce seroit une ch[o]se plaisante à mettre sur le Theatre, que leu[rs] grimaces sçavantes, & leurs rafinemens r[i]dicules; leur vicieuse coustume d'assassin[er] les gens de leurs ouvrages; leur friandise [de] loüanges ; leurs mesnagemens de pensées[,] leur trafic de reputation; & leurs ligues o[f]fensives & deffensives, aussi-bien que leur[s] guerres d'esprit, & leurs combats de Pros[e] & de Vers.

LYSIDAS.

Moliere est bien-heureux, Monsieur, d'a[voir] un protecteur aussi chaud que vous[.] Mais enfin, pour venir au fait, il est questio[n] de sçavoir si sa piece est bonne, & ie m'offre d'y montrer par tout cent defauts visibles.

URANIE.

C'est une étrange chose de vous autres Messieurs les Poëtes, que vous condamniez toûjours les Pieces où tout le monde court, & ne disiez jamais du bien que de celles où personne ne va. Vous montrez pour les unes une haine invincible, & pour les autres une tendresse qui n'est pas concevable.

DORANTE.

C'est qu'il est genereux de se ranger du

ôté des affligez.

URANIE.
Mais de grace, Monsieur Lysidas, faites-
ous voir ces défauts, dont ie ne me suis
oint apperçeuë.

LYSIDAS.
Ceux qui possedent Aristote & Horace
oyent d'abord, Madame, que cette Come-
ie peche contre toutes les regles de l'art.

URANIE.
Je vous avouë que ie n'ay aucune habitude
avec ces Messieurs là, & que ie ne sçay point
les regles de l'art.

DORANTE.
Vous estes de plaisantes gens avec vos regles dont vous embarassez les ignorans, &
nous étourdissez tous les jours. Il semble, à
vous oüir parler, que ces regles de l'art soient
les plus grands mysteres du monde, & cependant ce ne sont que quelques observations aisées que le bon sens a faites sur ce qui
peut oster le plaisir que l'on prend à ces sortes de Poëmes; & le même bon sens qui a fait
autrefois ces observations, les fait aisément
tous les jours, sans le secours d'Horace &
d'Aristote. Je voudrois bien sçavoir si la grande regle de toutes les regles n'est pas de plai-

& si une piece de Theatre qui a attrapé so[n] but n'a pas suivy un bon chemin. Veut-o[n] que tout un public s'abuse sur ces sortes d[e] choses, & que chacun n'y soit pas juge d[u] plaisir qu'il y prend?

URANIE.

J'ay remarqué une chose de ces Messieur[s] là; c'est que ceux qui parlent le plus des re[-] gles, & qui les sçavent mieux que les autres font des Comedies que personne ne trouv[e] belles.

DORANTE.

Est c'est ce qui marque, Madame, comme on doit s'arrester peu à leurs disputes embarassées. Car enfin, si les Pieces qui sont selon les regles ne plaisent pas, & que celles qui plaisent ne soient pas selon les regles, il faudroit de necessité que les regles eussent esté mal faites. Mocquons-nous donc de cette chicane où ils veulent assujettir le goust du public, & ne consultons dans une Comedie que l'effet qu'elle fait sur nous. Laissons nous aller de bonne foy aux choses qui nous prennent par les entrailles, & ne cherchons point de raisonnement pour nous empescher d'avoir du plaisir.

URANIE.

URANIE.

Pour moy, quand je vois une Comedie, je regarde seulement si les choses me touchent; & lors que je m'y suis bien divertie, je ne vais point demander si j'ay eu tort, & si les regles d'Aristote me deffendoient de rire.

DORANTE.

C'est justement comme un homme qui auroit trouvé une sausse excellente, & qui voudroit examiner si elle est bonne, sur les preceptes du Cuisinier François.

URANIE.

Il est vray; & j'admire les rafinemens de certaines gens, sur des choses que nous devons sentir nous-mesmes.

DORANTE.

Vous avez raison, Madame, de les trouver étranges tous ces rafinemens mysterieux. Car enfin s'ils ont lieu, nous voilà reduits à ne nous plus croire; nos propres sens seront esclaves en toutes choses; & jusques au manger & au boire nous n'oserons plus trouver rien de bon, sans le congé de Messieurs les experts.

LYSIDAS.

Enfin, Monsieur, toute vostre raison, c'est que l'Escole des Femmes a plû; & vous ne

vous souciez point qu'elle ne soit pas dan
les regles pourveu...

DORANTE.

Tout beau, Monsieur Lysidas, je ne vou
accorde pas cela. Je dis bien que la grand ar
est de plaire, & que cette Comedie ayant pl
à ceux pour qui elle est faite, je trouve qu
c'est assez pour elle, & qu'elle doit peu s
soucier du reste. Mais avec cela, je soûtien
qu'elle ne peche contre aucune des regle
dont vous parlez. Je les ay leuës, Dieu mer
cy, autant qu'un autre, & je ferois voir ai
sément, que peut-estre n'avons-nous poin
de piece au Theatre plus reguliere que cel
le-là.

ELISE.

Courage, Monsieur Lysidas, nous somme
perdus si vous reculez.

LYSIDAS.

Quoy, Monsieur, la Protase, l'Epitase, c
la Peripetie?...

DORANTE.

Ah! Monsieur Lysidas, vous nous assom-
mez avec vos grands mots. Ne paroissez
point si sçavant, de grace ; humanisez vostr
discours, & parlez pour estre entendu. Pensez-vous qu'un nom Grec donne plus de

DE L'ESCOLE DES FEMMES. 315
...oids à vos raisons ? Et ne trouveriez-vous
...as qu'il fust aussi beau de dire, l'exposition
... sujet, que la Protase; le nœud, que l'Epi-
...ase; & le dénouëment, que la Peripetie ?
LYSIDAS.
Ce sont termes de l'art dont il est permis de
...servir. Mais puisque ces mots blessent vos
...reilles, je m'expliqueray d'une autre façon,
... je vous prie de répondre positivement à
...rois ou quatre choses que je vais dire. Peut-
...n souffrir une piece qui peche contre le
...om propre des pieces de Theatre ? car en-
...in le nom de Poëme Dramatique vient d'un
...not Grec, qui signifie agir, pour montrer
...ue la nature de ce Poëme consiste dans l'a-
...tion; & dans cette Comedie-cy il ne se passe
...oint d'actions, & tout consiste en des recits
...ue vient faire, ou Agnes ou Horace.
LE MARQUIS.
Ah, ah, Chevalier.
CLIMENE.
Voila qui est spirituellement remarqué,
... c'est prendre le fin des choses.
LYSIDAS.
Est-il rien de si peu spirituel, ou pour
...ieux dire, rien de si bas, que quelques mots
...ù tout le monde rit, & sur tout celuy des

O ij

enfans par l'oreille?

CLIMENE,
Fort bien.

ELISE.
Ah!

LYSIDAS.
La Scene du valet & de la servante au dedans de la maison, n'eſt-elle pas d'une longueur ennuyeuſe, & tout à fait impertinente

LE MARQUIS.
Cela eſt vray.

CLIMENE,
Aſſeurément.

ELISE.
Il a raiſon.

LYSIDAS.
Arnolphe ne donne-t'il pas trop librement ſon argent à Horace? & puis que c'eſt le perſonnage ridicule de la piece, falloit-il luy faire faire l'action d'un honneſte homme?

LE MARQUIS.
Bon, la remarque eſt encore bonne,

CLIMENE.
Admirable.

ELISE.
Merveilleuſe.

LYSIDAS.

Le sermon, & les maximes ne sont-elles pas des choses ridicules, & qui choquent mesme le respect que l'on doit à nos mysteres?

LE MARQUIS.

C'est bien dit.

CLIMENE.

Voila parlé comme il faut.

ELISE.

Il ne se peut rien de mieux.

LYSIDAS.

Et ce Monsieur de la Souche, enfin, qu'on nous fait un homme d'esprit, & qui paroist si serieux en tant d'endroits, ne descend-il point dans quelque chose de trop Comique, & de trop outré au cinquiéme Acte, lors qu'il explique à Agnes la violence de son amour avec ces roulemens d'yeux extravagans, ces soûpirs ridicules, & ces larmes niaises qui font rire tout le monde?

LE MARQUIS.

Morbleu, merveille!

CLIMENE.

Miracle!

ELISE.

Vivat Monsieur Lysidas.

LA CRITIQUE
LYSIDAS.
Je laisse cent mille autres choses de peu d'estre ennuyeux.

LE MARQUIS.
Parbleu, Chevalier, te voila mal ajusté.

DORANTE.
Il faut voir.

LE MARQUIS.
Tu as trouvé ton homme, ma foy.

DORANTE.
Peut-estre.

LE MARQUIS.
Respond, respond, respond, respond.

DORANTE.
Volontiers. Il....

LE MARQUIS.
Respond donc, je te prie.

DORANTE.
Laisse-moy donc faire. Si....

LE MARQUIS.
Parbleu, je te deffie de répondre.

DORANTE.
Ouy, si tu parles toûjours.

CLIMENE.
De grace, écoutons ses raisons.

DORANTE.
Premierement, il n'est pas vrai de dire

que toute la piece n'est qu'en recits. On y
oit beaucoup d'actions qui se passent sur la
cene; & les recits eux-mesmes y sont des
ctions suivant la constitution du sujet; d'au-
ant qu'ils sont tous faits innocemment, ces
ecits, à la personne interessée, qui par là
ntre à tous coups dans une confusion à ré-
oüir les spectateurs, & prend à chaque nou-
'elle toutes les mesures qu'il peut pour se
parer du mal-heur qu'il craint.

URANIE.

Pour moy, je trouve que la beauté du sujet
de l'Escole des Femmes, consiste dans cette
confidence perpetuelle; & ce qui me paroist
assez plaisant, c'est qu'un homme qui a de
l'esprit & qui est adverty de tout par une innocente qui est sa maistresse, & par un étourdy qui est son rival, ne puisse avec cela éviter
ce qui luy arrive.

LE MARQUIS.

Bagatelle, bagatelle.

CLIMENE.

Foible réponse.

ELISE.

Mauvaises raisons.

DORANTE.

Pour ce qui est des enfans par l'oreille, ils

O iiij

ne sont plaisans que par reflexion à Arnolphe ; & l'Autheur n'a pas mis cela pour estr de soy un bon mot : mais seulement pour un chose qui caracterise l'homme, & peint d'au tant mieux son extravagance, puis qu'il ra porte une sottise triviale qu'a dite Agnes, comme la chose la plus belle du monde, & qui luy donne une joye inconcevable.

LE MARQUIS.

C'est mal répondre.

CLIMENE.

Cela ne satisfait point.

ELISE.

C'est ne rien dire.

DORANTE.

Quant à l'argent qu'il donne librement, outre que la lettre de son meilleur amy luy est une caution suffisante, il n'est pas incompatible qu'une personne soit ridicule en de certaines choses, & honneste homme en d'autres. Et pour la Scene d'Alain & de Georgette dans le logis, que quelques-uns ont trouvée longue & froide, il est certain qu'elle n'est pas sans raison ; & de mesme qu'Arnolphe se trouve attrappé pendant son voyage, par la pure innocence de sa maistresse, il demeure au retour long-temps à sa porte

DE L'ESCOLE DES FEMMES. 321
[p]ar l'innocence de ses valets, afin qu'il soit
[p]artout puny par les choses qu'il a crû faire
[en] seureté de ses précautions.
LE MARQUIS.
Voila des raisons qui ne valent rien.
CLIMENE.
Tout cela ne fait que blanchir.
ELISE.
Cela fait pitié.
DORANTE.
Pour le discours moral que vous appellez
[un] sermon, il est certain que de vrais devots
[qu]i l'ont oüy, n'ont pas trouvé qu'il choquast
[c]e que vous dites ; & sans doute que ces pa-
[r]oles d'enfer & de chaudieres boüillantes
[s]ont assez justifiées par l'extravagance d'Ar-
[n]olphe & par l'innocence de celle à qui il
[p]arle. Et quant au transport amoureux du
[c]inquiéme Acte qu'on accuse d'estre trop
outré & trop Comique, je voudrois bien
sçavoir si ce n'est pas faire la Satyre des
Amans, & si les honnestes gens mesme, &
les plus serieux, en de pareilles occasions,
[n]e font pas des choses ?.....
LE MARQUIS.
Ma foy, Chevalier, tu ferois mieux de
[te] taire.

O v

DORANTE.

Fort bien. Mais enfin si nous nous regardions nous mesmes, quand nous somm[es] bien amoureux,....

LE MARQUIS.

Je ne veux pas seulement t'écouter.

DORANTE.

Escoute moy si tu veux. Est-ce que da[ns] la violence de la passion?....

LE MARQVIS.

La, la, la, la, lare, la, la, la, la, la,[la]
Il chante.

DORANTE.

Quoy?....

LE MARQUIS.

La, la, la, la, lare, la, la, la, la, la, la.

DORANTE.

Je ne sçay pas si?....

LE MARQUIS.

La, la, la, la, lare, la, la, la, la, la, la.

URANIE.

Il me semble que....

LE MARQUIS.

La, la, la, lare, la, la, la, la, la, la, la, la, la, la.

URANIE.

Il se passe des choses assez plaisantes dan[s]

oftre difpute. Je trouve qu'on en pourroit bien faire une petite Comedie, & que cela ne feroit pas trop mal à la queuë de l'Efcole des Femmes.

DORANTE.
Vous avez raifon.

LE MARQUIS.
Parbleu, Chevalier, tu joüerois là dedans un rolle qui ne te feroit pas avantageux.

DORANTE.
Il eft vray, Marquis.

CLIMENE.
Pour moy, je fouhaiterois que cela fe fift, pourveu qu'on traitaft l'affaire comme elle s'eft paffée.

ELISE.
Et moy je fournirois de bon cœur mon perfonnage.

LYSIDAS.
Je ne refuferois pas le mien, que je penfe.

URANIE.
Puis que chacun en feroit content, Chevalier, faites un memoire de tout, & le donnez à Moliere que vous connoiffez, pour le mettre en Comedie.

CLIMENE.
Il n'auroit garde, fans doute, & ce ne fe-

524 LA CRITIQUE
roit pas des vers à sa loüange.

URANIE.

Point, point, je connois son humeur ; il ne se soucie pas qu'on fronde ses pieces, pourveu qu'il y vienne du monde.

DORANTE.

Ouy ; mais quel dénoüement pourroit-il trouver à cecy ? Car il ne sçauroit y avoir ny mariage, ny reconnoissance ; & je ne sçay point par où l'on pourroit faire finir la dispute.

URANIE.

Il faudroit resver quelque incident pour cela.

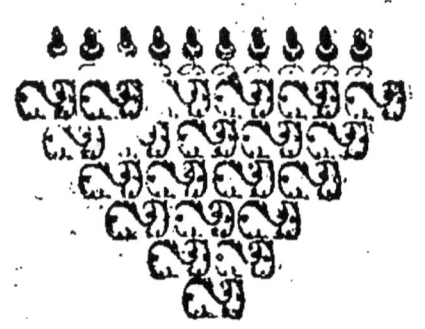

DE L'ESCOLE DES FEMMES. 325

SCENE VII.
ET DERNIERE.
GALOPIN, LYSIDAS, DORANTE, LE MARQUIS, CLIMENE, ELISE, URANIE.

GALOPIN.
Adame, on a servi sur table.
DORANTE.
Ah! voilà justement ce qu'il faut pour le dénoüement que nous cherchions; & l'on ne peut rien trouver de plus naturel. On disputera fort & ferme de part & d'autre, comme nous avons fait, sans que personne se rende; un petit laquais viendra dire qu'on

326 LA CRITIQUE DES FEMMES.

a servi, on se levera, & chacun ira souper.

URANIE.

La Comedie ne peut pas mieux finir, nous ferons bien d'en demeurer là.

LES
LAISIRS
DE
L'ISLE
ENCHANTE'E.

LES PLAISIRS DE L'ISLE ENCHANTE'E.

COURSE DE BAGUE, Collation ornée de Machines, Comedie de Moliere, Intitulée la Princesse d'Elide, meslée de Danse & de Musique, Ballet du Palais d'Alcine, Feu d'Artifice: & autres Festes galantes & magnifiques, faites par le Roy à Versailles, le 7. May 1664. & continuées plusieurs autres jours.

LE ROY voulant donner aux Reynes, & à toute sa Cour le plaisir de quelques Festes peu communes, dans un lieu orné de tous les agrémens qui peuvent faire admirer une Maison de Campagne, choisi Versailles à quatre lieuës de Paris. C'est un Chasteau qu'on peut nommer un Palais Enchanté, tant les adjustemens de l'art ont bien secondé les soins que la Nature a pris pour le rendre parfait: Il charme de toutes manieres, tout y rit dehors & dedans, l'or & le marbre y disputent de beauté & d'éclat; Et quoy qu'il n'y ait pas cette grande étenduë qui se remarque en quelques autres Palais de sa Majesté: Toutes choses y sont polies, si bien entenduës & si achevées, que rien ne les peut égaler. Sa Symetrie, la richesse de ses meubles, la beauté de ses promenades, & le nombre infini de ses fleurs, comme de ses orangers, rendent les environs de ce lieu dignes de sa rareté singuliere: La diversité des bestes contenuës dans les deux Parcs, & dans la Mesnagerie, où plusieurs courts en Estoilles sont accompagnées de Viviers pour les animaux aquatiques, avec de grands bastimens, joignent le plaisir avec la magnificence, & en font une maison accomplie.

DE L'ISLE ENCHANTE'E.

[C]E fut en ce beau lieu où toute la Cour se rendit le cinquiéme de May, que le [R]oy traita plus de six cent personnes jusques [au] quatorziéme; outre une infinité de gens [né]cessaires à la Danse & à la Comedie, & [des] Artisans de toutes sortes venus de Paris; si [b]ien que cela paroissoit une petite armée.

Le Ciel mesme sembla favoriser les desseins de sa Majesté, puis qu'en une saison [p]resque toûjours pluvieuse, on en fut quitte [p]our un peu de vent, qui sembla n'avoir [au]gmenté, qu'afin de faire voir que la pré[v]oyance & la puissance du Roy estoient à [l']épreuve des plus grandes incommoditez; [de] hautes toiles, des bastimens de bois faits [p]resques en un instant, & un nombre prodi[g]ieux de flambeaux de cire blanche, pour [s]uppléer à plus de quatre mille bougies cha[c]une journée, resisterent à ce vent; qui par [t]out ailleurs eust rendu ces divertissemens [c]omme impossibles à achever.

Monsieur de Vigarini, Gentilhomme Mo[d]enois, fort sçavant en toutes ces choses, [i]nventa & proposa celles-cy; & le Roy com[m]anda au Duc de S. Aignan, qui se trouva [l]ors en fonction de premier Gentilhomme

de sa Chambre, & qui avoit déja donné plu
sieurs sujets de Ballets fort agréables ;
faire un dessein où elles fussent toutes con
prises avec liaison & avec ordre ; de sort
qu'elles ne pouvoient manquer de bie
reüssir.

Il prit pour sujet le palais d'Alcine, qu
donna lieu au Titre des Plaisirs de l'Is
Enchantée; puis que selon l'Ariofte, le brav
Roger & plusieurs autres bons Chevaliers
furent retenus par les doubles charmes de l
beauté, quoy qu'empruntée, & du sçavoir d
cette Magicienne; & en furent delivrez apre
beaucoup de temps consommé dans les deli
ces, par la bague qui détruisoit les enchante
mens : C'étoit celle d'Angelique que Meliss
sous la forme du vieux Atlas, mit enfin a
doigt de Roger.

On fit donc en peu de jours orner u
Rond, où quatre grandes allées aboutissen
entre de hautes palissades ; de quatre Porti
ques de trente-cinq pieds d'élevation, & d
vingt-deux en quarré d'ouverture ; de plu
sieurs festons enrichis d'or, & de diverse
peintures avec les armes de sa Majesté.

Toute la Cour s'y estant placée le septié
me, il entra dans la place sur les six heure

u soir un Heraut d'Armes, representé par
f. des Bardins, vestu d'un habit à l'antique
ouleur de feu en broderie d'argent, & fort
ien monté.

Il estoit suivy de trois Pages: celuy du
oy, M. d'Artagnan, marchoit à la teste
es deux autres, fort richement habillé de
ouleur de feu, livrée de sa Majesté, portant
a Lance & son Escu, dans lequel brilloit un
oleil de pierreries, avec ces mots.

Nec Cesso, nec Erro.

Faisant allusion à l'attachement de sa Ma-
esté aux affaires de son Estat, & la maniere
vec laquelle il agit; ce qui estoit encore re-
resenté par ces quatre vers du President de
erigny, Autheur de la mesme Devise.

E n'est pas sans raison que la terre & les cieux,
Ont tant d'étonnement pour un Objet si rare;
si dans son cours penible, autant que glorieux,
amais ne se repose, & jamais ne s'égare.

Les deux autres Pages estoient aux Ducs
e S. Aignan & de Noailles; Le premier Ma-
eschal de Camp, & l'autre Juge des Courses.
Celuy du Duc de S. Aignan portoit l'Escu
e sa Devise, & estoit habillé de sa livrée de

toille d'argent enrichie d'or, avec des plu[
incarnates & noires, & les rubans de m[ê]
me : Sa devise estoit, un Thymbre d'h[or]
loge, avec ces mots.

De mi golpes mi Ruido.

Le Page du Duc de Noailles estoit ve[stu]
de couleur de feu, argent & noir, & le re[ste]
de la livrée semblable : La Devise qu'il po[r]
toit dans son Escu, estoit un Aigle, avec c[es]
mots.

Fidelis & audax.

Quatre Trompettes & deux Tymbalier[s]
marchoient apres ces Pages, habillez de [sa]
tin couleur de feu, & argent ; leurs plum[es]
de la mesme livrée, & les caparaçons [de]
leurs chevaux couverts d'une pareille brod[e]
rie, avec des Soleils d'or fort éclatans au[x]
banderoles des Trompettes, & les couve[r]
tures des Tymballes.

Le Duc de S. Aignan, Mareschal de Cam[p]
marchoit apres eux armé à la Grecque, d'[u]
ne cuirasse de toille d'argent couverte de p[e]
tites écailles d'or, aussi bien que son bas [de]
soye ; & son Casque estoit orné d'un Drago[n]
& d'un grand nombre de plumes blanche[s]
meslé[es]

DE L'ISLE ENCHANTE'E.

...elées d'incarnat & de noir: Il montoit un ...heval blanc bardé de mesme, & represen... ...oit Guidon le Sauvage.

...our le Duc de S. Aignan, representant
Guidon le Sauvage.

MADRIGAL.

...Es combats que j'ay fait en l'Isle dangereuse,
Quand de tant de Guerriers je demeuray
 vainqueur,
 Suivis d'une épreuve amoureuse,
...nt signalé ma force aussi bien que mon cœur.
 La vigueur qui fait mon estime,
...oit qu'elle embrasse un party legitime,
 Ou qu'elle vienne à s'échaper;
...oit dire, pour ma gloire, aux deux bouts de la Terre
 Qu'on n'en void point en toute guerre,
...y plus souvent ny mieux fraper.

POUR LE MESME.

...Eul contre dix Guerriers, seul contre dix Pucelles,
 C'est avoir sur les bras deux étranges querelles,
...ui sort à son honneur de ce double combat,
...oit estre, ce me semble, un terrible Soldat.

Huit Trompettes & deux Tymbaliers,
...estus comme les premiers, marchoient
pres le Mareschal de Camp.

LE ROY representant Roger les suivoit,

montant un des plus beaux chevaux d[u]
monde, dont le harnois couleur de feu écla[-]
toit d'or, d'argent & de pierreries : Sa Ma[-]
jesté estoit armée à la façon des Grecs com[-]
me tous ceux de sa Quadrille, & portoit u[ne]
cuirasse de lame d'argent, couverte d'une ri[-]
che broderie d'or & de diamans. Son por[t]
& toute son action estoient dignes de so[n]
rang; son Casque tout couvert de plumes
couleur de feu, avoit une grace incompara[-]
ble; & jamais un air plus libre, ny plus gue[r-]
rier, n'a mis un mortel au dessus des au[-]
tres hommes.

SONNET.
Pour le ROY, representant ROGER.

Quelle taille, quel port a ce fier Conquerant!
Sa personne éblouït quiconque l'examine,
Et quoy que par son Poste il soit déja si Grand
Quelque chose de plus éclate dans sa mine.

Son front de ses Destins est l'auguste garant,
Par delà ses Ayeux sa vertu l'achemine,
Il fait qu'on les oublie, & de l'air qu'il s'y prend
Bien loin derriere luy laisse son Origine.

De ce cœur genereux c'est l'ordinaire employ,
D'agir plus volontiers pour Autruy que pour Soy;
Là principalement sa force est occupée:

Il efface l'éclat des Heros anciens,
N'a que l'honneur en veüe, & ne tire l'épée
Que pour des interests qui ne sont pas les siens.

DE L'ISLE ENCHANTE'E.

Le Duc de Noailles, Juge du Camp, sous
nom d'Oger le Danois, marchoit apres le
oy, portant la couleur de feu & le noir,
us une riche broderie d'argent; & ses plu-
es aussi bien que tout le reste de son équi-
ge estoient de cette mesme livrée.

Le Duc de Noailles. *Oger le Danois,*
Iuge du Camp.

E Paladin s'applique à cette seule affaire
De servir dignement le plus puissant des Rois,
mme pour bien juger il faut sçavoir bien faire,
doute que personne appelle de sa voix.

Le Duc de Guise & le Comte d'Arma-
nac marchoient ensemble apres luy. Le
remier portant le nom d'Aquilant le Noir,
oit un habit de cette couleur en broderie
or & de geaix; ses plumes, son cheval, &
lance assortissoient à sa livrée: Et l'autre
presentant Griffon le Blanc, portoit sur un
bit de toille d'argent plusieurs rubis, &
ontoit un cheval blanc bardé de la mesme
uleur.

Le Duc de Guise. *Aquilant le Noir.*

A Nuit a ses beautez de mesme que le jour,
Le Noir est ma couleur, je l'ay toûjours aimée,
si l'obscurité convient à mon Amour,
e ne s'étend pas jusqu'à ma Renommée.

P ij

Le Comte d'Armagnac. *Griffon le Blan*

Voyez quelle candeur en moy le Ciel a mis,
Aussi nulle beauté ne s'en verra trompée,
Et quand il sera temps d'aller aux ennemis,
C'est où je me feray tout blanc de mon épée.

Les Ducs de Foix & de Coaslin qui p
roissoient en suite, estoient vestus, l'un d'i
carnat avec or & argent, & l'autre de ver
blanc & argent: Toute leur livrée & leu
chevaux estant dignes du reste de leur équ
page.

Pour le Duc de Foix. *Renaud.*

Il porte un Nom celebre, il est jeune, il est sag
A vous dire le vray c'est pour aller bien-haut,
Et c'est un grand bon-heur que d'avoir à son âge
La chaleur necessaire, & le fiegme qu'il faut.

Le Duc de Coaslin. *Dudon.*

Trop avant dans la Gloire on ne peut s'engag
J'auray vaincu sept Rois, & par mon gra
courage,
Les verray tous soûmis au pouvoir de ROGER,
Que je ne seray pas content de mon Ouvrage.

Apres eux marchoient le Comte du Lu
& le Prince de Marsillac, le premier ve
d'incarnat & blanc; & l'autre de jaun
blanc & noir, enrichis de broderie d'arge

Le Comte du Lude. *Astolphe.*

DE tous les Paladins qui sont dans l'Univers
Aucun n'a pour l'Amour l'ame plus échauffée,
Entreprenant toûjours mille projets divers,
Et toûjours enchanté par quelque jeune FE'E.

Le Prince de Marsillac. *Brandimart.*

MEs vœux seront contens, mes souhaits accomplis,
Et ma bonne fortune à son comble arrivée, (LIS,
Quand vous sçaurez mon zele, aimable FLEUR DE
Au milieu de mon cœur profondement gravée.

Les Marquis de Villequier & de Soyecourt marchoient en suite; l'un portoit le feu & argent, & l'autre le bleu, blanc & noir, avec or & argent; leurs plumes, & les harnois de leurs chevaux estoient de la mesme couleur, & d'une pareille richesse.

Le Marquis de Villequier. *Richardet.*

PErsonne comme moy n'est sorty galamment
D'une intrigue où sans doute il falloit quelque
  adresse,
Personne à mon advis plus agréablement
N'est demeuré fidelle en trompant sa Maistresse.

Le Marquis de Soyecourt. *Olivier.*

Voicy l'honneur du Siecle, aupres de qui nous
 sommes,
Et mesme les Geants, de mediocres Hommes;
Et ce franc Chevalier à tout venant tout prest,
T'aûjours pour quelque Iouste a la lance en arre

Les Marquis d'Humieres & de la Vallier
les suivoient : Ce premier portant la couleu
de chair & argent ; & l'autre le gris de lin
blanc & argent : toute leur livrée estant l
plus riche, & la mieux assortie du monde

Le Marquis d'Humieres. *Ariodant.*

Je tremble dans l'accez de l'amoureuse fiévre ;
Ailleurs sans vanité je ne tremblay jamais,
Et ce charmant objet, l'adorable GENEVRE,
Est l'unique vainqueur à qui je me soûmets.

Le Marquis de la Valliere. *Zerbin.*

Quelques beaux sentimens que la gloire nou
 donne,
Quand on est amoureux au souverain degré,
Mourir entre les bras d'une belle Personne
Est de toutes les morts la plus douce à mon gré.

Monsieur le Dvc marchoit seul, portan
pour sa livrée la couleur de feu, blanc & a
gent : un grand nombre de Diamans étoiet
attachez sur la magnifique broderie, dont

cuirasse, & son bas de saye estoient couverts ; son casque & le harnois de son cheval en estant enrichis.

Monsieur le Duc. Roland.

Roland fera bien loin son grand Nom retentir ;
La Gloire deviendra sa fidelle Compagne.
Il est sorty d'un sang qui brusle de sortir,
Quand il est question de se mettre en campagne.
    Et pour ne vous en point mentir,
    C'est le pur sang de Charlemagne.

UN Char de dix-huit pieds de haut, de vingt-quatre de long, & de quinze de large, paroissoit en suite éclatant d'or & de diverses couleurs : Il representoit celuy d'Apollon, en l'honneur duquel se celebroient autrefois les Jeux Pythiens, que ces Chevaliers s'étoient proposez d'imiter en leurs Courses & en leur équipage : Cette Divinité brillante de lumieres estoit assise au plus haut du Char, ayant à ses pieds les quatre Aages ou Siecles, distinguez par de riches habits, & par ce qu'ils portoient à la main.

Le Siecle d'Or orné de ce precieux metail, estoit encore paré de diverses Fleurs, qui faisoient un des principaux ornemens de cét heureux Aage.

Ceux d'Argent & d'Airain, avoient au[ssi]
leurs remarques particulieres.

Et celuy de Fer, estoit representé par u[n]
Guerrier d'un regard terrible, portant d'un[e]
main l'epée, & de l'autre le bouclier.

Plusieurs autres grandes Figures de relie[f]
paroient les costez de ce Char magnifique[.]
Les Monstres Celestes, le Serpent Python[,]
Daphné, Hyacinte, & les autres Figure[s]
qui conviennent à Apollon, avec un Atla[s]
portant le Globe du Monde, y estoient au[ssi]
relevez d'une agréable sculpture: Le Tem[ps]
representé par le Sieur Millet, avec sa faux[,]
ses aisles, & cette vieillesse décrepite, don[t]
on le peint toûjours accablé, en estoit l[e]
conducteur: Quatre chevaux d'une taille [&]
d'une beauté peu commune, couverts d[e]
grandes housses semées de Soleils d'Or, [&]
attelez de front, tiroient cette Machine.

Les douze Heures du jour, & les dou[ze]
Signes du Zodiaque, habillez fort superb[e]-
ment, comme les Poëtes les dépeignen[t,]
marchoient en deux files aux deux cost[ez]
de ce Char.

Tous les Pages des Chevaliers le suivoi[ent]
deux à deux (apres celuy de Monsieu[r le]
Duc) fort proprement vestus de leurs

vrées, avec quantité de plumes, portant les lances de leurs Maistres, & les Escus de leurs Devises.

Le Duc de Guise, representant Aquilant le Noir, ayant pour Devise, un Lyon qui dort, avec ces mots.

Et quiescente pavescunt.

Le Comte d'Armagnac, representant Griffon le Blanc, ayant pour Devise une Hermine, avec ces mots.

Ex candore decus.

Le Duc de Foix, representant Renaud, ayant pour Devise un Vaisseau dans la Mer, avec ces mots.

Longe levis aura feret.

Le Duc de Coaslin, representant Dudon, ayant pour Devise un Soleil, & l'Heliotrope u Tournesol, avec ces mots.

Splendor ab obsequio.

Le Comte du Lude, representant Astolphe, ayant pour Devise un Chiffre en forme de nœud, avec ces mots.

Non fia mai sciolto.

Le Prince de Marsillac, représentant Brandimart, ayant pour Devise une Montre en relief dont on voit tous les ressorts, avec ces mots.

Chieto fuor commoto dentro.

Le Marquis de Villequier, représentant Richardet, ayant pour Devise un Aigle qui plane devant le Soleil, avec ces mots.

Vni militat Astro.

Le Marquis de Soyecourt, représentant Olivier, ayant pour Devise la Massuë d'Hercule, avec ces mots.

Vix æquat fama labores.

Le Marquis d'Humieres, représentant Ariodant, ayant pour Devise toutes sortes de Couronnes, avec ces mots.

No quiero Menos.

Le Marquis de la Valliere, représentant Zerbin, ayant pour Devise un Phœnix sur un bucher allumé par le Soleil, avec ces mots.

Hoc juvat uri.

Monsieur le Duc, repreſentant Roland, ayant pour Deviſe un Dard entortillé de Lauriers, avec ces mots.

Certo ferit.

Vingt Paſteurs chargez des diverſes pieces de la Barriere, qui devoit être dreſſée pour la Courſe de Bague, formoient la derniere Troupe qui entra dans la lice : Ils portoient des veſtes couleur de feu enrichies d'argent, & des coiffures de meſme.

Auſſi-toſt que ces Troupes furent entrées dans le Camp, elles en firent le tour, & apres avoir ſalué les Reynes, elles ſe ſepararent, & prirent chacun leur poſte : Les Pages à la teſte, les Trompettes & les Tymballiers ſe croiſants, s'allerent poſter ſur les aiſles : Le Roy s'avançant au milieu, prit ſa place vis-à-vis du haut Dais : Monſieur le Duc proche de ſa Majeſté : Les Ducs de ſaint Aignan & de Noailles à droit & à gauche : Les dix Chevaliers en haye aux deux coſtez du Char : Leurs Pages au meſme Ordre derriere eux : Les Signes & les Heures comme ils eſtoient entrez.

Lors qu'on eut fait alte en cét eſtat, un

profond silence causé tout ensemble par l'attention & par le respect, donna le moyen Mademoiselle de Brie, qui representoit le Siecle d'Airain, de commencer ces vers à la loüange de la Reyne, addressez à Apollon.

Le Siecle d'Airain à Apollon.

Brillant Pere du jour, Toy de qui la puissance
Par ses divers aspects nous donna la naissance,
Toy l'espoir de la Terre, & l'ornement des Cieux,
Toy le plus necessaire & le plus beau des Dieux ;
Toy dont l'activité, dont la bonté supréme
Se fait voir & sentir en tous lieux par soy-mesme
Dis-nous par quel destin, ou par quel nouveau choix
Tu celebre tes Ieux aux rivages François ?

APOLLON.

Si ces lieux fortunez ont tout ce qu'eût la Grece
De gloire, de valeur, de merite & d'adresse ;
Ce n'est pas sans raison qu'on y voit transferez
Ces Ieux qu'à mon honneur la terre a consacrez.
J'ay toûjours pris plaisir à verser sur la France
De mes plus doux Rayons la benigne influence :
Mais le charmant objet qu'Hymen y fait regner,
Pour elle maintenant me fait tout dédaigner.
Depuis un si long-temps que pour le bien du monde
Ie fais l'immense tour de la terre & de l'onde,
Iamais je n'ay rien veu si digne de mes feux,
Iamais un sang si noble, un cœur si genereux,
Iamais tant de lumiere avec tant d'innocence,
Iamais tant de jeunesse avec tant de prudence ;

DE L'ISLE ENCHANTEE.

mais tant de grandeur avec tant de bonté,
mais tant de sagesse avec tant de beauté.
Mille Climats divers qu'on vit sous la puissance,
e tous les demi-Dieux dont elle prit naissance,
edant à son merite autant qu'à leur devoir,
e trouveront un jour unis sous son pouvoir.
Ce qu'eurent de grandeurs & la France & l'E-
    spagne,
es droits de Charles-Quint, les droicts de Charle-
    Magne,
n elle avec leur sang heureusement transmis,
endront tout l'Vnivers à son Thrône soûmis:
Mais un Titre plus grand, un plus noble partage
ui l'esleve plus haut, qui luy plaist davantage;
'n Nom qui tient en soy les plus grands noms unis,
'est le Nom glorieux d'Espouse de LOVIS.

LE SIECLE D'ARGENT.

Quel destin fait briller avec tant d'injustice
ans le siecle de fer un Astre si propice?

LE SIECLE D'OR.

Ah! ne murmure point contre l'ordre des Dieux,
Loin de s'enorgueillir, d'un don si précieux,
Ce siecle qui du Ciel a merité la haine,
En devroit augurer sa ruine prochaine,
Et voir qu'une vertu qu'il ne peut suborner,
Vient moins pour l'anoblir que pour l'exterminer.
Si tost qu'elle paroist dans cette heureuse terre,
Voy comme elle en bannit les fureurs de la guerre:
Comment depuis ce jour d'infatigables mains
Travaillent sans relâche au bon-heur des humains;
Par quels secrets ressorts un Heros se prepare
A chasser les horreurs d'un siecle si barbare,

Et me faire revivre avec tous les plaisirs,
Qui peuvent contenter les innocens desirs.

LE SIECLE DE FER.

Ie sçay quels ennemis ont entrepris ma perte,
Leurs desseins sont connus, leur trame est découverte
Mais mon cœur n'en est pas à tel point abatu...

APOLLON.

Contre tant de grandeur, contre tant de vertu,
Tous les monstres d'Enfer unis pour ta deffense,
Ne feroient qu'une foible & vaine resistance :
L'Vnivers opprimé de ton joug rigoureux,
Va gouster par ta fuite un destin plus heureux :
Il est temps de ceder à la Loy souveraine,
Que t'imposent les vœux de cette Auguste Reine,
Il est temps de ceder aux travaux glorieux
D'un Roy favorisé de la Terre & des Cieux :
Mais icy trop long-temps ce different m'areste,
A de plus doux combats cette Lice s'apreste,
Allons la faire ouvrir, & ployons des Lauriers,
Pour couronner le front de nos fameux Guerriers.

Tous ces Recits achevez, la Course de Bague commença, en laquelle apres que le Roy eut fait admirer l'addresse & la grace qu'il a en cét exercice, comme en tous les autres, & plusieurs belles Courses, & de tous ces Chevaliers : le Duc de Guise, le Marquis de Soyecourt & de la Valliere demeurerent à la dispute, dont ce dernier em

DE L'ISLE ENCHANTE'E. 35

[em]rta le prix; qui fut une épée d'or enrichie [de] Diamans, avec des boucles de baudrier [de] valeur, que donna la Reyne Mere, & [do]nt elle l'honora de sa main.

La nuit vint cependant à la fin des Cour[se]s, par la justesse qu'on avoit eu à les com[m]encer: Et un nombre infini de lumieres [ay]ant éclairé tout ce beau lieu; l'on vid en[tr]er dans la mesme place

Trente-quatre Concertans fort bien vê[tu]s, qui devoient preceder les Saisons; & [fa]isoient le plus agreable concert du mon[d]e.

Pendant que les Saisons se changeoient [l]es mets delicieux qu'elles devoient porter, [p]our servir devant leurs Majestez la magni[fi]que collation qui estoit preparée: Les dou[z]e Signes du Zodiaque, & les quatre Saisons [d]anserent dans le rond une des plus belles [en]trées de Ballet qu'on eut encore veuë.

Le Printemps parut en suite sur un cheval [d']Espagne, representé par Mademoiselle du [P]arc; qui avec le sexe & les avantages d'une [f]emme, faisoit voir l'addresse d'un homme: [s]on habit estoit vert en broderie d'argent, [&] de fleurs au naturel.

L'Esté le suivoit, representé par le Sieur

du Parc, sur un Elephant, couvert d'une [ri]-
che housse.

L'Automne aussi advantageusement [si]-
stuë, représentée par le Sieur de la Thori[l]-
liere, venoit apres monté sur un Chamea[u].

L'Hyver suivoit sur un Ours, represent[é]
par le Sieur Bejar.

Leur suite estoit composée de quarante-
huict personnes, qui portoient toutes [sur]
leurs testes de grands bassins pour la colla[-]
tion.

Les douze premiers couverts de fleurs
portoient, comme des Jardiniers, des Cor[-]
beilles peintes de vert & d'argent, garni[es]
d'un grand nombre de porcelaines, si rem[-]
plies de confitures & d'autres choses dé[li]-
cieuses de la Saison, qui estoient courb[és]
sous cét agréable faix.

Douze autres, comme Moissonneurs, v[e]-
stus d'habits conformes à cette professio[n]
mais fort riches, portoient des bassins [de]
cette couleur incarnate, qu'on remarque [au]
Soleil Levant, & suivoient l'Esté.

Douze vestus en Vandangeurs, estoi[ent]
couverts de feüilles de vignes & de grap[es]
de raisins; & portoient dans des pan[iers]
feüille-morte, remplis de petits bassins

DE L'ISLE ENCHANTE'E.

...tte mesme couleur, divers autres fruits & ...onfitures à la suite de l'Automne.

Les douze derniers, estoient des Viellards ...elez, dont les fourrures & la démarche ...arquoient la froideur & la foiblesse, por...ant dans des bassins couverts d'une glace & ...'une neige si bien contrefaites, qu'on les ...ust pris pour la chose mesme, ce qu'ils de...oient contribuer à la Collation, & sui...oient l'Hyver.

Quatorze Concertans de Pan & de Diane ...récedoient ces deux Divinitez, avec une ...gréable Harmonie de Flutes & de Musettes.

Elles venoient en suite sur une Machine ...rt ingenieuse en forme d'une petite Mon...agne ou Roche ombragée de plusieurs ar...res: mais ce qui estoit plus surprenant, c'est qu'on la voyoit portée en l'air, sans que l'artifice qui la faisoit mouvoir, se pust découvrir à la veuë.

Vingt autres personnes les suivoient, portant des viandes de la Mesnagerie de Pan, & de la Chasse de Diane.

Dix-huit Pages du Roy fort richement vestus, qui devoient servir les Dames à Table, faisoient les derniers de cette Troupe; laquelle estant rangée, Pan, Diane & les

Saisons se presentant devant la Reyne, I. Printemps luy addressa le premier ces Vers.

── ──

Le Printemps.
A LA REYNE.

Entre toutes les fleurs nouvellement écloses,
  Dont mes Iardins sont embellis,
Méprisant les iasmins, les œillets & les roses,
Pour payer mon tribut j'ay fait choix de ces lys,
Que de vos premiers ans vous avez tant cheris
LOVIS les fait briller du couchant à l'aurore,
Tout l'Vnivers charmé les respecte & les craint;
Mais leur regne est plus doux & plus puissant encore
  Quand ils brillent sur vostre teint.

L'ESTE'.

  Surpris un peu trop promptement,
J'apporte à cette Feste un leger ornement;
  Mais avant que ma saison passe,
  Ie feray faire à vos Guerriers,
  Dans les campagnes de la Thrace,
  Vn ample moisson de Lauriers.

L'AUTOMNE.

Le Printemps orgueilleux de la beauté des fleurs
  Qui luy tomberent en partage,
Pretend de cette Feste avoir tout l'avantage,
Et nous croit obscurcir par ses vives couleurs:

Mais vous vous souviendrez, Princesse sans seconde,
De ce fruit precieux qu'a produit ma saison,
Et qui croist dans vostre maison,
Pour faire quelque jour les delices du Monde.

L'HYVER.

La neige, les glaçons que j'apporte en ces lieux
   Sont des mets les moins precieux,
   Mais ils sont des plus necessaires,
Dans une Feste où mille objets charmans,
   De leurs œillades meurtrieres,
   Font naistre tant d'embrazemens.

DIANE.
A LA REYNE.

Nos bois, nos rochers, nos montagnes,
   Tous nos chasseurs, & mes compagnes
Qui m'ont toûjours rendu des honneurs souverains,
Depuis que parmy nous ils vous ont veu paroistre,
   Ne veulent plus me reconnoistre,
Et chargez de presens, viennent avecque moy
Vous porter ce tribut pour marque de leur foy.
Les habitans legers de cét heureux boccage,
De tomber dans vos rets font leur sort le plus doux,
   Et n'estiment rien davantage,
   Que l'heur de perir de vos coups :
Amour dont vous avez la grace & le visage,
   A le mesme secret que vous.

PAN.

Ieune Divinité, ne vous étonnez pas,
Lors que nous vous offrons en ce fameux repas

L'eflite de nos bergeries :
Si nos troupeaux gouftent en paix
Les herbages de nos prairies,
Nous devons ce bon-heur à vos divins attraits.

CEs Recits achevez, une grande Table en forme de Croiffant, rond d'un cofté, où l'on devoit couvrir & garnir de fleurs celuy où elle eftoit creufe, vint à fe découvrir.

Trente-fix Violons tres-bien veftus, parurent derriere fur un petit Theatre : pendant que Meffieurs de la Marche & Parfait Pere, Frere, & Fils Controlleurs Generaux ; fous les noms de l'Abondance, de la Joye, de la Propreté, & de la Bonne Chere, la firent couvrir par les Plaifirs, par les Jeux, par le Ris, & par les Delices.

Leurs Majeftez s'y mirent en cét Ordre qui prévint tous les embarras, qui euffent pû naiftre pour les rangs.

La Reyne Mere eftoit affife au milieu de la Table ; & avoit à fa main droite.

LE ROY.

Mademoifelle d'Alençon.
Madame la Princeffe.
Mademoifelle d'Elbeuf.

DE L'ISLE ENCHANTE'E.

Madame de Bethune.
Madame la Duchesse de Crequy.

MONSIEUR.

Madame la Duchesse de S. Aignan.
Madame la Mareschalle du Plessis.
Madame la Mareschalle d'Estampes.
Madame de Gourdon.
Madame de Montespan.
Madame d'Humieres.
Mademoiselle de Brancas.
Madame d'Armagnac.
Madame la Comtesse de Soissons.
Madame la Princesse de Bade.
Mademoiselle de Grançay.

DE L'AUTRE COSTÉ, ESTOIENT ASSISES,

LA REYNE.

Madame de Carignan.
Madame de Flaix.
Madame la Duchesse de Foix.
Madame de Brancas.
Madame de Froulay.
Madame la Duchesse de Navailles.
Mademoiselle d'Ardennes.
Mademoiselle de Cologon.
Madame de Crussol.
Madame de Montauzier.

LES PLAISIRS

MADAME.

Madame la Princesse Benedicte.
Madame la Duchesse.
Madame de Rouvroy.
Mademoiselle de la Mothe.
Madame de Marsé.
Mademoiselle de la Valliere.
Mademoiselle d'Artigny.
Mademoiselle du Belloy.
Mademoiselle de Dampierre.
Mademoiselle de Fiennes.

La somptuosité de cette Collation passoi[t] tout ce qu'on en pourroit écrire, tant pa[r] l'abondance, que par la delicatesse des choses qui y furent servies: Elle faisoit aussi l[e] plus bel objet qui puisse tomber sous le[s] sens; puis que dans la nuict auprés de la ver[-] deur de ces hautes palissades, un nombr[e] infiny de Chandeliers peints de vert & d'ar[-] gent, portant chacun vingt-quatre bougies & deux cent flambeaux de cire blanche, te[-] nus par autant de personnes vestus en Mas[-] ques, rendoient une clarté, presque auss[i] grande & plus agreable que celle du jour Tous les Chevaliers avec leurs Casques cou[-] verts de plumes de differentes couleurs, &

urs habits de la Course estoient appuyez
r la Barriere; & ce grand nombre d'Offi-
ers richement vestus, qui servoient, en
ugmentoient encore la beauté, & rendoient
e rond une chose enchantée, duquel apres
 Collation, leurs Majestez & toute la
our, sortirent par le Portique opposé à la
arriere; & dans un grand nombre de Ca-
esches fort ajustées, reprirent le chemin
u Chasteau.

Fin de la premiere Iournée.

SECONDE JOURNE'E
DES PLAISIR
DE L'ISLE
ENCHANTE'E.

Lors que la nuict du second jour fu
venuë, Leurs Majestés se rendire
dans un autre rond environné de pa
lissades comme le premier, & sur la mesm
ligne, s'avançant toûjours vers le Lac, o
l'on feignoit que le Palais d'Alcine esto
basti.

Le dessein de cette seconde Feste, esto
que Roger & les Chevaliers de sa Quadrill
apres avoir fait des merveilles aux Course
que par l'ordre de la belle Magicienne
avoient fait en faveur de la Reyne, con
nuoie

DE L'ISLE ENCHANTE'E.

...oient en ce mesme dessein pour le divertissement suivant ; & que l'Isle flotante ...yant point éloigné le rivage de la Fran..., ils donnoient à sa Majesté le plaisir ...ne Comedie, dont la Scene estoit en ...ide.

Le Roy fit donc couvrir de toilles, en si ...u de temps qu'on avoit lieu de s'en étonner, tout ce rond d'une espece de Dome, ...ur deffendre contre le vent le grand nombre de Flambeaux & de Bougies qui devoient éclairer le Theatre, dont la decoration estoit fort agreable. Aussi-tost qu'on ...t tiré la toille un grand Concert de plusieurs Instrumens se fit entendre: Et l'Aurore representée par Mademoiselle Hilaire, ...uvrit la Scene, & chanta ce Recit.

LES PLAISIRS

PREMIERE INTERMEDE.

SCENE I.

RECIT DE L'AURORE.

Qvand l'Amour à vos yeux ofre un choix agreable,
Ieunes beautez, laiffez-vous enflamer :
Mocquez-vous d'affecter cét orgueil indomptable
   Dont on vous dit qu'il eft beau de s'armer
     Dans l'âge où l'on eft aimable,
     Rien n'eft fi beau que d'aimer.

Soûpirez librement pour un amant fidelle,
   Et bravez ceux qui voudroient vous blâmer
Vn cœur tendre eft aimable, & le nom de cruelle
   N'eft pas un nom à fe faire eftimer :
     Dans le temps où l'on eft belle,
     Rien n'eft fi beau que d'aimer.

SCENE II.

VALETS DE CHIENS, ET MUSICIENS.

PEndant que l'Aurore chantoit ce Recit, quatre Valets de Chiens estoient couchez sur l'Herbe, dont l'un (sous la figure de Lyciscas) representé par le Sieur de Moliere, excellent Acteur, de l'invention duquel estoient les Vers & toute la Piece, se trouvoit au milieu de deux, & un autre à ses pieds, qui estoient les Sieurs Estival, Don, & Blondel de la Musique du Roy, dont les voix estoient admirables.

Ceux-cy en se réveillant à l'arrivée de l'Aurore, si-tost qu'elle eut chanté, s'écrierent en Concert.

Hola? hola? debout, debout, debout: Pour la Chasse ordónée il faut preparer tout Hola? ho debout, viste debout.

Ier.
Jusqu'aux plus sombres lieux le jour se
communique,

LES PLAISIRS

IIme.
L'air sur les fleurs en perles se resout.
IIIme.
Les Rossignols commencent leur Musique
Et leurs petits concerts retentissent par tout

Tous Ensenble.

Sus, sus debout, viste debout?
Parlant à Lyciscas qui dormoit.
Qu'est cecy, Lyciscas, quoi? tu rôfles encore
Toy qui promettois tant de devancer l'Aurore?
Allons debout, viste debout,
Pour la Chasse ordonée il faut preparer tou
Debout, viste debout, dépeschons, debou

LYCISCAS *en s'eveillant*.

Par la morbleu vous estes de grans brai
lards vous autres, & vous avez la gueule o
verte de bon matin?

MUSICIENS.

Ne vois-tu pas le jour qui se répand par tou
Allons debout, Lyciscas debout.

LYCISCAS.

Hé! laissez-moy dormir encore un p
je vous conjure?

MUSICIENS.

Non, non debout, Lyciscas debout.

LYCISCAS.
Je ne vous demande plus qu'un petit quart d'heure ?

MUSICIENS.
Point, point debout, viste debout.

LYCISCAS.
Hé ! je vous prie ?

MUSICIENS.
Debout.

LYCISCAS.
Un moment.

MUSICIENS.
Debout.

LYCISCAS.
De grace.

MUSICIENS.
Debout.

LYCISCAS.
Eh!

MUSICIENS.
Debout.

LYCISCAS.
Je...

MUSICIENS.
Debout.

LYCISCAS.
J'auray fait incontinent.

LES PLAISIRS MUSICIENS.

Non, non debout, Lyciscas debout:
Pour la Chasse ordōnée il faut preparer tout
Viste debout, dépeschons debout.

LYCISCAS.

Et bien laissez-moy, je vais me lever: Vou[s]
estes d'étranges gens de me tourmente[r]
comme cela: Vous serez cause que je ne m[e]
porteray pas bien de toute la journée ; car
voyez-vous, le sommeil est necessaire [à]
l'homme, & lors qu'on ne dort pas sa refe[-]
ction, il arrive...que...on est...

Ier.
Lyciscas.
IIme.
Lyciscas.
IIIme.
Lyciscas.
Tous Ensenble.
Lyciscas.

LYCISCAS.

Diable soit les brailleurs, je voudrois qu[e]
vous eussiez la gueule pleine de boüillie bi[en]
chaude.

MUSICIENS.

Debout, debout, viste debout, dépescho[ns]
debout.

LYCISCAS.

[Ah!] quelle fatigue de ne pas dormir son sou-
ler.

Ier.
Hola? oh.

IIme.
Hola? oh.

IIIme.
Hola? oh.

Tous Ensenble.
Oh! oh! oh! oh! oh.

LYCISCAS.

Oh! oh! oh! oh. La peste soit des gens
[a]vec leurs chiens de hurlemens, je me donne
[au] Diable si je ne vous assomme: Mais voyez
[u]n peu quel diable d'entousiasme il leur
[p]rend, de me venir chanter aux oreilles com-
[m]e cela, je....

MUSICIENS.
Debout.

LYCISCAS.
Encore.

MUSICIENS.
Debout.

LYCISCAS.
Le Diable vous emporte.

MUSICIENS.
Debout.

LES PLAISIRS

LYCISCAS *en se levant.*

Quoy toûjours ? a-t'on jamais veu un pareille furie de chanter ? par le sang-ble j'enrage ; puis que me voila éveillé, il faut que j'éveille les autres, & que je les tourmente comme on m'a fait. Allons ho? Messieurs, debout, debout, viste, c'est trop dormir. Je vais faire un bruit de Diable partout, debout, debout, debout; Allons viste ho, ho, ho? Debout, debout, pour la Chasse ordonnée il faut preparer tout ; debout, debout, Lyciscas debout? ho! ho! ho! ho! ho!

Lyciscas s'estant levé avec toutes les peines du monde, & s'estant mis à crier de toute sa force, plusieurs Cors & Trompes de Chasse se firent entendre, & concerté avec les Violons commencerent l'air d'une entrée, sur laquelle six Valets de Chiens danserent avec beaucoup de justesse & disposition ; reprenant à certaines cadences le son de leurs Cors & Trompes. C'estoit les Sieurs Paysan, Chicanneau, Noble, Pesan, Bonard, & la Pierre.

NOMS DES ACTEVRS de la Comedie.

LA PRINCESSE D'ELIDE.
Mademoiselle de Moliere.
AGLANTE, Cousine de la Princesse.
Mademoiselle du Parc.
CINTHIE, Cousine de la Princesse.
Mademoiselle de Brie.
PHILIS, suivante de la Princesse.
Mademoiselle Bejart.
IPHITAS, Pere de la Princesse.
Le Sieur Hubert.
EURIALE, ou le Prince d'Ithaque.
Le Sieur de la Grange.
ARISTOMENE, ou le Prince de Messene.
Le Sieur du Croisy.
THEOCLE, ou le Prince de Pyle.
Le Sieur Pejart.
ARBATE, Gouverneur du Prince d'Ithaque.
Le Sieur de la Torilliere.
MORON, Plaisant de la Princesse.
Le Sieur de Moliere.
Un Suivant.
Le Sieur Prevost.

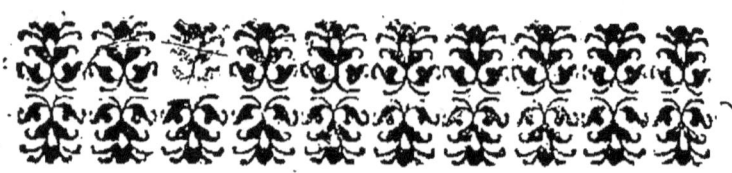

ACTE PREMIER

ARGUMENT.

Cette Chasse qui se preparoit ainsi estoit celle d'un Prince d'Elide, leque[l] estant d'humeur galante & magnifique, souhaitant que la Princesse sa Fille se reso[u]lust à aimer & à penser au mariage, qu[i] estoit fort contre son inclination, avoit fai[t] venir en sa Cour les Princes d'Itaque, d[e] Messene & de Pyle ; afin que dans l'exer[-]cice de la Chasse qu'elle aimoit fort, & dan[s] d'autres Ieux, comme des Courses d[e] Chars & semblables magnificences, quel[-]qu'un de ces Princes pust luy plaire, [&] devenir son Espoux.

SCENE PREMIERE.

Evriale, Prince d'Ithaque, amoureux de la Princeſſe d'Elide, & Arbate ſon Gouverneur, lequel indulgent à la paſſion du Prince, le loüe de ſon amour au lieu de l'en blaſmer, en des termes fort galands.

EURIALE, ARBATE.

ARBATE.

Ce ſilence réſveur, dont la ſombre habitude,
Vous fait à tous momens chercher la ſolitude
Ces longs ſoûpirs que laiſſe échaper voſtre cœur,
Et ces fixes regards ſi chargez de langueur,
Diſent beaucoup ſans doute à des gens de mon âge;
Et je penſe, Seigneur, entendre ce langage:
Mais ſans voſtre congé de peur de trop riſquer,
Je n'oſe m'enhardir juſques à l'expliquer.

EURIALE.

Explique, explique Arbate, avec toute licence
Ces ſoûpirs, ces regards, & ce morne ſilence:
Je te permets icy de dire que l'Amour
M'a rangé ſous ſes loix, & me brave à ſon tour:
Et je conſens encor que tu me faſſes honte,
Des foibleſſes d'un cœur qui ſouffre qu'on le dôpte.

Q vj

ARBATE.

Moy vous blâmer, Seigneur, des tendres mou-
  vemens,
Où je vois qu'aujourd'huy penchent vos sentimens;
Le chagrin des vieux jours ne peut aigrir mon ame
Contre les doux transports de l'amoureuse flâme,
Et bien que mon sort touche à ses derniers Soleils,
Je diray que l'Amour sied bien à vos pareils :
Que ce tribut qu'on rend aux traits d'un beau visage,
De la beauté d'une ame est un clair témoignage,
Et qu'il est mal-aisé que sans estre amoureux
Un jeune Prince soit, & grand & genereux ;
C'est une qualité que j'aime en un Monarque,
La tendresse du cœur est une grande marque,
Et je croy que d'un Prince on peut tout présumer,
Dés qu'on voit que son ame est capable d'aimer.
Ouy, cette passion de toutes la plus belle,
Traisne dans un esprit cent vertus apres elle,
Aux nobles actions elle pousse les cœurs,
Et tous les grands Heros ont senty ses ardeurs.
Devant mes yeux, Seigneur, a passé vostre enfance,
Et j'ay de vos vertus veu fleurir l'esperance ;
Mes regards observoient en vous des qualitez
Où je reconnoissois le sang dont vous sortez ;
J'y découvrois un fonds d'esprit & de lumière,
Je vous trouvois bien-fait, l'air grand, & l'ame fiere;
Vostre cœur, vostre adresse éclatoient chaque jour;
Mais je m'inquietois de ne voir point d'amour,
Et puisque les langueurs d'une playe invincible
Nous montrent que vostre ame à ses traits est sen-
  sible,
Je triomphe, & mon cœur d'allegresse remply
Vous regarde à present comme un Prince accompli

EURIALE.

Si de l'Amour un temps j'ay bravé la puissance,
Helas! mon cher Arbate, il en prend bien vengeance!
Et sçachant dans quels maux mon cœur s'est abismé,
Toy-mesme, tu voudrois qu'il n'eust jamais aimé:
Car enfin voy le sort où mon Astre me guide,
J'aime, j'aime ardemment la Princesse d'Elide,
Et tu sçais quel orgueil sous des traits si charmans
Arme contre l'Amour ses jeunes sentimens;
Et comment elle fuit en cette illustre Feste
Cette foule d'amans qui briguent sa conqueste.
Ah! qu'il est bien peu vray que ce qu'on doit aimer,
Aussi-tost qu'on le voit prend droict de nous charmer;
Et qu'un premier coup d'œil allume en nous les flames,
Où le Ciel en naissant a destiné nos ames?
A mon retour d'Argos je passay dans ces lieux,
Et ce passage offrit la Princesse à mes yeux,
Je vis tous les appas dont elle est revestuë,
Mais de l'œil dont on voit une belle Statuë:
Leur brillante jeunesse observée à loisir
Ne porta dans mon ame aucun secret desir,
Et d'Ithaque en repos je revis le rivage,
Sans m'en estre en deux ans r'appellé nulle image:
Un bruit vient cependant à répandre à ma Cour
Le celebre mépris qu'elle fait de l'Amour;
On publie en tous lieux que son ame hautaine
Garde pour l'Hymenée une invincible haine,
Et qu'un Arc à la main, sur l'épaule un Carquois,
Comme une autre Diane elle hante les bois,
N'aime rien que la Chasse, & de toute la Grece
Fait soûpirer en vain l'heroïque jeunesse.

Admire nos esprits, & la fatalité,
Ce que n'avoit point fait sa veuë & sa beauté,
Le bruit de ses fiertez en mon ame fit naistre
Un transport inconnu, dont je ne fus point maistre
Ce dédain si fameux eut des charmes secrets,
A me faire avec soin rappeller tous ses traits,
Et mon esprit jettant de nouveaux yeux sur elle
M'en refit une image & si noble, & si belle ;
Me peignit tant de gloire, & de telles douceurs
A pouvoir triompher de toutes ses froideurs,
Que mon cœur aux brillans d'une telle victoire
Vit de sa liberté s'évanoüir la gloire ;
Contre une telle amorce il eut beau s'indigner,
Sa douceur sur mes sens prit tel droit de regner,
Qu'entraisné par l'effort d'une occulte puissance
J'ay d'Ithaque en ces lieux fait voile en diligence
Et je couvre un effet de mes vœux enflammez
Du desir de paroistre à ces Jeux renommez,
Où l'Illustre Iphitas, Pere de la Princesse,
Assemble la pluspart des Princes de la Grece.

ARBATE.

Mais à quoy bon, Seigneur, les soins que vous
    prenez ?
Et pourquoy ce secret où vous vous obstinez ?
Vous aimez, dites-vous, cette illustre Princesse,
Et venez à ses yeux signaler vostre adresse,
Et nuls empressemens, paroles, ny soûpirs
Ne l'ont instruite encor de vos bruslans desirs.
Pour moy je n'entends rien à cette politique
Qui ne veut point souffrir que vostre cœur s'ex-
    plique,
Et je ne sçay quel fruit peut pretendre un amour
Qui fuit tous les moyens de se produire au jour.

EURIALE.

Et que feray-je, Arbate, en declarant ma peine,
Qu'attirer les dédains de cette ame hautaine,
Et me jetter au rang de ces Princes soumis
Que le titre d'amans luy peint en ennemis ?
Tu vois les Souverains de Messene & de Pyle
Luy faire de leurs cœurs un hommage inutile,
Et de l'éclat ponpeux des plus hautes vertus
En appuyer en vain les respects assidus :
Ce rebut de leurs soins, sous un triste silence,
Retient de mon amour toute la violence,
Je me tiens condamné dans ces Rivaux fameux,
Et je lis mon arrest au mépris qu'on fait d'eux.

ARBATE.

Et c'est dans ce mépris, & dans cette humeur fiere
Que vostre ame à ses vœux doit voir plus de lu-
 miere,
Puisque le sort vous donne à conquerir un cœur
Que deffend seulement une jeune froideur,
Et qui n'impose point à l'ardeur qui vous presse
De quelque attachement l'invincible tendresse :
Un cœur préoccupé resiste puissamment ;
Mais quand une ame est libre, on la force aisément,
Et toute la fierté de son indifference
N'a rien dont ne triomphe un peu de patience.
Ne luy cachez donc plus le pouvoir de ses yeux,
Faites de vostre flâme un éclat glorieux,
Et bien loin de trembler de l'exemple des autres,
Du rebut de leurs vœux enflez l'espoir des vostres.
Peut-estre pour toucher ses severes appas,
Aurez-vous des secrets que ces Princes n'ont pas ;
Et si de ses fiertez l'imperieux caprice
Ne vous fait éprouver un destin plus propice.

Au moins eſt-ce un bon-heur en ces extrémitez
Que de voir avec ſoy ſes Rivaux rebutez.

EURIALE.

J'aime à te voir preſſer cét aveu de ma flâme,
Combatant mes raiſons tu chatoüilles mon ame;
Et par ce que j'ay dit je voulois preſſentir
Si de ce que j'ay fait tu pourrois m'applaudir :
Car, enfin, puis qu'il faut t'en faire confidence,
On doit à la Princeſſe expliquer mon ſilence,
Et peut-eſtre au moment que je t'en parle icy,
Le ſecret de mon cœur, Arbate, eſt éclaircy.
Cette Chaſſe où, pour füir la foule qui l'adore,
Tu ſçais qu'elle eſt allée au lever de l'Aurore,
Eſt le temps que Moron pour declarer mon ſe
A pris.

ARBATE.
Moron, Seigneur.

EURIALE.
Ce choix t'étonne un peu;
Par ſon titre de fou tu crois le bien connoiſtre,
Mais ſçache qu'il l'eſt moins qu'il ne le veut pa-
 roiſtre,
Et que malgré l'employ qu'il exerce aujourd'huy
Il a plus de bon ſens que tel qui rit de luy :
La Princeſſe ſe plaiſt à ſes bouffonneries,
Il s'en eſt fait aimer par cent plaiſanteries,
Et peut dans cét accez dire & perſuader
Ce que d'autres que luy n'oſeroient hazarder;
Je le voy propre, enfin, à ce que j'en ſouhaite;
Il a pour moy, dit-il, une amitié parfaite,
Et veut, (dans mes Eſtats ayant receu le jour)
Contre tous mes Rivaux appuyer mon amour :
Quelque argent mis en main pour ſouſtenir c
 zele....

DE L'ISLE ENCHANTE'E.

SCENE II.

Oron representé par le Sieur de Moliere, arrive, & ayant le souvenir d'un furieux Sanglier, devant lequel l'avoit fuy à la Chasse, demande secours, & rencontrant Euriale & Arbate, se met au milieu d'eux pour plus de seureté, apres leur avoir témoigné sa peur, & leur disant cent choses plaisantes sur son peu de bravoure.

MORON, ARBATE, EURIALE.

MORON *sans estre veu.*
Au secours! sauvez moy de la beste cruelle!
EURIALE.
Je pense oüir sa voix?
MORON *sans estre veu.*
A moy de grace, à moy?
EURIALE.
C'est luy-mesme, où court-il avec un tel effroy?
MORON.
Où pourray-je éviter ce Sanglier redoutable?
Grands Dieux! preservez-moy de sa dent effroyable;

LES PLAISIRS

Je vous promets, pourveu qu'il ne m'attrape pas,
Quatre livres d'encens, & deux veaux des plus g[...]
 Ha ! je suis mort ?

EURIALE.
Qu'as-tu ?
MORON.
Je vous croyois la b[...]
Dont à me diffamer j'ay veu la gueule preste,
Seigneur, & je ne puis revenir de ma peur.

EURIALE.
Qu'est-ce ?

MORON.
O que la Princesse est d'une étrange humeur !
Et qu'à suivre la Chasse & ses extravagances,
Il nous faut essuyer de sottes complaisances !
Quel Diable de plaisir trouvent tous les Chasseu[rs]
De se voir exposez à mille & mille peurs ?
Encore si c'estoit qu'on ne fust qu'à la Chasse
Des Liévres, des Lapins, & des jeunes Dains, passe
Ce sont des animaux d'un naturel fort doux,
Et qui prennent toûjours la fuite devant nous :
Mais aller attaquer de ces bestes vilaines
Qui n'ont aucun respect pour les faces humaines,
Et qui courent les gens qui les veulent courir,
C'est un sot passe-temps que je ne puis souffrir.

EURIALE.
Dis-nous donc ce que c'est ?
MORON *en se tournant.*
Le penible exercice
Où de nostre Princesse a volé le caprice !..
J'en aurois bien juré qu'elle auroit fait le tour,
Et la Course des Chars se faisant en ce jour,
Il falloit affecter ce contre-temps de Chasse
Pour mépriser ces Jeux avec meilleure grace,

DE L'ISLE ENCHANTE'E.

faire voir....Mais chut, achevons mon recit,
reprenons le fil de ce que j'avois dit.
J'ay-je dit?

EURIALE.

Tu parlois d'exercice penible.

MORON.

Ah! oüy, succombant donc à ce travail horrible,
ar en Chasseur fameux j'estois enharnaché,
dés le poinct du jour je m'estois découché :
me suis écarté de tous en galand homme,
t trouvant un lieu propre à dormir d'un bon some
essayois ma posture, & m'ajustant bien-tost,
renois déja mon ton pour ronfler comme il faut,
ors qu'un murmure affreux m'a fait lever la veuë,
t j'ay d'un vieux buisson de la forest touffuë
eu sortir un Sanglier d'une énorme grandeur
ur....

EURIALE.

Qu'est-ce?

MORON.

Ce n'est rien, n'ayez point de frayeur;
Mais laissez-moy passer entre vous deux pour cause,
e seray mieux en main pour vous conter la chose :
'ay donc veu ce Sanglier, qui par nos gens chassé
voit d'un air affreux tout son poil herissé ;
es deux yeux flamboyans ne lançoient que mena-
ce,
Et sa gueule faisoit une laide grimace,
Qui parmy de l'écume à qui l'osoit presser
Montroit de certains cros...je vous laisse à penser?
A ce terrible aspect j'ay ramassé mes armes ;
Mais le faux animal sans en prendre d'allarmes
Est venu droit à moy, qui ne luy disois mot.

ARBATE.
Et tu l'as de pied ferme attendu ?
MORON.
Quelque sot,
J'ay jetté tout par terre, & couru comme quatre.
ARBATE.
Fuir devant un Sanglier ayant dequoy l'abatre,
Ce trait, Moron, n'est pas genereux...
MORON.
J'y consens,
Il n'est pas genereux, mais il est de bon sens.
ARBATE.
Mais par quelques exploits, si l'on ne s'éternise.
MORON.
Je suis vostre valet, j'aime mieux qu'on dise,
C'est icy qu'en fuyant sans se faire prier,
Moron sauva ses jours des fureurs d'un Sanglier;
Que si l'on y disoit, Voila l'illustre place
Où le brave Moron, d'une heroïque audace,
Affrontant d'un Sanglier l'impetueux effort,
Par un coup de ses dents vit terminer son sort.
EURIALE.
Fort bien....
MORON.
Ouy, j'aime mieux, n'en déplaise à la gloire,
Vivre au monde deux jours que mille ans dans
l'histoire.
EURIALE.
En effet ton trépas fascheroit tes amis ;
Mais si de ta frayeur, ton esprit est remis,
Puis-je te demander si du feu qui me brûle....
MORON.
Il ne faut pas, Seigneur, que je vous dissimule

DE L'ISLE ENCHANTEE. 381

e n'ay rien fait encor, & n'ay point rencontré
e temps pour luy parler qui fust selon mon gré :
'office de bouffon a des prérogatives ;
ais souvent on rabat nos libres tentatives :
e discours de vos feux est un peu delicat,
t c'est chez la Princesse une affaire d'estat ;
ous sçavez de quel titre elle se glorifie,
t qu'elle a dans la teste une Philosophie
ui declare la guerre au conjugal lien,
t vous traitte l'Amour de deïté de rien :
our n'effaroucher point son humeur de tygresse
l me faut manier la chose avec adresse,
Car on doit regarder comme l'on parle aux grands,
t vous estes par fois d'assez fâcheuses gens.
aissez-moy doucement conduire cette trame,
e me sens-là pour vous un zele tout de flame,
Vous estes né mon Prince, & quelques autres nœuds
Pourroient contribuer au bien que je vous veux :
Ma mere dans son temps passoit pour assez belle,
Et naturellement n'estoit pas fort cruelle ;
Feu vostre Pere alors, ce Prince genereux,
Sur la galanterie estoit fort dangereux,
Et je sçay qu'Elpenor, qu'on appelloit mon Pere,
A cause qu'il estoit le mary de ma Mere,
Contoit pour grand honneur aux Pasteurs d'au-
    jourd'huy
Que le Prince autrefois estoit venu chez luy,
Et que durant ce temps il avoit l'avantage
De se voir salüé de tous ceux du village :
Baste, quoy qu'il en soit, je veux par mes travaux,
Mais voicy la Princesse & deux de vos Rivaux.

SCENE III.

LA Princesse d'Elide parut ensuite avec les Princes de Messene & Pyle, lesquels firent remarquer en eux d[es] caracteres bien differens de celuy du Prin[ce] d'Ithaque; & luy cederent dans le cœur d[e] la Princesse tous les avantages qu'il y pou[r]voit desirer : Cette aimable Princesse n[e] témoigna pas pourtant que le merite de c[e] Prince eust fait aucune inpression sur so[n] esprit, & qu'elle l'eust quasi remarqué elle témoigna toûjours, comme une autr[e] Diane, n'aimer que la Chasse & les Fo[-]rests, & lors que le Prince de Messen[e] voulut luy faire valoir le service qu'il luy avoit rendu, en la desfaisant d'un for[t] grand Sanglier qui l'avoit attaquée ; elle luy dit que sans rien diminuer de sa reconnoissance, elle trouvoit son secours d'autant moins considerable, qu'elle en avoit tué toute seule d'aussi furieux, & fust peut-estre bien encore venuë à bout de celuy-cy.

DE L'ISLE ENCHANTE'E.

LA PRINCESSE & sa suitte.

ARISTOMENE, THEOCLE, EURIALE, ARBATE, MORON.

ARISTOMENE.

Eprochez-vous, Madame, à nos justes al-
 larmes,
Ce peril dont tous deux avons sauvé vos charmes ?
J'aurois pensé pour moy qu'abattre sous nos coups
Ce Sanglier qui portoit sa fureur jusqu'à vous,
Estoit une avanture (ignorant vostre Chasse)
Dont à nos bons destins nous deussions rendre
 grace :
Mais à cette froideur je connois clairement
Que je dois concevoir un autre sentiment,
Et quereller du sort la fatale puissance
Qui me fait avoir part à ce qui vous offence.

THEOCLE.

Pour moy je tiens, Madame, à sensible bon-heur
L'action où pour vous a volé tout mon cœur,
Et ne puis consentir, malgré vostre murmure,
A quereller le sort d'une telle avanture :
D'un objet odieux je sçay que tout déplaist ;
Mais deust vostre couroux estre plus grand qu'il
 n'est,
C'est extrême plaisir, quand l'amour est extrême,
De pouvoir d'un peril affranchir ce qu'on aime.

LA PRINCESSE.

Et pensez-vous, Seigneur, puis qu'il me faut parler,
Qu'il eust en ce peril dequoy tant m'ébranler ?

Que l'Arc, & que le Dard, pour moy si pleins
    charmes,
Ne soient entre mes mains que d'inutiles armes?
Et que je fasse, enfin, mes plus frequens emplois,
De parcourir nos monts, nos plaines, & nos bois;
Pour n'oser en chassant concevoir l'esperance
De suffire moy seule à ma propre deffence?
Certes avec le temps j'aurois bien profité
De ces soins assidus dont je fais vanité,
S'il falloit que mon bras dans une telle queste,
Ne pust pas triompher d'une chetive beste :
Du moins si pour pretendre à de sensibles coups
Le commun de mon sexe est trop mal avec vous,
D'un étage plus haut accordez-moy la gloire,
Et me faites tous deux cette grace de croire,
Seigneurs, que quel que fut le Sanglier d'aujour
    d'huy,
J'en ay mis bas, sans vous, de plus méchans que luy.

THEOCLE.

Mais, Madame....

LA PRINCESSE.

Et bien soit, je voy que vostre envie
Est de persuader que je vous dois la vie;
J'y consens; Oüy, sans vous c'estoit fait de mes
    jours,
Je rens de tout mon cœur grace à ce grand secours,
Et je vais de ce pas au Prince pour luy dire,
Les bontez que pour moy vostre amour vous in-
pire.

DE L'ISLE ENCHANTE'E. 385

SCENE IV.

EURIALE, MORON, ARBATE.

MORON.

HE! a t'on jamais veu de plus farouche esprit?
De ce vilain Sanglier l'heureux trépas l'aigrit:
comme volontiers j'aurois d'un beau salaire
recompensé tantost qui m'en eust sçeu deffaire!

ARBATE.

Je vous vois tout pensif, Seigneur, de ses dédains;
Mais ils n'ont rien qui doive empescher vos desseins,
Son heure doit venir, & c'est à vous possible
Qu'est reservé l'honneur de la rendre sensible.

MORON.

Il faut qu'avant la Course elle apprenne vos feux,
Et je.....

EURIALE.

Non, ce n'est plus, Moron, ce que je veux;
Garde toy de rien dire, & me laisse un peu faire,
J'ay resolu de prendre un chemin tout contraire;
Je voy trop que son cœur s'obstine à dédaigner
Tous ces profonds respects qui pensent la gaigner,
Et le Dieu qui m'engage à soûpirer pour elle
M'inspire pour la vaincre une adresse nouvelle:

Tome II.   R

Ouy, c'est luy d'où me vient ce soudain mouvement,
Et j'en attends de luy l'heureux évenement.
ARBATE.
Peut-on sçavoir, Seigneur, par où vostre esperance ?
EURIALE.
Tu le vas voir, allons, & garde le silence.

Fin du premier Acte.

DEUXIE'ME INTERMEDE.
ARGUMENT.

L'Agreable Moron laissa aller le Prince pour parler de sa passion naissante aux bois & aux rochers, & faisant retentir par tout le beau nom de sa Bergere Philis, un Echo ridicule luy répondant biZarement, il y prit si grand plaisir que riant en cent manieres, il fit répondre autant de fois cét Echo, sans témoigner d'en estre ennuyé: Mais un Ours vint interrompre ce beau divertissement, & le surprit si fort par cette veuë peu attenduë, qu'il donna de sensibles marques de sa peur: Il luy fit faire devant l'Ours toutes les soûmissions dont il se pût aviser pour l'adoucir: Enfin se jettant à un arbre pour y monter, comme il vit que l'Ours y vouloit grimper aussi bien que luy, Il cria au secours d'une voix si haute, qu'elle attira huit Paysans armez de bastons à deux bouts & d'espieux, pendant qu'un autre Ours parut en suite du premier. Il se fit un combat qui finit par la mort d'un des Ours, & par la fuite de l'autre.

SCENE PREMIERE.
MORON.

JUſqu'au revoir; pour moy je reſte icy, & j'ay une petite converſation à faire avec ces arbres & ces rochers.
Bois, prez, fontaines, fleurs qui voyez mon teint bleſme,
Si vous ne le ſçavez, je vous aprends que j'aime;
Philis eſt l'objet charmant
Qui tient mon cœur à l'attache,
Et je devins ſon amant
La voyant traire une Vache.
Ses doigts tous pleins de laict, & plus blancs mille fois
Preſſoient les bouts du pis d'une grace admirable:
Ouf! cette idée eſt capable
De me reduire aux abois.
Ah! Philis, Philis, Philis,
Ah! hem. ah ah ah! hi hi hi hi. oh oh oh oh.
Voilà un Echo qui eſt bouffon! hom hom hom. ha ha ha ha.
uh uh uh. Voilà un Echo qui eſt bouffon!

SCENE II.
UN OURS, MORON.

MORON.

Eh ! Monsieur l'Ours, je suis vostre serviteur de tout mon cœur : de grace épargnez-moy ? je vous asseure que je ne vaux rien du tout à manger, je n'ay que la peau & les os, & je voy de certaines gens là-bas qui seroient bien mieux vostre affaire. Eh ! eh ! ah ! Monseigneur, tout doux, s'il vous plaist. La, la, la, la, ah ! Monseigneur, que vostre Altesse est jolie & bien faite ! elle a tout à fait l'air galand & la taille la plus mignonne du monde. Ah beau poil ! belle teste ! beaux yeux brillans & bien fendus ! ah beau petit nez ! belle petite bouche ! petites quenotes jolies ! ah belle gorge ! belles petites menottes ! petits ongles bien-faits. A l'aide, au secours, je suis mort, misericorde, pauvre Morõ, ah mon Dieu ! & viste, à moy, je suis perdu !

Les Chasseurs paroissent.

Eh, Messieurs ayez pitié de moy! bon Messieurs, tuez moy ce vilain animal là? O Ciel daigne les assister. Bon, le voila qui fuit, le voila qui s'arreste & qui se jette sur eux. Bo[n] en voila un qui vient de luy donner un cou[p] dans la gueule. Les voila tous à l'entour d[e] luy. Courage, ferme, allons mes amis. Bon pouffez fort, encore, ah! le voila qui est [à] terre, c'en est fait, il est mort, descendon[s] maintenant pour luy donner cent coups Serviteur, Messieurs, je vous rends grace d[e] m'avoir delivré de cette beste, maintenan[t] que vous l'avez tuée je m'en vais l'achever. & en triompher avec vous.

Ces heureux Chasseurs n'eurent pas plutost remporté cette victoire, que Moron deven[u] brave par l'éloignement du peril, voulut aller donner mille coups à la beste, qui n'estoit plus en estat de se deffendre, & fit tout c[e] qu'un fanfaron, qui n'auroit pas esté tro[p] hardy, eust pû faire en cette occasion; & le[s] Chasseurs pour témoigner leur joye, danseren[t] une fort belle entrée : C'estoient M. Man[-] geau, les Sieurs Chicaneau, Baltazard Noblet, Bonard, Magny, & la Pierre.

DE L'ISLE ENCHANTE'E. 391

ACTE II.

ARGUMENT.

LE Prince d'Ithaque & la Princeſſe eurent une converſation fort galante ſur la Courſe des Chars, qui ſe reparoit : Elle avoit dit auparavant à une des Princeſſes ſes Parentes, que l'inſenſibilité du Prince d'Ithaque luy donnoit de la peine & luy eſtoit honteuſe: qu'encore qu'elle ne vouluſt rien aimer, il eſtoit bien faſcheux de voir qu'il n'aimoit rien ; & que quoy qu'elle euſt reſolu de n'aller point voir les Courſes, elle s'y vouloit rendre, dans le deſſein de taſcher à triompher de la liberté d'un homme qui la cheriſſoit ſi fort. Il eſtoit facile de juger que le merite de ce Prince produiſoit ſon effet ordinaire, que ſes belles qualitez avoient touché ce cœur ſuperbe,

& commencé à fondre une partie de cett[e] glace qui avoit resisté jusques alors à tout[es] les ardeurs de l'Amour, & plus il affectoit (par le conseil de Moron qu'il avoit ga[g]né, & qui connoissoit fort le cœur de l[a] Princesse) de paroistre insensible (quoy qu'i[l] ne fust que trop amoureux;) plus la Prin cesse se mettoit dans la teste de l'engager quoy qu'elle n'eust pas fait le dessein de s'en gager elle mesme. Les Princes de Messen[e] & de Pyle prirent lors congé d'elle pour s[e] preparer aux Courses, & luy parlant de l'esperance qu'ils avoient de vaincre, par le desir qu'ils sentoient de luy plaire: Celu[y] d'Ithaque luy témoigna au contraire, qu[e] n'ayant jamais rien aimé, il alloit essayer à vaincre pour sa propre satis-faction, ce qui la piqua encore davantage à vouloir soû-mettre un cœur desia assez soumis, mais qu[i] sçavoit deguiser ses sentimens le mieux d[u] monde.

SCENE I.

LA PRINCESSE, AGLANTE, CINTHIE.

LA PRINCESSE.

Ouy j'ayme à demeurer daus ces paisibles lieux,
On n'y découvre rien qui n'enchante les yeux,
Et de tous nos Palais la sçavante structure
Cede aux simples beautez qu'y forme la nature :
Ces Arbres, ces Rochers, cette Eau, ces Gazons frais
Ont pour moy des appas à ne lasser jamais.

AGLANTE.

Je cheris comme vous ces retraites tranquiles
Où l'on se vient sauver de l'embarras des Villes,
De mille objets charmans ces lieux sont embellis ;
Et ce qui doit surprendre, est qu'aux portes d'Elis
La douce passion de fuir la multitude
Rencontre une si belle, & vaste solitude :
Mais à vous dire vray dans ces jours éclatans
Vos retraites icy me semblent hors de temps,
Et c'est fort mal traiter l'appareil magnifidue
Que chaque Prince a fait pour la Feste publique ;
Ce spectacle pompeux de la Course des Chars
Devront bien meriter l'honneur de vos regards.

LA PRINCESSE.

Quel droit ont-ils chacun d'y vouloir ma pre-
 sence?
Et que dois-je apres tout à leur magnificence?
Ce sont soins que produit l'ardeur de m'acquerir,
Et mon cœur est le prix qu'ils veulent tous courir:
Mais quelque espoir qui flate un projet de la sorte,
Je me tromperay fort si pas un d'eux l'emporte.

CINTHIE.

Jusques à quand ce cœur veut-il s'effaroucher
Des innocens desseins qu'on a de le toucher?
Et regarde les soins que pour vous on se donne,
Comme autant d'attentats contre vostre personne?
Je sçay qu'en deffendant le party de l'Amour
On s'expose chez-vous à faire mal sa cour :
Mais ce que par le sang j'ay l'honneur de vous estre
S'oppose aux duretez que vous faites paroistre,
Et je ne puis nourrir d'un flateur entretien
Vos resolutions de n'aimer jamais rien.
Est-il rien de plus beau que l'innocente flame
Qu'un merite éclatant allume dans une ame?
Et seroit-ce un bon-heur de respirer le jour,
Si d'entre les mortels on bannissoit l'Amour?
Non, non, tous les plaisirs se goustent à le suivre,
Et vivre sans aimer n'est pas proprement vivre.

ADVIS.

LE deſſein de l'Autheur eſtoit de traitter ainſi toute la Comedie; mais un commandement du Roy qui preſſa cette affaire, l'obligea d'achever tout le reſte en proſe, & de paſſer legerement ſur pluſieurs Scenes, qu'il auroit étenduës davantage, s'il avoit eu plus de loiſir.

AGLANTE.

Pour moy je tiens que cette paſſion eſt la plus agreable affaire de la vie, qu'il eſt neceſſaire d'aimer pour vivre heureuſement, & que tous les plaiſirs ſont fades s'il ne s'y meſle un peu d'amour.

LA PRINCESSE.

Pouvez-vous bien toûtes deux, eſtant ce que vous eſtes, prononcer ces paroles; & ne devez-vous pas rougir d'appuyer une paſſion qui n'eſt qu'erreur, que foibleſſe & qu'emportement, & dont tous les deſordres ont tant de repugnance avec la gloire de noſtre sexe ? J'en pretends soûtenir l'honneur jusqu'au dernier moment de ma vie : Et ne veux point du tout me commettre à ces gens qui font les esclaves auprés de nous, pour devenir un jour nos tyrans : Toutes ces larmes, tous ces soûpirs, tous ces hommages, tous ces respects, font des embusches qu'on tend à nostre cœur, & qui souvent l'engagent à commettre des laschetez. Pour moy quand je regarde certains exemples, & les bassesses épouvantables où cette passion ravale les personnes sur qui elle étend sa puissance : Ie sens tout mon cœur qui s'émeut, & je ne puis souffrir qu'une ame qui fait profession d'un peu de fierté, ne trouve pas une honte horrible à de telles foiblesses.

CINTHIE.

Eh ! Madame, il est de certaines foiblesses qui ne sont point honteuses, & qu'il est beau mesme d'avoir dans les plus hauts degrez de gloire. J'espere que vous changerez un jour de pensée, & s'il plaist au Ciel nous verrons vostre cœur avant qu'il soit peu.

LA PRINCESSE.

Arrestez, n'achevez pas ce souhait étrange, j'ay une horreur trop invincible pour ces sortes d'abaissemens, & si jamais j'estoi apable d'y descendre, je serois personne ans doute à ne me le point pardonner.

AGLANTE.

Prenez garde, Madame, l'amour sçait se anger des mépris que l'on fait de luy, & eut-estre...

LA PRINCESSE.

Non, non, je brave tous ses traits, & le rand pouvoir qu'on luy donne n'est rien qu'une chimere, qu'une excuse des foibles cœurs qui le font invincible pour authoriser leur foiblesse.

CINTHIE.

Mais enfin toute la terre reconnoist sa puissance, & vous voyez que les Dieux mesme sont assujettis à son empire: On nous fait voir que Iupiter n'a pas aimé pour une fois; & que Diane mesme dont vous affectez tant l'exemple, n'a pas rougi de pousser des soûpirs d'amour.

LA PRINCESSE.

Les croyances publiques sont toûjours meslées d'erreur: Les Dieux ne sont point faits comme se les fait le vulgaire, & c'est leur manquer de respect que de leur attribuer les foiblesses des hommes.

SCENE II.

MORON, LA PRINCESSE, AGLANTE, CINTHIE, PHILIS.

AGLANTE.

Vien, approche Moron, vien nous aider à deffendre l'Amour contre les sentimens de la Princesse.

LA PRINCESSE.

Voila vostre party fortifié d'un grand defenseur.

MORON.

Ma foy, Madame, je croy qu'aprés mon exemple il n'y a plus rien à dire, & qu'il ne faut plus mettre en doute le pouvoir de l'Amour. I'ay bravé ses armes assez long-temps & fait de mon drole comme un autre ; mais enfin ma fierté a baissé l'oreille, & vous avez une traitresse qui m'a rendu plus doux qu'un gneau : Apres cela on ne doit plus faire aucun scrupule d'aimer, & puis que j'ay bien assé parlà, il peut bien y en passer d'autres.

CINTHIE.
Quoy ? Moron se mesle d'aimer ?

MORON.
Fort bien.

CINTHIE.
Et de vouloir estre aimé ?

MORON.
Et pourquoy non ? Est-ce qu'on n'est pas assez bien-fait pour cela ? Ie pense que ce visage est assez passable, & que pour le bel air, dieu mercy, nous ne le cedons à personne.

CINTHIE.
Sans doute on auroit tort……

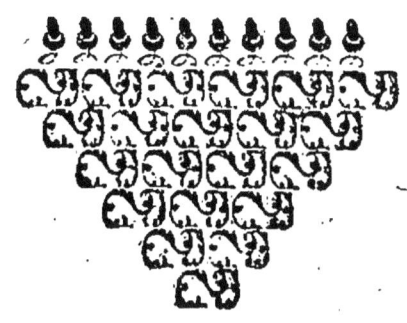

LES PLAISIRS

SCENE III.

LYCAS, LA PRINCESSE AGLANTE, CINTHIE, PHILIS, MORON.

LYCAS.

Madame, le Prince voſtre Pere vien vous trouver icy, & conduit avec lu les Princes de Pyle, & d'Ithaque, & celuy de Meſſene.

LA PRINCESSE.

O Ciel ! que pretend-il faire en me les amenant ? Auroit-il reſolu ma perte, & voudroit-il bien me forcer au choix de quel-qu'un d'eux ?

DE L'ISLE ENCHANTÉE.

SCENE IV.

LE PRINCE, EURIALE, ARISTOMENE, THEOCLE, LA PRINCESSE, AGLANTE, CINTHIE, PHILIS, MORON.

LA PRINCESSE.

Seigneur, je vous demande la licence de prévenir par deux paroles, la declaration des pensées que vous pouvez avoir. Il y a deux veritez, Seigneur, aussi constantes l'une que l'autre, & dont je puis vous asseurer également; L'une que vous avez un absolu pouvoir sur moy, & que vous ne sçauriez m'ordonner rien où je ne réponde aussi tost par une obeïssance aveugle; L'autre, que je regarde l'Hymenée ainsi que le trepas, & qu'il

m'est impossible de forcer cette aversion naturelle : Me donner un Mary, & me donne[r]
la mort c'est une mesme chose ; mais vost[re]
volonté va la premiere, & mon obeïssan[ce]
m'est bien plus chere que ma vie : Apres ce[la]
parlez, Seigneur, prononcez librement c[e]
que vous voulez.

LE PRINCE.

Ma Fille tu as tort de prendre de telles al[-]
larmes, & je me plains de toy, qui peux met[-]
tre dans ta pensée que je sois assez mauvai[s]
Pere pour vouloir faire violence à tes senti[-]
mens, & me servir tyranniquement de [la]
puissance que le Ciel me donne sur toy. I[e]
souhaite à la verité que ton cœur puisse a[i]-
mer quelqu'un : Tous mes vœux seroient sa[-]
tisfaits si cela pouvoit arriver, & je n'ay pro[-]
posé les Festes & les Ieux que je fais celebre[r]
icy, qu'afin d'y pouvoir attirer tout ce qu[e]
la Grece a d'illustre ; & que parmy cette no[-]
ble jeunesse tu puisses enfin rencontrer où ar[-]
rester tes yeux & déterminer tes pensées. I[e]
ne demande, dis-je, au Ciel autre bon-heu[r]
que celuy de te voir un Espoux. I'ay po[ur]
obtenir cette grace fait encore ce matin u[n]
sacrifice à Venus ; & si je sçay bien expliqu[er]
le langage des Dieux, elle m'a promis u[ne]

iracle : maïs quoy qu'il en soit, je veux en
er avec toy en Pere qui cherit sa Fille : Si
trouves où attacher tes vœux, ton choix
ra le mien, & je ne considereray ny inte-
sts d'Estat, ny avantage d'Alliance. Si ton
ur demeure insensible, je n'entreprendray
int de le forcer : Mais au moins sois com-
aisante aux civilitez qu'on te rend, & ne
'oblige point à faire les excuses de ta froi-
eur : Traite ces Princes avec l'estime que
lleur dois, reçois avec reconnoissance les
'moignages de leur zele, & viens voir cet-
Course où leur adresse va paroistre.

THEOCLE.

Tout le monde va faire des efforts pour
mporter le prix de cette Course; mais à
ous dire vray, j'ay peu d'ardeur pour la
ictoire, puisque ce n'est pas vostre cœur
u'on y doit disputer.

ARISTOMENE.

Pour moy, Madame, vous estes le seul prix
ue je me propose par tout : C'est vous que
e croy disputer dans ces combats d'adresse,
 je n'aspire maintenant à r'emporter l'hon-
eur de cette Course, que pour obtenir un
egré de gloire qui m'approche de vostre
cœur.

EURIALE.

Pour moy, Madame, je n'y vais point d[u]
tout avec cette pensée: Comme j'ay fait tou[-]
te ma vie profession de ne rien aimer, to[us]
les soins que je prends ne vont point où ten[-]
dent les autres: Ie n'ay aucune pretentio[n]
sur vostre cœur, & le seul honneur de [la]
Course est tout l'avantage où j'aspire.

Ils la quittent.

LA PRINCESSE.

D'où sort cette fierté où l'on ne s'attend[oit]
point? Princesses, que dites-vous de ce jeu[ne]
Prince? avez-vous remarqué de quel ton [il]
l'a pris?

AGLANTE.

Il est vray que cela est un peu fier.

MORON.

Ah! quelle brave botte il vient là de l[uy]
porter!

LA PRINCESSE.

Ne trouvez-vous pas qu'il y auroit plai[sir]
d'abaisser son orgueil, & de soûmettre [un]
peu ce cœur qui tranche tant du brave?

CINTHIE.

Comme vous estes accoustumée à ne jam[ais]
recevoir que des hommages & des ado[ra-]
tions de tout le monde, un compliment

DE L'ISLE ENCHANTE'E.

[...]l au sien doit vous surprendre à la verité.

LA PRINCESSE.

[I]e vous avouë que cela m'a donné de l'é-
[m]otion, & que je souhaiterois fort de trou-
[v]er les moyens de chastier cette hauteur. Ie
[n]'avois pas beaucoup d'envie de me trouver
[à] cette Course ; mais j'y veux aller exprés, &
[em]ployer toute chose pour luy donner de
[l'a]mour.

CINTHIE.

Prenez garde, Madame, l'entreprise est pe-
[ri]lleuse, & lors qu'on veut donner de l'a-
[m]our on court risque d'en recevoir.

LA PRINCESSE.

Ah ! n'aprehendez rien, je vous prie, al-
[lo]ns, je vous réponds de moy.

Fin du deuziéme Acte.

TROISIE'ME INTERMEDE

SCENE I.

MORON, PHILIS.

MORON.
Philis demeure icy?

PHILIS.
Non, laissé-moy suivre les autres.

MORON.
Ah! cruelle, si c'estoit Tircis qui t'en pri[ast]
tu demeurerois bien viste.

PHILIS.
Cela se pourroit faire, & je demeure d'[ac]
cord que je trouve bien mieux mon co[mpte]
avec l'un qu'avec l'autre; car il me dive[rtit]
avec sa voix, & toy tu m'étourdis de [ton]
caquet. Lors que tu chanteras aussi bien [que]
luy, je te promets de t'écouter.

MORON.
Eh! demeure un peu?

PHILIS.
e ne sçaurois.
MORON.
e grace?
PHILIS.
oint, te dis-je.
MORON.
e ne te laisseray point aller.
PHILIS.
Ah! que de façons.
MORON.
Ie ne demande qu'un moment à estre avec toy?
PHILIS.
Et bien! ouy, j'y demeureray, pourveu que tu me promette une chose?
MORON.
Et quelle?
PHILIS.
De ne me parler point du tout.
MORON.
Eh! Philis?
PHILIS.
A moins que de cela je ne demeureray point avec toy.
MORON.
Veux-tu me....

LES PLAISIRS
PHILIS.
Laisse-moy aller?
MORON.
Et bien, ouy, demeure: je ne te diray mo[t]
PHILIS.
Prens-y bien garde au moins; car à [la]
moindre parole je prens la fuitte.

MORON. *Il fait une Scene de geste*[s]
Soit. Ah! Philis....Eh....Elle s'enfuit,
je ne sçaurois l'attraper. Voila ce que c'e[st]
si je sçavois chanter j'en ferois bien mie[ux]
mes affaires. La pluspart des femmes aujou[r]
d'huy se laissent prendre par les oreilles: [el]
les sont cause que tout le monde se mesle [de]
Musique, & l'on ne reüssit auprès d'elle[s]
que par les petites chansons, & les pet[its]
vers qu'on leur fait entendre. Il faut que j'[ap]
prenne à chanter pour faire comme les a[u]
tres. Bon, voicy justement mon homme

SCE[NE]

SCENE II.

SATYRE, MORON.

SATYRE.

La, la, la.

MORON.

Ah ! Satyre mon amy, tu sçais bien ce que tu m'as promis il y a long-temps, aprends moy à chanter, je te prie ?

SATYRE.

Ie le veux ; mais auparavant écoute une chanson que je viens de faire.

MORON.

Il est si accoûtumé à chanter qu'il ne sçauroit parler d'autre façon. Allons chante, j'écoute.

SATYRE.

Ie portois....

MORON.

Une chanson, dis-tu ?

LES PLAISIRS

SATYRE.

Ie port....

MORON.

Une chanson à chanter ?

SATYRE.

Ie port....

MORON.

Chanson amoureuse, peste.

SATYRE.

JE portois dans une cage
Deux moineaux que j'avois pris,
Lors que la jeune Cloris
Fit dans un sombre boccage
Briller, à mes yeux surpris,
Les fleurs de son beau visage :
Helas ! dis-je aux moyneaux, en recevan
 les coups
De ses yeux si sçavans à faire des conquestes
Consolez-vous, pauvres petites bestes,
Celuy qui vous a pris est bien plus pris qu
 vous.

*Moron ne fut pas satisfait de cette Chan
son, quoy qu'il la trouvast jolie, il en deman
da une plus passionnée, & priant le Satire d
luy dire celle qu'il luy avoit ouy châter quel
ques jours auparavant : il continua ainsi.*

DE L'ISLE ENCHANTE'E.

Dans vos chants si doux,
  Chantez à ma belle,
Oyseaux, chantez tous
Ma peine mortelle;
Mais si la cruelle
Se met en courroux,
Au recit fidelle
Des maux que je sens pour elle,
Oyseaux, taisez-vous,
Oyseaux, taisez-vous.

Cette seconde Chanson ayant touché oron fort sensiblement, il pria le Sa- re de luy apprendre à chanter, & luy dit.
Ah! qu'elle est belle, apprends-la moy?

SATYRE.
La, la, la, la.

MORON.
La, la, la, la.

SATYRE.
Fa, fa, fa, fa.

MORON.
Fa, toy-mesme.

Le Satyre s'en mit en colere, & peu à peu mettant en posture d'en venir à des coups epoing, les Violons reprirent un Air sur quel ils danserent une plaisante Entrée.

ACTE III.

ARGUMENT.

LA Princesse d'Elide estoit cependa[nt] dans d'étranges inquietudes : le Prin[ce] d'Ithaque avoit gagné le prix des Cours[es] elle avoit dans la suitte de ce divertisseme[nt] fait des merveilles à chanter & à la dans[e] sans qu'il parust que les dons de la natu[re] & de l'art eussent esté quasi remarquez p[ar] le Prince d'Ithaque ; elle en fit de gran[des] plaintes à la Princesse sa parente ; elle [en] parla à Moron, qui fit passer cét insensi[ble] pour un brutal ; Et enfin le voyant arri[ver] luy-mesme, elle ne pust s'empescher de [luy] en toucher fort serieusement quelque cho[se]. Il luy répondit ingenuëment qu'il n'aim[oit] rien, & qu'hors l'amour de sa liberté [&] les plaisirs qu'elle trouvoit si agreables d[e la] solitude & de la Chasse, rien ne le touch[oit]

SCENE I.

LA PRINCESSE, AGLANTE, CINTHIE, PHILIS.

CINTHIE.

Il est vray, Madame, que ce jeune Prince a fait voir une adresse non commune, & que l'air dont il a paru a esté quelque chose de surprenant. Il sort vainqueur de cette Course, mais je doute fort qu'il en sorte avec le mesme cœur qu'il a porté : Car enfin, vous luy avez tiré des traits dont il est difficile de se deffendre, & sans parler de tout e reste, la grace de vostre danse, & la douceur de vostre voix ont eu des charmes aujourd'huy à toucher les plus insensibles.

LA PRINCESSE.

Le voicy qui s'entretient avec Moron; nous çaurons un peu dequoy il luy parle: Ne rompons point encore leur entretien, & prenons cette route pour revenir à leur rencontre.

SCENE II.

EVRIALE, MORON, ARBATE.

EURIALE.

AH! Moron, je te l'avouë j'ay esté enchanté, & jamais tant de charme n'ont frapé tout ensemble mes yeux & me[s] oreilles. Elle est adorable en tout temps, il e[st] vray : mais ce moment l'a emporté sur tou[s] les autres, & des graces nouvelles ont redou[-]blé l'éclat de ses beautez. Iamais son visag[e] ne s'est paré de plus vives couleurs, ny se[s] yeux ne se sont armez de traits plus vifs [&] plus perçans. La douceur de sa voix a voul[u] se faire paroistre dans un air tout charma[nt] qu'elle a daigné chanter, & les sons mervei[l-]leux qu'elle formoit passoient jusqu'au fo[nd] de mon ame, & tenoient tous mes sens da[ns] un ravissement à ne pouvoir en revenir. E[lle] a fait éclater ensuite une disposition tou[te] divine, & ses pieds amoureux sur l'émail d'[

tendre gazon traçoient d'aimables caracteres qui m'enlevoient hors de moy-mesme, &
m'attachoient par des nœuds invincibles aux
doux & justes mouvemens dont tout son
corps suivoit les mouvemens de l'harmonie.
Enfin jamais ame n'a eu de plus puissantes
émotions que la mienne, & j'ay pensé plus
de vingt fois oublier ma resolution pour me
jetter à ses pieds, & luy faire un aveu sincere de l'ardeur que je sens pour elle.
MORON.
Donnez-vous en bien de garde, Seigneur,
si vous m'en voulez croire : Vous avez trouvé la meilleure invention du monde, & je
me trompe fort si elle ne vous reussit. Les
femmes sont des animaux d'un naturel bizarre, nous les gastons par nos douceurs; &
je croy tout de bon que nous les verrions
nous courir, sans tous ces respects, & ces
soumissions où les hommes les acoquinent.
ARBATE.
Seigneur, voicy la Princesse qui s'est un
peu éloignée de sa suite.
MORON.
Demeurez ferme, au moins, dans le chemin que vous avez pris : Ie m'en vais voir ce
qu'elle me dira ; cependant promenez-vous

icy dans ces petites routes, sans faire aucun semblant d'avoir envie de la joindre, & si vous l'abordez, demeurez avec elle le moins qu'il vous sera possible.

SCENE III.

LA PRINCESSE, MORON.

LA PRINCESSE.

TU as donc familiarité, Moron, avec le Prince d'Ithaque?

MORON.

Ah! Madame, il y a long-temps que nou nous connoissons.

LA PRINCESSE.

D'où vient qu'il n'est pas venu jusqu[e] icy, & qu'il a pris cette autre route quan[d] il m'a veuë?

MORON.

C'est un homme bizarre qui ne se pla[ît] qu'à entretenir ses pensées.

LA PRINCESSE.

Estois-tu tantost au côpliment qu'il m'a fa[it]

MORON.

Ouy, Madame, j'y eſtois, & je l'ay trou-
é un peu impertinent, n'en déplaiſe à ſa
Principauté.

LA PRINCESSE.

Pour moy je le confeſſe, Moron, cette fui-
e m'a choquée, & j'ay toutes les envies du
monde de l'engager pour rabatre un peu ſon
orgueil.

MORON.

Ma foy, Madame, vous ne feriez pas mal,
il le meriteroit bien : mais à vous dire vray,
je doute fort que vous y puiſſiez reüſſir.

LA PRINCESSE.

Comment ?

MORON.

Comment ? c'eſt le plus orgueilleux petit
vilain que vous ayez jamais veu. Il luy ſemble qu'il n'y a perſonne au monde qui le merite, & que la terre n'eſt pas digne de le porter.

LA PRINCESSE.

Mais encore, ne t'a-t'il point parlé de moy ?

MORON.

Luy ? non.

LA PRINCESSE.

Il ne t'a rien dit de ma voix, & de ma danſe

MORON.
Pas le moindre mot.
LA PRINCESSE.
Certes ce mépris est choquant, & je ne puis souffrir cette hauteur étrange de ne rien estimer.
MORON.
Nous n'avons point de marbre dans no montagnes qui soit plus dur, & plus insensible que luy.
LA PRINCESSE.
Le voila.
MORON.
Voyez-vous comme il passe, sans prendre garde à vous ?
LA PRINCESSE.
De grace, Moron, va le faire adviser que je suis icy, & l'oblige à me venir aborder.

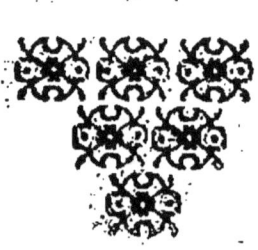

SCENE IV.

LA PRINCESSE, EURIALE, MORON, ARBATE.

MORON.

SEigneur, je vous donne advis que tout va bien : la Princesse souhaitte que vous l'abordiez; mais songez bien à continuer vostre rôle, & de peur de l'oublier ne soyez pas long-temps avec elle.

LA PRINCESSE.

Vous estes bien solitaire, Seigneur, & c'est une humeur bien extraordinaire que la vostre, de renoncer ainsi à nostre sexe, & de fuir à vostre âge cette galanterie, dont se piquent tous vos pareils.

EURIALE.

Cette humeur, Madame, n'est pas si extraordinaire qu'on n'en trouvast des exemples sans aller loin d'icy, & vous ne sçauriez condamner la resolution que j'ay prise de n'aimer jamais rien, sans condamner au[s]si vos sentimens.

LA PRINCESSE.

Il y a grande difference, & ce qui sied bien à un sexe, ne sied pas bien à l'autre. Il est beau qu'une femme soit insensible, & conserve son cœur exempt des flames de l'amour; mais ce qui est vertu en elle, devien[t] un crime dans un homme. Et comme la beauté est le partage de nostre sexe, vous ne sçau[-]riez ne nous point aimer, sans nous dérobe[r] les hommages qui nous sont deus, & com[-]mettre une offense dont nous devons tou[-]tes nous ressentir.

EURIALE.

Ie ne voy pas, Madame, que celles q[ui] ne veulent point aimer, doivent prend[re] aucun interest à ces sortes d'offenses.

LA PRINCESSE.

Ce n'est pas une raison, Seigneur, [que] sans vouloir aimer, on est toûjours bien [ai]se d'estre aimée.

EURIALE.

Pour moy je ne suis pas de mesme, [et] dans le dessein où je suis, de ne rien aim[er] je serois fasché d'estre aimé.

LA PRINCESSE.
Et la raison ?
EURIALE.
C'est qu'on a obligation à ceux qui nous aiment, & que je serois fasché d'estre ingrat.
LA PRINCESSE.
Si bien donc, que pour fuyr l'ingratitude, vous aimeriez qui vous aimeroit ?
EURIALE.
Moy ? Madame, point du tout. Ie dis bien que je serois fasché d'estre ingrat: mais je me resoudrois plutost de l'estre, que d'aimer.
LA PRINCESSE.
Telle personne vous aimeroit, peut-estre que vostre cœur...
EURIALE.
Non, Madame, rien n'est capable de toucher mon cœur, ma liberté est la seule maistresse à qui je consacre mes vœux, & quand le Ciel employeroit ses soins à composer une beauté parfaite, quand il employeroit en elle tous les dōs les plus merveilleux, & du corps & de l'ame ; enfin quand il exposeroit à mes yeux un miracle d'esprit, d'adresse, & de beauté, & que cette personne m'aimeroit avec toutes les tendresses imaginables, je vous l'avouë franchement, je ne l'aimerois pas.

LES PLAISIRS
LA PRINCESSE.
A-t'on jamais rien veu de tel!
MORON.
Peste soit du petit brutal, j'aurois bien envie de luy bailler un coup de poing.
LA PRINCESSE *parlant en soy*.
Cét orgueil me confond, & j'ay un tel dépit, que je ne me sens pas.
MORON *parlant au Prince*.
Bon courage, Seigneur, voilà qui va l[e] mieux du monde.
EURIALE.
Ah! Moron, je n'en puis plus, & je m[e] suis fait des efforts étranges.
LA PRINCESSE.
C'est avoir une insensibilité bien grand[e] que de parler comme vous faites.
EURIALE.
Le Ciel ne m'a pas fait d'une autre humen[r] mais, Madame, j'interromps vostre prom[e]nade, & mon respect doit m'advertir q[ue] vous aimez la solitude.

SCENE V.

LA PRINCESSE, MORON, PHILIS, TIRCIS.

MORON.

Il ne vous en doit rien, Madame, en dureté de cœur.

LA PRINCESSE.

Ie donnerois volontiers tout ce que j'ay au monde, pour avoir l'avantage d'en triompher.

MORON.

Ie le croy.

LA PRINCESSE.

Ne pourrois-tu, Moron, me servir dans un tel dessein ?

MORON.

Vous sçavez bien, Madame, que je suis tout à vostre service.

LA PRINCESSE.

Parle luy de moy dans tes entretiens, vante

luy adroitement ma personne, & les avantages de ma naissance, & tasche d'ébranler se[s]
sentimens par la douceur de quelque espoir[.]
Ie te permets de dire tout ce que tu vou[-]
dras, pour tascher à me l'engager.

MORON.

Laissez-moy faire.

LA PRINCESSE.

C'est une chose qui me tient au cœur, j[e]
souhaite ardemment qu'il m'aime.

MORON.

Il est bien fait, ouy, ce petit pandart-là[.]
Il a bon air, bonne physionomie, & je cro[y]
qu'il seroit assez le fait d'une jeune Princess[e.]

LA PRINCESSE.

Enfin tu peux tout esperer de moy, si t[u]
trouves moyen d'enflamer pour moy s[on]
cœur.

MORON.

Il n'y a rien qui ne se puisse faire ; mai[s]
Madame, s'il venoit à vous aimer, que ferie[z]
vous, s'il vous plaist ?

LA PRINCESSE.

Ah ! ce seroit lors que je prendrois plai[sir]
à triompher pleinement de sa vanité, à pu[nir]
son mépris par mes froideurs, & exer[cer]

DE L'ISLE ENCHANTE'E.

sur luy toutes les cruautez que je pourrois imaginer.

MORON.
Il ne se rendra jamais.

LA PRINCESSE.
Ah! Moron, il faut faire en sorte qu'il se rende.

MORON.
Non ? il n'en fera rien, je le connois, ma peine seroit inutile.

LA PRINCESSE.
Si faut-il pourtant tenter toute chose, & éprouver si son ame est entierement insensible. Allons je veux luy parler, & suivre une pensée qui vient de me venir.

Fin du troisiéme Acte.

426 LES PLAISIRS

IV. INTERMEDE

SCENE PREMIERE.

PHILIS, TIRCIS.

PHILIS.

Vien, Tircis, laissons-les aller, & me di
un peu ton martyre de la façon que t
sçais faire? Il y a long-temps que tes yeux m
parlent; mais je suis plus aise d'oüir ta voi

TIRCIS *en chantant*.

TV m'écoutes, helas! dans ma triste lan
gueur,
Mais je n'en suis pas mieux, ô beau
sans pareille!
Et je touche ton oreille,
Sans que je touche ton cœur.

PHILIS.

Va, va, c'est desia quelque chose que
toucher l'oreille, & le temps amene to
Chante-moy cependant quelque plai
nouvelle que tu ayes composée pour m

SCENE DEUXIE'ME.

MORON, PHILIS, TIRCIS.

MORON.

AH ! ah, je vous y prens, cruelle; vous vous écartez des autres pour oüir mon rival ?

PHILIS.

Ouy, je m'écarte pour cela, je te le dis encore : Ie me plais avec luy, & l'on écoute volontiers les Amans lors qu'ils se plaignent aussi agreablement qu'il fait. Que ne chante-tu comme luy ? je prendrois plaisir à t'écouter.

MORON.

Si je ne sçay chanter, je sçay faire autre chose, & quand....

PHILIS.

Tais-toy ? je veux l'entendre. Dis, Tircis, ce que tu voudras.

MORON.

Ah ! cruelle....

PHILIS.

Silence, dis-je, ou je me mettray en colere

TIRCIS *en chantant.*

Arbres épais, & vous prez émaillez
La beauté dont l'Hyver vous avoi
  dépoüillez,
Par le Printemps vous est renduë :
Vous reprenez tous vos appas ;
Mais mon ame ne reprend pas
La joye, helas ! que j'ay perduë.

MORON.

Morbleu que n'ay-je de la voix? ah! natu
maraftre ! pourquoy ne m'as-tu pas donn
dequoy chanter comme à un autre ?

PHILIS.

En verité, Tircis, il ne se peut rien de pl
agreable, & tu l'emportes sur tous les R
vaux que tu as.

MORON.

Mais pourquoy est-ce que je ne puis p
chanter ? N'ay-je pas un estomach, un gosi
& une langue comme un autre ? Ovy, ou
allons, je veux chanter aussi, & te montr
que l'Amour fait faire toutes choses. Voi
une chanson que j'ay faite pour toy.

PHILIS.

Ouy, dis-je veux bien t'écouter pour

areté du fait.
MORON.
Courage, Moron, il n'y a qu'à avoir de la hardiesse.

Moron chante.

Ton extrême rigueur
S'acharne sur mon cœur,
Ah ! Philis je trépasse !
Daignes me secourir ?
En seras-tu plus grasse
De m'avoir fait mourir ?
Vivat, Moron.

PHILIS.
Voila qui est le mieux du monde : mais, Moron je souhaitterois bien d'avoir la gloire que quelque Amant fust mort pour moy ; c'est un avantage dont je n'ay point encor jouy, & je trouve que j'aimerois de tout mon cœur une personne qui m'aimeroit assez pour se donner la mort.

MORON.
Tu aimerois une personne qui se tuëroit pour toy ?

PHILIS.
Ouy.

MORON.
Il ne faut que cela pour te plaire ?

LES PLAISIRS

PHILIS.

Non.

MORON.

Voilà qui est fait, je te veux montrer qu[e] je me sçay tuer quand je veux.

TIRCIS *chante*.

Ah! quelle douceur extrême,
De mourir pour ce qu'on aime. *bis*

MORON.

C'est un plaisir que vous aurez quan[d] vous voudrez.

TIRCIS *chante*.

Courage Moron ? meurs promptem[ent] En genereux Amant.

MORON.

Ie vous prie de vous mêler de vos affaires & de me laisser tuer à ma fantaisie. Allons, [je] vais faire honte à tous les Amans; Tien? [je] ne suis pas homme à faire tant de façons, vo[is] ce poignard ? prends bien garde comme [je] vais me percer le cœur ? Ie suis voltre serv[i]teur, quelque niais. *Se riant de Tirc[is.]*

PHILIS.

Allons, Tircis, viens-t'en me redire [par] l'écho, ce que tu m'as chanté.

DE L'ISLE ENCHANTE'E.

ACTE IV.

ARGUMENT.

La Princesse esperant par une feinte, pouvoir découvrir les sentimens du [P]rince d'Itaque, elle luy fit confidence qu'elle aimoit le Prince de Messene: Au lieu [d]'en paroistre affligé il luy rendit la pareille, & luy fit connoistre que la Princesse sa [p]arente luy avoit donné dans la veuë, & [q]u'il la demanderoit en Mariage au Roy [s]on Pere: A cette atteinte impreveuë cette [P]rincesse perdit toute sa constance ; & quoy [q]u'elle essayast à se contraindre devant luy, [a]ussi tost qu'il fut sorty, elle demanda avec [t]ant d'empressement à sa Cousine de ne recevoir point les services de ce Prince, & de [n]e l'épouser jamais, qu'elle ne pût le luy refuser: Elle s'en plaignit mesme à Moron, qui [l]uy ayant dit assez franchement qu'elle l'aimoit donc, en fut chassé de sa presence.

LES PLAISIRS

SCENE I.

EURIALE, LA PRINCESSE, MORON.

LA PRINCESSE.

PRince, comme jusques icy nous av[ons]
fait paroistre une conformité de sen[ti-]
mens, & que le Ciel a semblé mettre en no[s]
mesmes attachemens pour nostre liberté, [&]
mesme aversion pour l'Amour; je suis b[ien]
aise de vous ouvrir mon cœur, & de vous f[ai-]
re confidence d'un changement dont vo[us]
serez surpris. J'ay toûjours regardé l'Hym[en]
comme une chose affreuse, & j'avois fait [ser-]
ment d'abandonner plutost la vie, que de [me]
resoudre jamais à perdre cette liberté p[our]
qui j'avois des tendresses si grandes : ma[is]
enfin, un moment a dissipé toutes ces reso[lu-]
tions, le merite d'un Prince m'a frapé [au-]
jourd'huy les yeux, & mon ame tout d['un]
coup, (comme par un miracle) est deve[nue]
sens[ible]

...nsible aux traits de cette passion que j'a-
...ois toûjours méprisée. J'ay trouvé d'abord
...es raisons pour authoriser ce changement
... je puis l'appuyer de ma volonté de ré-
...ondre aux ardentes sollicitations d'un Pere
... aux vœux de tout un Estat ; mais à vous
...ire vray, je suis en peine du jugement que
...ous ferez de moy, & je voudrois sçavoir
...i vous condamnerez ou non le dessein
...ue j'ay de me donner un Espoux.

EURIALE.
Vous pourrriez faire un tel choix, Madame, que je l'approuverois sans doute.

LA PRINCESSE.
Que croyez-vous, à vostre advis, que
je veüille choisir ?

EURIALE.
Si j'estois dans vostre cœur je pourrois
vous le dire : mais comme je n'y suis pas,
...e n'ay garde de vous répondre.

LA PRINCESSE.
Devinez pour voir, & nommez quelqu'un.

EURIALE.
J'aurois trop peur de me tromper.

LA PRINCESSE.
Mais encore pour qui souhaiteriez-vous
...ue je me declarasse ?

LES PLAISIRS
EURIALE.
Ie sçay bien à vous dire vray, pour qu[i]
je le souhaitterois: mais avant que de m'ex[-]
pliquer, je dois sçavoir vostre pensée.
LA PRINCESSE.
Et bien Prince, je veux bien vous la décou[-]
vrir : je suis seure que vous allez approuve[r]
mon choix, & pour ne vous point tenir e[n]
suspens davantage, le Prince de Messene e[st]
celuy de qui le merite s'est attiré mes vœu[x]
EURIALE.
O Ciel !
LA PRINCESSE.
Mon invention a reüssi, Moron, le vo[i]-
là qui se trouble.

MORON *parlant*
à la Princesse.   *au Prince.*   *à la Princes[se]*
Bon, Madame. Courage, Seigneur. Il en t[ient]
au Prince.
Ne vous défaites pas.

LA PRINCESSE.
Ne trouvez-vous pas que j'ay raison, & q[ue]
ce Prince a tout le merite qu'on peut avoi[r]

MORON *au Prince.*
Remettez-vous, & songez à répondre

LA PRINCESSE.
D'où vient, Prince, que vous ne dites m[ot]

& semblez interdit?
EURIALE.
Je le suis à la verité, & j'admire, Madame, comme le Ciel a pû former deux ames aussi semblables en tout que les nostres : deux ames en qui l'on ait veu une plus grande conformité de sentimens, qui ayent fait éclater dans le mesme temps une resolution à braver les traits de l'Amour, & qui dans le même moment ayent fait paroître une égale facilité à perdre le nom d'insensibles : Car enfin, Madame, puisque vostre exemple m'autorise, je ne feindray point de vous dire, que l'Amour aujourd'huy s'est rendu maistre de mon cœur, & qu'une des Princesses, vos Cousines, l'aimable & belle Aglante, a renversé d'un coup d'œil tous les projets de ma fierté. Je suis ravi, Madame, que par cette égalité de défaite, nous n'ayons rien à nous reprocher l'un & l'autre ; & je ne doute point que comme je vous louë infiniment de vostre choix, vous n'approuviez aussi le mien. Il faut que ce miracle éclatte aux yeux de tout le monde, & nous ne devons point differer à nous rendre tous deux contens. Pour moy, Madame, je vous sollicite de vos suffrages,

T ij

pour obtenir celle que je fouhaite, & vous trouverez bon que j'aille de ce pas en faire la demande au Prince voftre Pere.

MORON.

Ah digne ! ah brave cœur !

SCENE II.

LA PRINCESSE, MORON.

LA PRINCESSE.

AH ! Moron, je n'en puis plus, & ce coup que je n'attendois pas, triomphe abfolument de toute ma fermeté.

MORON.

Il eft vray que le coup eft furprenant, & j'avois crû d'abord, que voftre ftratagême avoit fait fon effet.

LA PRINCESSE.

Ah ! ce m'eft un dépit à me defefperer qu'une autre ait l'avantage de foûmettre ce cœur que je voulois foûme

SCENE III.

LA PRINCESSE, AGLANTE, MORON.

LA PRINCESSE.

PRinceſſe, j'ay à vous prier d'une choſe qu'il faut abſolument que vous m'accordiez: Le Prince d'Ithaque vous aime, & veut vous demander au Prince mon Pere.

AGLANTE.
Le Prince d'Ithaque, Madame?

LA PRINCESSE.
Ouy, il vient de m'en aſſeurer luy-meſme, & m'a demandé mon ſuffrage pour vous obtenir ; mais je vous conjure de rejetter cette propoſition, & de ne point preſter l'oreille à tout ce qu'il pourra vous dire.

AGLANTE.
Mais, Madame, s'il étoit vray que ce Prince

m'aimaſt effectivement, pourquoy n'ayant aucun deſſein de vous engager, ne voudriez-vous pas ſouffrir....

LA PRINCESSE.

Non, Aglante, je vous le demande, faites-moy ce plaiſir je vous prie, & trouvez bon que n'ayant pû avoir l'advantage de le ſoûmettre, je luy dérobe la joye de vous obtenir.

AGLANTE.

Madame, il faut vous obeïr ; mais je croirois que la conqueſte d'un tel cœur ne ſeroit pas une victoire à dédaigner.

LA PRINCESSE.

Non, non, il n'aura pas la joye de me braver entierement.

SCENE IV.

ARISTOMENE, MORON, LA PRINCESSE, AGLANTE.

ARISTOMENE.

Madame, je viens à vos pieds rendre grace à l'Amour de mes heureux destins, & vous témoigner avec mes transports, le ressentiment où je suis, des bontez surprenantes dont vous daignez favoriser les plus soûmis de vos captifs.

LA PRINCESSE.

Comment?

ARISTOMENE.

Le Prince d'Ithaque, Madame, vient de m'asseurer tout à l'heure, que vostre cœur avoit eu la bonté de s'expliquer en ma faveur, sur ce celebre choix qu'attend toute la Grece.

LA PRINCESSE.

Il vous a dit qu'il tenoit cela de ma bouche?

LES PLAISIRS

ARISTOMENE.

Ouy, Madame.

LA PRINCESSE.

C'eſt un étourdy, & vous êtes un peu trop credule, Prince, d'adjoûter foy ſi promptement à ce qu'il vous a dit, une pareille nouvelle meriteroit bien, ce me ſemble, qu'on en doutaſt un peu de temps, & c'eſt tout ce que vous pourriez faire de la croire, ſi je vous l'avois dite moy-meſme.

ARISTOMENE.

Madame, ſi j'ay eſté trop prompt à me perſuader...

LA PRINCESSE.

De grace, Prince, briſons là ce diſcours, & ſi vous voulez m'obliger, ſouffrez que je puiſſe joüir de deux momens de ſolitude.

SCENE V.

LA PRINCESSE, AGLANTE, MORON.

LA PRINCESSE.

AH! qu'en cette advanture, le Ciel me traitte avec une rigueur étrange! au moins, Princesse, souvenez-vous de la priere que je vous ay faite?

AGLANTE.

Je vous l'ay dit desia, Madame, il faut vous obeïr.

MORON.

Mais, Madame, s'il vous aimoit, vous n'en voudriez point, & cependant vous ne voulez pas qu'il soit à une autre. C'est faire justement comme le chien du Jardinier.

LA PRINCESSE.

Non, je ne puis souffrir qu'il soit heureux avec une autre, & si la chose estoit, je croy

que j'en mourrois de déplaisir.
MORON.
Ma foy, Madame, avoüons la dette, vous voudriez qu'il fût à vous, & dans toutes vos actions, il est aisé de voir que vous aimez un peu ce jeune Prince.
LA PRINCESSE.
Moy, je l'aime? O Ciel! je l'aime? avez-vous l'insolence de prononcer ces paroles? sortez de ma veuë, impudent, & ne vous presentez jamais devant moy.
MORON.
Madame...
LA PRINCESSE.
Retirez-vous d'icy, vous dis-je, ou je vous en feray retirer d'une autre maniere.
MORON.
Ma foy son cœur en a sa provision, &...
Il rencontre un regard de la Princesse qui l'oblige à se retirer.

SCENE VI.

LA PRINCESSE.

DE quelle émotion incónuë sens-je mõ cœur atteint! & quelle inquietude secrette est venu troubler tout d'un coup la tranquilité de mon ame? Ne seroit-ce point aussi, ce qu'on vient de me dire, & sans en rien sçavoir n'aimerois je point ce jeune Prince? Ah! si cela estoit, je serois personne à me desesperer : mais il est impossible que cela soit, & je voy bien que je ne puis pas l'aimer. Quoy? je serois capable de cette lâcheté. J'ay veu toute la Terre à mes pieds, avec la plus grande insensibilité du monde. Les respects, les hommages & les soûmissions n'ont jamais pû toucher mon ame, & la fierté & le dédain en auroient triomphé. J'ay méprisé tous ceux qui m'ont aimé, & j'aimerois le seul qui me méprise?

Non, non, je sçay bien que je ne l'aime pas: Il n'y a pas de raison à cela: Mais si ce n'est pas de l'amour que ce que je sens maintenant, qu'est-ce donc que ce peut estre? & d'où vient ce poison qui me court par toutes les veines, & ne me laisse point en repos avec moy-mesme? Sors de mon cœur, qui que tu sois, ennemy qui te caches, attaque moy visiblement, & deviens à mes yeux la plus affreuse beste de tous nos bois, afin que mon dard & mes fléches me puissent deffaire de toy. O vous, admirables personnes, qui par la douceur de vos chants avez l'art d'adoucir les plus fascheuses inquietudes, approchez-vous d'icy de grace, & taschez de charmer avec vostre Musique le chagrin où je suis.

Fin du quatriéme Acte.

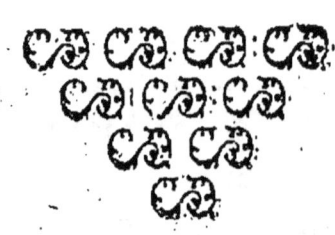

V. INTERMEDE.

CLIMENE, PHILIS.

CLIMENE.

CHere Philis, dis-moy, que crois-tu de l'Amour?
PHILIS.
Toy-mesme, qu'en crois-tu, ma compagne fidelle?
CLIMENE.
On m'a dit que sa flame est pire qu'un Vautour,
Et qu'on souffre en aimāt une peine cruelle.
PHILIS.
On m'a dit qu'il n'est point de passion plus belle,
Et que ne pas aimer c'est renoncer au jour.
CLIMENE.
A qui des deux donnerons-nous victoire?
PHILIS.
Qu'en croirons-nous, ou le mal ou le bien?

CLIMENE, PHILIS *ensemble.*
Aimons, c'est le vray moyen
De sçavoir ce qu'on en doit croire.
PHILIS.
Cloris vāte par tout l'Amour & ses ardeurs.
CLIMENE.
Amarante pour luy verse en tous lieux des larmes.
PHILIS.
Si de tant de tourmens il accable les cœurs,
D'où viēt qu'on aime à luy rēdre les armes?
CLIMENE.
Si sa flame, Philis, est si pleine de charmes,
Pourquoy nous deffend-t'on d'en gouster les douceurs?
PHILIS.
A qui des deux donnerons-nous victoire?
CLIMENE.
Qu'en croirons-nous, ou le mal ou le bien?
TOUTES DEUX ENSEMBLE.
Aimons, c'est le vray moyen
De sçavoir ce qu'on doit croire.

La Princesse les interrompit en cét endroit, & leur dit; Achevez seules si vous voulez, je ne sçaurois demeurer en repos, & quelque douceur qu'ayent vos chants, ils ne font que redoubler mon inquietude.

ACTE V.

ARGUMENT.

Il se passoit dans le cœur du Prince de Messene des choses bien differentes; la joye que luy avoit donné le Prince d'Ithaque, en luy apprenant malicieusement qu'il estoit aimé de la Princesse, l'avoit obligé de l'aller trouver avec une inconsideration que rien qu'une extreme amour ne pouvoit excuser; mais il en avoit esté receu d'une maniere bien differente à ce qu'il esperoit. Elle luy demãda qui luy avoit appris cette nouvelle, & quand elle eut sçeu que ç'avoit esté le Prince d'Ithaque, cette connoissance augmenta cruellement son mal, & luy fit dire à demy desesperée, c'est un étourdy; & ce mot étourdit si fort le Prince de Messene, qu'il sortit tout confus sans luy pouvoir répondre

La Princesse d'un autre costé alla trouver le Roy son Pere, qui venoit de paroistre avec le Prince d'Ithaque, & qui lui témoignoit, non seulement la joye qu'il auroit euë de le voir entrer dans son alliance, mesm l'opinion qu'il commençoit d'avoir que sa Fille ne le hayssoit pas: Elle ne fut pas plustot auprés de luy, que se jettant à ses pieds, elle luy demanda pour la plus grande faveur qu'elle en pust jamais recevoir, que le Prince d'Ithaque n'épousast jamais la Princesse. Ce qu'il luy promit solemnellemēt; mais il luy dit, que si elle ne vouloit point qu'il fust à une autre, il falloit qu'elle le prit pour elle: Elle luy répondit, il ne le voudroit pas; mais d'une maniere si passionnée, qu'il estoit aisé de connoître les sentimens de son cœur. Alors le Prince quittant toute sorte de feinte, luy confessa son amour, & le stratagéme dont il s'étoit servi pour venir au point où il se voyoit alors par la connoissance de son humeur: La Princesse luy donnant la main, le Roy se tourna vers les deux Princes de Messene & de Pyle, & leur demande si ses deux Parentes, dont le merite n'estoit pas moindre que la qualité, ne seroient point capables de les consoler de leur disgrace? Ils luy répondirent que l'honneur de ou alliance faisant tous leurs souhaits, ils ne ouvoient esperer une plus heureuse fortune. Alors la joye fut si grande dans le Palais, qu'elle se répandit par tous les environs.

SCENE PREMIERE.

LE PRINCE, EVRIALE, MORON, AGLANTE, CINTHIE.

MORON.

OUy, Seigneur, ce n'est point raillerie, j'en suis ce qu'on appelle disgracié. Il m'a fallu tirer mes chausses au plus viste, & jamais vous n'avez veu un emportement plus brusque que le sien.

LE PRINCE.

Ah ! Prince, que je devray de graces à ce stratagesme amoureux, s'il faut qu'il ait trouvé le secret de toucher son cœur.

LES PLAISIRS

EURIALE.

Quelque chose, Seigneur, que l'on vienne de vous en dire, je n'ose encore, pou
moy, me flatter de ce doux espoir : mai
enfin si ce n'est pas à moy trop de temerité
que d'oser aspirer à l'honneur de vostre alliance, si ma personne, & mes Estats...

LE PRINCE.

Prince, n'entrons point dans ces complimens, je trouve en vous dequoy rempli
tous les souhaits d'un Pere, & si vous avez
le cœur de ma Fille, il ne vous manque rien.

SCENE II.

LA PRINCESSE, LE PRINCE, EVRIALE, AGLANTE, CINTHIE, MORON.

LA PRINCESSE.
O Ciel! que vois-je icy?

LE PRINCE.
Ouy, l'honneur de voſtre alliance m'eſt un prix tres conſiderable, & je ſouſcris iſément de tous mes ſuffrages à la demande que vous me faites.

LA PRINCESSE.
Seigneur, je me jette à vos pieds pour vous demander une grace. Vous m'avez toûjours témoigné une tendreſſe extrême, & je croy vous devoir bien plus par les bontez que vous m'avez fait voir, que par le jour que vous m'avez donné: Mais ſi jamais pour moy vous avez eu de l'amitié,

je vous en demande aujourd'huy la pl[us]
senfible preuve que vous puiffiez accord[er]
c'eft de n'écouter point, Seigneur, la d[e]-
mande de ce Prince, & de ne pas souff[rir]
que la Princeffe Aglante soit unie avec lu[i].

LE PRINCE.

Et par quelle raison, ma Fille, voudroi[s]
tu t'oppofer à cette union?

LA PRINCESSE.

Par la raifon, que je hais ce Prince, & qu[e]
je veux, si je puis, traverfer ses deffeins.

LE PRINCE.

Tu le hais, ma Fille?

LA PRINCESSE.

Ouy, & de tout mon cœur, je vous l'avoue[.]

LE PRINCE.

Et que t'a-t'il fait?

LA PRINCESSE.

Il m'a méprisée.

LE PRINCE.

Et comment?

LA PRINCESSE.

Il ne m'a pas trouvée affez bien-fait[e]
pour m'adreffer ses vœux.

LE PRINCE.

Et quelle offence te fait cela? Tu ne veu[x]
accepter personne?

LA PRINCESSE.

N'importe, il me devoit aimer comme [les] autres, & me laisser, au moins la [gl]oire de le refuser : Sa declaration me [fai]t un affront, & ce m'est une honte [se]nsible, qu'à mes yeux, & au milieu de [vo]stre Cour il a recherché une autre que [m]oy.

LE PRINCE.

Mais quel interest dois-tu prendre à luy?

LA PRINCESSE.

J'en prends, Seigneur, à me vanger de [so]n méptis, & comme je sçay bien qu'il [a]ime Aglante avec beaucoup d'ardeur, je [v]eux empescher, s'il vous plaist, qu'il ne [s]oit heureux avec elle.

LE PRINCE.

Cela te tient donc bien au cœur?

LA PRINCESSE.

Ouy, Seigneur, sans doute, & s'il ob[t]ient ce qu'il demande, vous me verrez [e]xpirer à vos yeux.

LE PRINCE.

Va, va ma Fille, avoüe franchement la chose. Le merite de ce Prince t'a fait ouvrir les yeux, & tu l'aimes, enfin, quoy que tu puisses dire.

LES PLAISIRS

LA PRINCESSE.

Moy, Seigneur?

LE PRINCE.

Ouy, tu l'aime.

LA PRINCESSE.

Je l'aime, dites-vous? & vous m'imputez cette lascheté? O Ciel! quelle est mon infortune! puis-je bien sans mourir, entendre ces paroles? & faut-il que je sois si mal-heureuse qu'on me soupçonne de l'aimer? Ah! si c'estoit un autre que vous, Seigneur, qui me tint ce discours, je ne sçay pas ce que je ne ferois point.

LE PRINCE.

Et bien! ouy, tu ne l'aime pas. Tu le haïs, j'y consens, & je veux bien pour te contenter qu'il n'épouse pas la Princesse Aglante.

LA PRINCESSE.

Ah! Seigneur, vous me donnez la vie.

LE PRINCE.

Mais afin d'empescher qu'il ne puisse estre jamais à Elle, il faut que tu le prennes pour toy.

LA PRINCESSE.

Vous vous mocquez, Seigneur, & ce n'est pas ce qu'il demande.

EURIALE.

Pardonnez-moy, Madame, je suis assez temeraire pour cela, & je prends à témoin le Prince vostre Pere, si ce n'est pas vous que j'ay demandée. C'est trop vous tenir dans l'erreur, il faut lever le masque, & deussiez-vous vous en prévaloir contre moy, découvrir à vos yeux les veritables sentimens de mon cœur. Ie n'ay jamais aimé que vous, & jamais je n'aymeray que vous. C'est vous, Madame, qui m'avez enlevé cette qualité d'insensible que j'avois toûjours affectée, & tout ce que j'ay pû vous dire, n'a esté qu'une feinte qu'un mouvement secret m'a inspirée, & que je n'ay suivie qu'avec toutes les violences imaginables. Il falloit qu'elle cessât bien-tôt, sans doute, & je m'étonne seulement qu'elle ait pû durer la moitié d'un jour: car enfin je mourois, je brûlois dans l'ame quand je vous déguisois mes sentimens, & jamais cœur n'a souffert une contrainte égale à la mienne. Que si cette feinte, Madame, a quelque chose qui vous offense, je suis tout prest de mourir pour vous en venger: Vous n'avez qu'à parler, & ma main sur le champ fera gloire d'executer l'Arrest que vous prononcerez.

LES PLAISIRS.
LA PRINCESSE.

Non, non, Prince, je ne vous sçay pa[s] mauvais gré de m'avoir abusée, & tou[t] ce que vous m'avez dit, je l'aime bien mieux une feinte, que non pas une verité.

LE PRINCE.

Si bien donc, ma Fille, que tu veux bien accepter ce Prince pour Espoux?

LA PRINCESSE.

Seigneur, je ne sçay pas encore ce qu[e] je veux : donnez-moy le temps d'y songer, je vous prie, & m'épargnez un peu l[a] confusion où je suis.

LE PRINCE.

Vous jugez, Prince, ce que cela veut dire, & vous vous pouvez fonder là dessus.

EURIALE.

Je l'attendray tant qu'il vous plaira, Madame, cét Arrest de ma destinée, & s'il me cõdamne à la mort, je le suivray sãs murmure[.]

LE PRINCE.

Vien, Moron, c'est icy un jour de paix, & je te remets en grace avec la Princesse.

MORON.

Seigneur, je feray meilleur Courtisa[n] une autrefois, & je me garderay bien d[e] dire ce que je pense.

SCEN[E]

SCENE III.

ARISTOMENE, THEOCLE, LE PRINCE, LA PRINCESSE, AGLANTE, CINTHIE, MORON.

LE PRINCE.
Je crains bien, Princes, que le choix de ma Fille ne soit pas en vostre faveur: mais voila deux Princesses qui peuvent bien vous consoler de ce petit mal-heur.

ARISTOMENE.
Seigneur, nous sçavons prendre nostre party, & si ces aimables Princesses n'ont point trop de mépris pour des cœurs qu'on a rebutez; nous pouvons revenir par elles à l'honneur de vostre alliance.

SCENE IV.

PHILIS, ARISTOMENE, THEOCLE, LE PRINCE, LA PRINCESSE, AGLANTE, CINTHIE, MORON.

PHILIS.

SEigneur, la Deeſſe Venus vient d'annoncer par tout le changement du cœur de la Princeſſe : Tous les Paſteurs & toutes les Bergeres en témoignent leur joye par des danſes & des chanſons, & ſi ce n'eſt point un ſpectacle que vous mépriſiez, vous allez voir l'allegreſſe publique ſe répandre juſques icy.

Fin du cinquième Acte.

VI. INTERMEDE.

CHOEUR DE PASTEURS
& de Bergeres qui dansent.

Quatre Bergers & deux Bergeres Heroïques, representez les premiers par les Sieurs le Gros, Estival, Don, & Blondel; & les deux Bergeres par Mademoiselle de la Barre & Mademoiselle Hilaire, se prenans par la main, chanterent cette Chanson à danser à laquelle les autres répondirent.

CHANSON.

USez mieux, ô beautez fieres!
Du pouvoir de tout charmer;
Aimez, aimables Bergeres,
Nos cœurs sont faits pour aimer:
Quelque fort qu'on s'en deffende,
Il y faut venir un jour:
Il n'est rien qui ne se rende
Aux doux charmes de l'amour.
 Songez de bonne heure à suivre
Le plaisir s'enflamer,
Un cœur ne commence à vivre
Que du jour qu'il sçait aimer:
Quelque fort qu'on s'en deffende,
Il y faut venir un jour:
Il n'est rien qui ne se rende
Aux doux charmes de l'Amour.

Pendant que ces aimables personnes dansoient, il sortit de dessous le Theatre la machine d'un grand arbre chargé de seize Faunes, dont les huict joüerent de la Fluste, & les autres du Violon, avec un concert le plus agréable du monde. Trente Violons leur répondoient de l'Orchestre, avec six autres concertans de Clavessins & de Thuorbes, qui étoient les Sieurs d'Anglebert, Richard, Itier, la Barre le cadet, Tissu, & le Moine.

Et quatre Bergers & quatre Bergeres vinrent danser une fort belle Entrée, à laqulle les Faunes descendans de l'arbre se meslerent de temps en temps, & toute cette Scene fust si grande, si remplie, & si agréable qu'il ne s'étoit encore rien veu de plus beau en Ballet.

Aussi fit-elle une advantageuse conclusion aux divertissemens de ce jour, que toute la Cour ne loüa pas moins que celuy qui l'avoit precedé, se retirant ave une satisfaction qui luy fit bien esperer de la suitte d'une Feste si complette.

Les Bergers estoient. Les Sieurs Chicanneau, du Pron, Noblet, & la Pierre.

Et les Bergeres. Les Sieurs Baltazard, Magny, Arnald, & Bonard.

TROISIE'ME IOVRNE'E
DES PLAISIRS
DE L'ISLE
ENCHANTE'E.

PLus on s'avançoit vers le grand Rondeau qui representoit le Lac, sur lequel étoit autrefois bâty le Palais d'Alcine: plus on s'approchoit de la fin des divertissemens de l'Isle Enchantée, comme s'il n'eût pas été juste que tant de braves Chevaliers demeurassent plus long-temps dans une oisiveté qui eust fait tort à leur gloire.

On feignoit donc, suivant toûjours le premier dessein, que le Ciel ayant résolu de donner la liberté à ces Guerriers: Alcine en eut des pressentimens qui la remplirent de terreur & d'inquietudes : Elle voulut apporter tous les remedes possibles pour prévenir ce mal-heur, & fortifier en toutes manieres un lieu qui pût renfermer tout son repos & sa joye.

On fit paroistre sur ce Rondeau, dont l'étenduë & la forme sont extraordinaires, un Rocher situé au milieu d'une Isle couverte de divers animaux, comme s'ils eussent voulu en deffendre l'entrée.

Deux autres Isles plus longues, mais d'une moindre largeur, paroissoient aux deux côtez de la premiere, & toutes trois aussi bien que les bords du Rondeau, estoient si fort éclairées, que ces lumieres faisoient naistre un nouveau jour dans l'obscurité de la nuit.

Leurs Majestez étant arrivées, n'eurent pas plûtost pris leur place, que l'une des deux Isles qui paroissoiët aux côtez de la premiere fut toute couverte de Violons fort biē vétus. L'autre qui estoit opposée, le fut en mesme temps de trompettes & de Tymballiers, dont les habits n'estoient pas moins riches.

Mais ce qui surprit davantage, fut de voir sortir Alcine de derriere le Rocher, portée par un Monstre-Marin d'une grandeur prodigieuse.

DE L'ISLE ENCHANTE'E.

Deux des Nymphes de sa suitte, sous les noms de Celie & de Dircé, partirent au même temps à sa suitte; & se mettant à ses costez sur de grandes Baleines, elles s'approcherent du bord du Rondeau, & Alcine commença des Vers, ausquels ses Compagnes répondirent, & qui furent à la loüange de la Reyne Mere du Roy.

ALCINE, CELIE, DIRCE'.

Vous à qui je fis part de ma felicité,
Pleurez avecque moy dans cette extremité.
CELIE.
Quel est donc le sujet des soudaines alarmes
Qui de vos yeux charmans font couler tant de larmes?
ALCINE.
Si je pense en parler, ce n'est qu'en fremissant.
Dans les sombres horreurs d'un songe menassant,
Vn spectre m'advertit, d'une voix éperduë,
Que pour moy des Enfers la force est suspenduë,
Qu'un celeste pouvoir arreste leur secours,
Et que ce jour sera le dernier de mes jours.
Ce que versa de triste au poinct de ma naissance,
Des Astres ennemis la maligne influence,
Et tout ce que mon Art m'a promis de malheurs,
En ce songe fut peint de si vives couleurs,
Qu'à mes yeux éveillez sans cesse il represente
Le pouvoir de Melisse, & l'heur de Bradamante.

J'avois préveu ces maux, mais les charmans plaisirs
Qui sembloient en ces lieux prévenir nos desirs,
Nos superbes palais, nos jardins, nos campagnes,
L'agreable entretien de nos cheres compagnes,
Nos ieux & nos chansons, les concerts des oiseaux,
Le parfum des Zephirs, le murmure des eaux,
De nos tendres amours les douces avantures,
M'avoient fait oublier ces funestes augures,
Quand le songe cruel dont je me sens troubler,
Avec tant de fureur les vint renouveller.
Chaque instant je croy voir mes forces terrassées,
Mes gardes égorgez, & mes prisons forcées,
Je croy voir mille amans, par mon art transformez,
D'une égale fureur à ma perte animez,
Quitter en même temps leurs troncs & les feüillages,
Dans le juste dessein de vanger leurs outrages,
Et je croy voir, enfin, mon aimable Roger
De mes fers méprisez prest à se dégager.

CELIE.

La crainte en vostre esprit s'est acquis trop d'empire,
Vous regnez seule icy, pour vous seule on soûpire,
Rien n'interrompt le cours de vos contentemens
Que les accens plaintifs de vos tristes amans :
Logistile & ses gens chassez de nos campagnes
Tremblent encor de peur, cachez dans leurs montagnes
Et le nom de Melisse, en ces lieux reconnu,
Par vos augures seuls jusqu'à nous est venu.

DIRCE.

Ah ! ne nous flattons point, ce fantosme effroyab.
M'a tenu cette nuit un discours tout semblable.

ALCINE.

Helas ! de nos mal-heurs qui peut encor douter ?

CELIE.

J'y vois un grand remede, & facile à tenter,

DE L'ISLE ENCHANTE'E

Une Reyne paroiſt, dont le ſecours propice
Vous ſçaura garentir des efforts de Meliſſe:
Par tout de cette Reyne on vante la bonté,
Et l'on dit que ſon cœur, de qui la fermeté
Des flots les plus mutins mépriſa l'inſolence,
Contre les vœux des ſiens eſt toûjours ſans deffenſe.

ALCINE.

Il eſt vray je la vois, en ce preſſant danger
A nous donner ſecours taſchons de l'engager;
Diſons-lay qu'en tous lieux la voix publique eſtale
Les charmantes beautez de ſon ame Royale,
Diſons que ſa vertu plus haute que ſon rang
Sçait relever l'éclat de ſon auguſte ſang,
Et que de noſtre ſexe elle a porté la gloire
Si loin que l'advenir aura peine à le croire:
Que du bon-heur public ſon grand cœur amoureux
Fit toûjours des perils un mépris genereux:
Que de ſes propres maux, ſon ame à peine atteinte,
Pour les maux de l'Eſtat garda toute ſa crainte:
Diſons que ſes bien-faits verſez à pleines mains
Luy gagnent le reſpect & l'amour des humains,
Et qu'au moindre danger dont elle eſt menacée
Toute la terre en deüil ſe montre intereſſée:
Diſons qu'au plus haut point de l'abſolu pouvoir,
Sans faſte & ſans orgüeil ſa grandeur s'eſt fait voir,
Qu'aux temps les plus faſcheux, ſa ſageſſe conſtante
Sans crainte a ſoutenu l'authorité penchante;
Et dans le calme heureux, par ſes travaux acquis,
Sans regret la remit dans les mains de ſon Fils.
Diſons par quels reſpects, par quelle complaiſance
De ce Fils glorieux l'amour la recompenſe;
Vantons les long travaux, vantons les juſtes Loix
De ce Fils reconnu pour le plus grand des Rois,

T v

Et comment cette Mere, heureusement feconde,
Ne donnant qu'une fois a donné tout au monde.
 Enfin, faisons parler nos soûpirs & nos pleurs,
Pour la rendre sensible à nos vives douleurs,
Et nous pourrons trouver au fort de nostre peine
Vn refuge paisible aux pieds de cette Reine.

DIRCE'.

Ie sçais bien que son cœur, noblement genereux,
Escoute avec plaisir la voix des mal-heureux:
Mais on ne voit jamais éclater sa puissance
Qu'à repousser le tort qu'on fait à l'innocence;
Ie sçais qu'elle peut tout, mais je n'ose penser
Que jusqu'à nous deffendre on la vit s'abaisser.
 De nos douces erreurs elle peut estre instruite,
Et rien n'est plus contraire à sa rare conduite,
Son Zele si connu par le culte des Dieux
Doit rendre à sa vertu nos respects odieux,
Et loin qu'à son abord mon effroy diminüe,
Malgré moy je le sens qui redouble à sa veuë.

ALCINE.

Ah! ma propre frayeur suffit pour m'affliger:
Loin d'aigrir mon ennuy, cherche à le soulager,
Et tasche de fournir à mon ame oppressée
Dequoy parer aux maux dont elle est menacée.
 Redoublons cependant les Gardes du Palais,
Et s'il n'est point pour nous d'aZile desormais;
Dans nostre desespoir cherchons nostre deffense,
Et ne nous rendons pas au moins sans resistance.

Alcine. Mademoiselle du Parc.
Celie. Mademoiselle de Brie.
Dircé. Mademoiselle Moliere.

LOrs qu'ils eussent achevé, & qu'Alciné se fut retirée pour aller redoubler les Gardes du Palais, le concert des Violons se fit entendre ; pendant que le Frontispice du Palais venant à s'ouvrir avec un merveilleux artifice, & des Tours à s'élever à veuë d'œil.

Quatre Geans d'une grandeur démesurée, vinrent à paroistre avec quatre Nains, qui par l'opposition de leur petite taille, faisoient paroître celle des Geants encore plus excessive. Ces Colosses étoient commis à la garde du Palais, & ce fut par eux que commença la premiere Entrée du Ballet.

LES PLAISIRS

BALLET
DU PALAIS
D'ALCINE.

PREMIERE ENTRE'E.

QUatre Geants, & quatre Nains.
Geants. Les Sieurs Mançeau, Vagnard, Pesan, & Joubert.
Nains. Les deux petits Des-Airs, le petit Vagnard, & le petit Tutin.

II. ENTRE'E.

HUict Maures chargez par Alcine de la garde du dedans, en font une exacte visite, avec chacun deux flambeaux.
Maures. Messieurs d'Heureux, Beauchamp, Moliére, la Marre, les Sieurs le Chantre, de Gan, du Pron, & Mercier.

III. ENTRE'E.

CEpendant un dépit amoureux oblige six des Chevaliers qu'Alcine retenoit auprès d'elle, à tenter la sortie de ce Palais: mais la fortune ne secondant pas les efforts qu'ils font dans leur desespoir, ils sont vaincus apres un grand combat par autant de Monstres qui les attaquent.

Six Chevaliers & six Monstres.

Chevaliers. Monsieur de Souville, les Sieurs Raynal, Des-Airs l'aisné, Des-Airs le second, de Lorge, & Balthazard.

Monstres. Les Sieurs Chicanneau, Noblet, Arnald, Desbrosses, Desonets, & la Pierre.

IV. ENTRE'E.

Alcine allarmée de cét accident, invoque de nouveau tous ses Esprits, & leur demande secours : il s'en presente deux à elle, qui font des sauts avec une force, & une agilité merveilleuse.

Demons Agiles.

Les Sieurs S. André & Magny.

V. ENTRE'E.

D'Autres Demons viennent encore, & semblent asseurer la Magicienne qu'ils n'oublieront rien pour son repos.

Autres Demons Sauteurs.

Les Sieurs Tutin, la Brodiere, Pesan, & Bureau.

VI. ET DERNIERE ENTRE'E.

Mais à peine commence-t'elle à se r'asseurer, qu'elle voit paroistre auprés de Roger, & de quelques Chevaliers de sa suitte, la sage Melisse sous la forme d'Athlas ; Elle court aussi-tost pour empescher l'effet de son intention ; mais elle arrive trop tard : Melisse a desia mis au doigt de ce brave Chevallier la fameuse bague qui détruit les enchantemens. Lors un coup de tonnerre, suivy de plusieurs éclairs, marque la destruction du Palais, qui est aussi-tost reduit en cendres par un Feu d'artifice, qui mét fin à cette advanture, & aux divertissemens de l'Isle Enchantée.

Alcine. Mademoiselle du Parc. *Melisse.* De Lorge. *Roger.* M. Beauchamp.

Chevalliers. Messieurs d'Heureux, Rayal, Du Pron, & Desbordes.

Escuyers. Messieurs, la Marre, le Chantre, De Gan, & Mercier.

Fin du Ballet.

IL sembloit que le Ciel, la Terre & l'Eau fussent tous en feu, & que la destruction du superbe Palais d'Alcine, comme la liberté des Chevaliers qu'elle y retenoit en prison, ne se pût accomplir que par des prodiges & des miracles : la hauteur & le nombre des fusées volantes, celles qui rouloient sur le rivage, & celles qui resortoiët de l'eau apres s'y estre enfoncées, faisoient un spectacle si grand & si magnifique, que rien ne pouvoit mieux terminer les Enchantemens qu'un si beau Feu d'Artifice; lequel ayant enfin cessé apres un bruit & une longueur extraordinaire, les coups de boëtes qui l'avoient commencé redoublerent encore.

Alors toute la Cour se retirant, confessa qu'il ne se pouvoit rien voir de plus achevé que ces trois Festes : Et c'est assez advoüer qu'il ne s'y pouvoit rien adjoûter, que de dire que les trois Journées ayant eu chacune ses partisans, comme chacun avoit eu ses beautez particulieres, on ne convint pas du prix qu'elles devoient emporter entre-elles bien qu'on demeurât d'accord qu'elles pouvoient justement le disputer à toutes celles qu'on avoit veuës jusques alors, & les surpasser peut-estre.

Mais quoi que les Fêtes comprises dans le sujet des Plaisirs de l'Isle Enchantée fussent terminées, tous les divertissemens de Versailles ne l'êtoient pas, & la magnificence & la galanterie du Roy, en avoit encore reservé pour les autres jours, qui n'estoient pas moins agréables.

Le Samedy dixiéme Sa Majesté voulut courre les Têtes, c'est un exercice que peu de gens ignorent, & dont l'usage est venu d'Allemagne, fort bien inventé, pour faire voir l'adresse d'un Chevalier; tant à bien mener son cheval dans les passades de guerre, qu'à bien se servir d'une lance, d'un dard, & d'une épée. Si quelqu'un ne les a point veu courre il en trouvera icy la description, estant moins communes que la bague, & seulement icy depuis peu d'années, & ceux qui en ont eu le déplaisir, ne s'ennuyent pas pourtant d'une narration si peu étenduë.

Les Chevaliers entrent l'un apres l'autre dans la Lice la lance à la main, & un dard sous la cuisse droite; & apres que l'un d'eux a couru & emporté une Teste de gros carton peinte, & de la forme de celle d'un Turc, il donne sa lance à un Page, & faisant la demy-volte il revient à toute bride à la seconde

Teste, qui a la couleur & la forme d'un Mau-
ré, l'emporte avec le dard qu'il luy jette en
passant; puis reprenant une javeline, peu differente de la forme du dard, dans une troisiéme passade il la darde dans un bouclier où
est peinte une teste de Meduse ; & achevant
sa demy-volte il tire l'épée, dont il emporte
en passant toûjours à toute bride une teste
élevée à un demy pied de terre; puis faisant
place à un autre, celuy qui en ses courses en
a emporté le plus, gaigne le prix.

Toute la Cour s'estant placée sur une balu-
strade de fer doré, qui regnoit autour de l'a-
gréable maison de Versailles, & qui regard[e]
sur le fossé, dans lequel on avoit dressé [la]
Lice avec des Barrieres.

Le Roy s'y rendit suivy des mesmes Che[-]
valiers qui avoient couru la bague: Les Du[cs]
de S. Aignan & de Noailles y continua[nt]
leurs premieres fonctions; l'un de Maréch[al]
de Camp, & l'autre de Juge des Courses :
s'en fit plusieurs fort belles & heureuse[s]
mais l'adresse du Roy luy fit emporter ha[u-]
tement, ensuitte du prix de la Course d[es]
Dames, encore celuy que donnoit la Reyn[e]
c'estoit une rose de Diamans de grand pr[ix]
que le Roy, apres l'avoir gaignée, redon[na]

beralement à courre aux autres Chevaliers, & que le Marquis de Coaſlin diſputa contre le Marquis de Soyecourt & la gaigna. Le Dimanche au lever du Roy, quaſi toute la converſation tourna ſur les belles Courſes du jour precedent, & donna lieu d'un grand deffy entre le Duc de S. Aignan, qui n'avoit point encore couru, & le Marquis de Soyecourt, qui fut remiſe au lendemain, pource que le Maréchal Duc de Grammont, qui parioit pour ce Marquis, eſtoit obligé de partir pour Paris, d'où il ne devoit revenir que le jour d'apres.

Le Roy mena toute la Cour cette apreſdinée à ſa Ménagerie, dont on admira les beautez particulieres, & le nombre preſque incroyable d'oyſeaux de toutes ſortes; parmy leſquels il y en a beaucoup de fort rares. Il ſeroit inutile de parler de la collation qui ſuivit ce divertiſſement, puis que huit jours durant chaque repas pouvoit paſſer pour un Feſtin des plus grands qu'on puiſſe faire.

Et le ſoir Sa Majeſté fit repreſenter ſur l'un de ces theatres doubles de ſon Sallon, que ſõ Eſprit univerſel a lui-méme inventez, la Comedie des Fâcheux faite par le Sr de Moliere, mélée d'entrées de Balet, & fort ingenieuſe.

Le bruit du deffy qui se devoit courir le Lundy douziéme, fit faire une infinité de gageures d'assez grande valeur; quoy que celle des deux Chevaliers ne fust que de cent pistolles: Et comme le Duc par une heureuse audace donnoit une Teste à ce Marquis fort adroit, beaucoup tenoient pour ce dernier; qui s'estant rendu un peu plus tard chez le Roy, y trouva un cartel pour le presser, lequel pour n'estre qu'en prose, on n'a point mis en ce discours.

Le Duc de S. Aignan, avoit aussi fait voir à quelques-uns de ses amis, comme un heureux présage de sa victoire, ces quatre Vers.

AUX DAMES.

Belles vous direz en ce jour
Si vos sentimens sont les nostres,
Qu'estre vainqueur du grand Soyecourt
C'est estre vainqueur de dix autres.

Faisant toûjours allusion à son nom de Guidon le Sauvage, que l'adventure de l'Isle perilleuse rendit victorieux de dix Chevaliers. Aussi-tost que le Roy eût disné, il conduisit les Reynes, Monsieur, Madame, & tout

es Dames dans un lieu où on devoit tirer
une Loterie, afin que rien ne manquaſt à la
galanterie de ces Fêtes ; c'eſtoit des pierreries, des ameublemens, de l'argenterie, &
autres choſes ſemblables : Et quoi que le
ſort ait accoûtumé de décider de ces preſens,
il s'accorda ſans doute avec le déſir de S.M.
quand il fit tomber le gros lot entre les
mains de la Reyne; chacun ſortant de ce lieu
là fort content, pour aller voir les Courſes
qui s'alloient commencer.

Enfin Guidon & Olivier parurent ſur les
rangs à cinq heures du ſoir, fort proprement veſtus & bien montez.

Le Roy avec toute la Cour les honora de
ſa preſence ; & Sa Majeſté leût meſme les
Articles des Courſes, afin qu'il n'y euſt aucune conteſtation entr'eux. Le ſuccez en
fut heureux au Duc de S. Aignan, qui gaigna le deffi.

Le ſoir Sa Majeſté fit joüer une Comedie
nommée Tartuffe, que le Sieur de Moliere
avoit fait contre les Hypocrites; mais quoi
qu'elle eut eſté trouvée fort divertiſſante, le
Roy connut tant de conformité entre ceux
qu'une veritable devotion met dans le che
min du Ciel, & ceux qu'une vaine oſtentatiõ

des bonnes œuvres n'empesche pas d'en commettre de mauvaises ; que son extrême delicatesse pour les choses de la Religion, ne pust souffrir cette ressemblance du vice avec la vertu, qui pouvoit estre prise l'une pour l'autre : Et quoi qu'on ne doutast point des bonnes intentions de l'Autheur, il la deffendit pourtant en public, & se priva soy-mesme de ce plaisir, pour n'en pas laisser abuser à d'autres moins capables d'en faire un juste discernement.

Le Mardy treiziéme le Roy voulut encore courre les Testes, comme à un jeu ordinaire, que devoit gaigner celuy qui en feroit le plus : Sa Majesté eut encore celuy de la Course des Dames, le Duc de S. Aignan celui du jeu ; & ayant eu l'honneur d'entrer pour le second à la dispute avec Sa Majesté : L'adresse incomparable du Roy lui fit encore avoir ce prix, & ce ne fut pas sans un étonnement, duquel on ne pouvoit se deffendre, qu'on en vit gaigner quatre à Sa Majesté en deux fois qu'elle avoit couru les Testes.

On joüa le même soir la Comedie du Mariage Forcé, encore de la façon du mêm Sieur de Moliere, mêlée d'entrées de Balet & de recits : Puis le Roy prit le chemin d

Fontaine-bleau le Mercredy quatorziéme; toute la Cour se trouvant si satisfaite de ce qu'elle avoit veu, que chacun crut qu'on ne pouvoit se passer de le mettre par écrit, pour en donner la connoissance à ceux qui n'avoient pû voir des Festes si diversifiées & si agréables; où l'on a pû admirer tout à la fois le projet avec le succez, la liberalité avec la politesse, le grand nombre avec l'ordre, & la satisfaction de tous. Où les soins infatigables de Monsieur Colbert s'employerent en tous ces divertissemens, malgré ses importantes affaires; où le Duc de S. Aignan joignit l'action à l'invention du dessein; où les beaux vers du President de Perigny à la loüange des Reynes, furent si justement pensez, si agreablement tournez, & recitez avec tant d'Art; où ceux que Monsieur de Bensserade fit pour les Chevaliers, eurent une approbation generale; où la vigilance exacte de Monsieur Bontemps, & l'application de Monsieur de Launay, ne laisserent manquer d'aucune des choses necessaires: Enfin, où chacun a marqué si advantageusement son dessein de plaire au Roy, dans le temps où sa Majesté ne pensoit elle-mesme qu'à plaire; & où ce qu'on a veu ne sçauroit jamais se perdre dans la memoire des spectateurs, quand on n'auroit pas pris le soin de conserver par écrit le souvenir de toutes ces merveilles.

FIN.

www.ingramcontent.com/pod-product-compliance
Lightning Source LLC
Chambersburg PA
CBHW050239230426
43664CB00012B/1757